AF379208

FRANCISCO JAVIER ESCUDERO BUENDÍA

Eso no estaba en mi libro de Miguel de Cervantes

ALMUZARA

© Francisco Javier Escudero Buendía, 2025
© Editorial Almuzara, s.l., 2025

Primera edición: enero de 2025

Reservados todos los derechos. «No está permitida la reproducción total o parcial de este libro, ni su tratamiento informático, ni la transmisión de ninguna forma o por cualquier medio, ya sea mecánico, electrónico, por fotocopia, por registro u otros métodos, sin el permiso previo y por escrito de los titulares del *copyright*.»

Cualquier forma de reproducción, distribución, comunicación pública o transformación de esta obra solo puede ser realizada con la autorización de sus titulares, salvo excepción prevista por la ley. Diríjase a CEDRO (Centro Español de Derechos Reprográficos, www.cedro.org) si necesita fotocopiar o escanear algún fragmento de esta obra.

Editorial Almuzara • Colección Historia
Editora: Ángeles López
Corrección: Nieves Porras
Maquetación: Joaquín Treviño

www.editorialalmuzara.com
pedidos@almuzaralibros.com - info@almuzaralibros.com

Editorial Almuzara
Parque Logístico de Córdoba. Ctra. Palma del Río, km 4
C/8, Nave L2, nº 3. 14005 - Córdoba

Imprime: Liberdúplex
ISBN: 978-84-10525-15-3
Depósito legal: CO-2157-2024
Hecho e impreso en España - *Made and printed in Spain*

Índice

Introducción

¿Por qué nos interesa tanto Cervantes? Buena pregunta. A la hora de abordar el enésimo acercamiento a su figura hay algo fundamental que tenemos que tener en cuenta y que nunca debemos perder de vista: Si nos interesa su vida es porque fue escritor y muy bueno. Todos nuestros esfuerzos por estudiar cómo vivió deben de estar dirigidos para saber qué hay de él en sus libros, lo personal, y si es posible, lo autobiográfico.

El resto nos puede parecer muy interesante —si durmió en tal venta o dónde comió tal día—, la curiosidad sobre su figura es infinita y no nos deja dormir, pero no nos ayuda a saber de dónde viene su genialidad. Aquí tenemos un pequeño gran problema. Desde hace siglos tenemos una disfunción que ha llenado páginas y páginas: lo que nos han contado de él no nos coincide con lo que leemos. El profesor Andrés Amorós lo resume palmariamente:

> Si queremos conocer la literatura contemporánea, debemos comenzar con Cervantes. Muchos eruditos se siguen afanando por descubrir un nuevo dato de su biografía. Con todos los respetos, no me parece lo esencial. Sigue siendo una gran incógnita la enorme distancia que existe entre su biografía y su obra: ¿Cómo pudo aquel soldado de Lepanto y recaudador de impuestos escribir el Quijote?

Leímos con sumo gusto la novela. Era especial. La primera novela moderna según Ortega y Gasset o Carlos Fuentes. Esperábamos que su factótum fuera un gran humanista, quizás recluido en un convento, o en un gran palacio, sentado en un escritorio desde su niñez, rodeado de estanterías hasta el techo, viviendo en las catacumbas más oscuras a la luz de una vela o un candil de aceite, con largas horas de estudio a sus espaldas. Y los documentos nos devolvieron a la realidad de un soldado raso, cautivo y cobrador de impuestos, que según se cuenta se pasó la vida de acá para allá montado en una mula torda, comiendo en las ventas y que entró tres veces en la cárcel por asuntos sórdidos.

Y aquí es donde entendemos en su justa medida, creo yo, estas palabras y el estupor que nos produce a algunos esta situación. Creo que también a otros muchos, pero se callan. Y es esa distancia entre lo que vemos en el *Quijote* y lo que se nos cuenta de quién lo hizo. Ya lo dijo Unamuno, que el personaje superaba al autor.

Como todo, tenemos que evitar el péndulo y darnos cuenta de que posiblemente la verdad esté en el justo medio. Acercarnos de nuevo al alcalaíno es reescribirle y reentenderle de algún modo para que todo cuadre y no sea solo o blanco o negro. Ni Cervantes era el pobre que se nos ha vendido que iba arrastrando los pies por los caminos sin rumbo fijo, ni tampoco fue el erudito que se debió escapar del barco para entrar en la biblioteca de tal o cual noble. Esta biografía que tienes en tus manos intenta acercarse a ese fiel de la balanza.

Ni lo uno ni lo otro es lógico una vez que sabemos, a la vez, de su vida y de su obra y las comparamos. Ni pudo leer tanto como se dice, porque no tuvo tiempo material y quizás sí que fue el hidalgo y caballero que presumimos e intuimos con esta cultura. También un gran prestamista y comerciante, venido a menos; esto último nos cuesta más deglutirlo y asumirlo.

Lo otro supone pensar en misterios, en un nuevo Colón judeoconverso o criptojudío que oculta su pasado, que los autores fueron otros, que hubo seis Cervantes pululando por ahí o incluso que no existió. Y eso no casa con nuestro realismo y la forma de afrontar las cosas que siempre nos hemos marcado. Tengamos mesura.

Para iniciar este desafío, hemos seguido punto por punto las recomendaciones del gran cervantista Jean Canavaggio, remozadas por Emilio Maganto: Que no son otras que brevedad, vuelta a la literalidad de los textos y amor por los documentos:

> (1) En primer lugar, establecer con todo el rigor requerido lo que se sabe del manco de Lepanto, separando lo fabuloso de lo cierto y de lo verosímil, con examen estricto de los documentos.

(2) En segundo lugar, situar en su medio y en su época al escritor, aproximándonos lo más posible a la intimidad cervantina. Para ello no quedaría más remedio que volver a los textos cervantinos, para buscar en ellos, si no al hombre, al menos a cuanto sea susceptible de iluminarlo, pero esto debería ser examinado con suma precaución, cotejando lo que es relato autobiográfico de lo que es ficción.

(3) En tercer lugar, ir al encuentro de Cervantes hasta donde fuera posible, desechando las suposiciones gratuitas de las factibles, ya que la narración corta pero verdadera (desde el nacimiento a la muerte del escritor) es preferible, aunque vaya en detrimento de la economía del libro.

Pero tenemos otro serio problema. Uno más. Después de trescientos años martilleando el yunque, resulta de lo que sabemos que hizo, poco, muy poco, se reconoce como autobiográfico. Se repite constantemente su condición de soldado, de cautivo, las ciudades más fastuosas en Italia, en Portugal, en España.

Pero el *Quijote* que nos retrata la novela no es ni lo uno, ni lo otro, sino solo un deseo «de», una caricatura de un hidalgo pobre de aldea, al igual que la mayor parte de sus novelas, protagonizadas por caballeros villanos. En consecuencia, aquí hablaremos más de aldeas, de brujas, de ventas, de mercaderes y de personajes anónimos arruinados y menos de fastos y de caminos transitados.

Y aun así se nos insiste que es lo poco de sí mismo que hay en su literatura. Si tanta es la distancia entre obra y autor, si tan poco hay de él en sus memorias como reconoce el profesor Amorós implícitamente: ¿para qué nos sirve conocerle tan a fondo? Pues nos sirve y de mucho, siempre y cuando tengamos amplitud de miras y no nos pongamos piedras a nosotros mismos. Con cuidado de no ver significados ocultos en cada rincón y en cada frase, haciendo equivalentes desconocimiento y misterio. No saber no significa ocultar.

Y en este momento también tenemos que citar expresamente al gran Martín de Riquer y volver a insistir en no salirse del texto, ni del renglón establecido:

Como no hay refrán más certero que el de que «un loco hace ciento», el desequilibrado protagonista de nuestra narración atrae como un imán las lecturas más disparatadas, faltas de todo contraste con lo que el texto dice literalmente.

Nos referimos a que pensamos que después del tiempo transcurrido hemos perdido las claves personales en que se movió y por tanto tenemos dificultades para interpretar el contexto histórico en que se cocinaron sus obras. Los nombres y las circunstancias nos son ajenos. Y la mayoría son históricos, reales y del entorno del propio Cervantes. O por lo menos así lo creemos.

En sus personajes, sus tramas, la geografía donde se mueven, hay mucho, pero mucho, de su familia, sus amigos, sus enemigos y hasta los vecinos con los que se cruzaba a diario y veía por la ventana. Su carácter viajero, sus negocios, hasta su relación con las mujeres es algo genético que le vino dado por herencia de sus mayores. Y sus mejores textos, lo son de viajes porque no podía ser de otro modo. Porque eso era él.

Por eso esta biografía hablará más de ellos que de anaqueles. Por eso este libro no está organizado cronológicamente, repitiendo machaconamente los mismos mantras, sino temáticamente incidiendo sólo en aquellos puntos más relevantes que hicieron ósmosis entre realidad y ficción: La estirpe, el entorno, los caminos y cómo todo ello fluyó de forma natural como ideas a través de su pluma. Habrá momentos para la divulgación y momentos para el disfrute, hasta el asombro ante los aspectos más desconocidos de este icono, como sus ideas políticas o el análisis de su comportamiento.

Miguel de Cervantes era un hombre extraordinariamente inteligente, socarrón, inquieto e innovador. No puede tener una vida tan desordenada y sujeta a la fortuna como se le atribuye. Su carrera debió estar planificada. Y sus novelas, también, y mucho con un plan de obra prefijado de años. La Mancha no es un capricho, un arrebato de improvisación. Fue buscada como todo lo que leemos. Aparece porque la tenía presente delante de los ojos en Toledo. No necesitó vivir en La Mancha, la Mancha fue a él.

Los protagonistas de sus narraciones con sus apellidos extraños y desconocidos, —*Carriazos, Carrizales, Quijotes, Haldudos, Villaseñores*— no son un galimatías onomástico, ni fruto de una mala tarde. Son sus jefes, su banquero, el secretario burlón, el hidalgo de la esquina en Esquivias, Almendralejo o Sevilla, la *Pepa* y el *Juan* de la taberna del viernes, tan de carne y hueso como él.

Anduvo y vio mucho como decía de sí mismo. Los refranes, las consejas, las historias de calle que escuchó en Toledo, en Valladolid, en Extremadura también están ahí esperando a que los archivos las devuelvan a la vida. Los hechos reales de los donnadies, los cuchicheos orales convertidos ya en mitos también forman parte de su propia leyenda.

¿Y qué hay de sus referentes literarios? También leyó mucho, aunque no sepamos cómo, ni dónde aprendió sobre estos personajes excéntricos, extraños, fuera de cualquier límite social que pueblan sus libros. Hay cientos de poetas en la *Galatea* y el *Parnaso*, montones de menciones a lecturas clásicas e italianas. Es cierto, pero no tantos en las *Ejemplares* donde abre un camino para novelar en lengua castellana, como él mismo dice. Aquí el folklore, lo pintoresco, lo propio, gana por la mano.

Aunque resulte aburrido, pensamos que es más acertado interpretar su vida como una carrera, un ascenso social, en el que sus estudios, su condición de militar son pasos dirigidos a un fin, que no era otro que reverdecer viejos laureles y volver a ser corregidor o contador en América, como lo fue su abuelo. Después de ser juez con vara de justicia en Andalucía, al final su periplo profesional se quedó en lo básico, en lo de siempre, en lo que había aprendido de sus padres: los negocios. En definitiva, nunca dejó de ser un bróker que escribía.

Dedicó una década a cada una de sus aventuras particulares, que fueron las suyas y de muchos otros compañeros coetáneos de su época: Soldado, corregidor frustrado, comisario y empresario. Solamente pudo editar sus obras en los dos quinquenios que le permitió el asueto intermedio entre estas ocupaciones. El *Quijote* llegó, como hijo de senectud, con cincuenta y ocho años a sus espaldas. Escaso bagaje que nos deja muchas incógnitas de nuevo y que hacen más interesante, si cabe, saber más de él.

Definitivamente, podemos definirle como un escritor de «vocación tardía», aunque las categorías y las etiquetas se le quedan cortas. Cuando le quedan tres años de vida solo ha publicado dos novelas —la *Galatea* y el *Quijote*— con un intervalo de veinte años entre ellas y escribe un puñado de obras de teatro, sin mucho éxito, tan poco, que luego con sorna las definirá como «nunca representadas». Lo que hoy leemos es un escritor que podríamos llamar de herencia póstuma, no de presente. Eso también nos explica muchas cosas que le sucedieron, como su triste y solitario entierro.

Sus últimos cinco libros llegaron a la imprenta cuando ya estaba cansado y enfermo, agotado. Y al último no llegó. Difícilmente podían ya servirle para el aplauso en vida al que ya no tenía fuerzas para agarrarse a ella. He aquí su mensaje. Los dejó solo para nosotros, para que sus lectores del mañana los disfrutásemos. No perdamos la oportunidad de aceptar sus letras que en definitiva son el legado que él quiso que fueran.

¿Quién escribió el Quijote?

UNA IMAGEN IMAGINADA

¿Cómo era su aspecto, físicamente hablando? Como cualquier lego, yo pensaba, creo que como todos, que existía un retrato verdadero y fiel de Miguel de Cervantes. Lo tenemos a todas horas en libros, láminas, páginas web, esculturas. Algunas enormes en plazas y calles de toda la geografía española y mundial.

Resultó que estas imágenes eran igual que decir que estudió en los jesuitas de Sevilla, que el *Quijote* se escribió en Castro del Río, que fue soldado con Álvaro de Sande o en las galeras del papa en 1569. De tanto repetirlo y asegurarlo, todas estas ideas las damos por supuestas. Pero resulta que todas son opiniones, no pruebas.

Sobre el aspecto real de Miguel de Cervantes supone también una decepción descubrir que todo se ha edificado sobre una frase sujeta a interpretación del prólogo de las *Novelas ejemplares*: «De esto tiene la culpa algún amigo de los muchos que en el discurso de mi vida he granjeado, antes con mi condición, que con mi ingenio: el cual amigo bien pudiera, como es uso, y costumbre, grabarme y esculpirme en la primera hoja de este libro, pues le diera mi retrato el famoso don Juan de Jáuregui, y con esto quedara mi ambición satisfecha».

Juan de Jáuregui era un pintor y escritor de la época mucho más joven que Cervantes. De hecho, en 1613 tenía treinta años y el alcalaíno el doble. El que utilice el subjuntivo y condicional «diera» desdice a los que afirman que ese retrato se pintó. Creo que nunca existió. Igual que tantas otras teorías basadas en interpretaciones de sus obras, y en esto sigo la opinión de Fitzmaurice-Kelly, Foulché-Delbosc o el profesor Lucía Megías. Pero no tenemos otra cosa.

Como tantas apariciones y desapariciones cervantinas, el cuadro se buscó denodadamente y a lo largo de los años ha habido noticias sobre su descubrimiento definitivo y múltiples engaños y confusiones. Tanto es así que, en la primera edición española del *Quijote* en la Real Academia, se busca un retrato para incluirlo. Por supuesto, milagrosamente aparece uno. Miguel de Espinosa y Maldonado, conde del Águila, dice que tiene en Sevilla una pintura realizada por Alonso del Arco de la época. Cuando lo dona, resulta ser una copia del de William Kent de la edición anterior inglesa (1738). Una decepción. Pero no la única.

En 1943 hubo otro caso estrambótico. El marqués de Casa Torres dice que ha heredado un retrato de la condesa de Val de Erro, y no sólo contento con eso, publica hasta un libro diciendo que es el retrato auténtico de Juan de Jáuregui. Cotejado, resultó ser el de Diego Mejía de Ovando, primer conde de Uceda, copia de otro que existe en el Instituto Valencia de don Juan.

El profesor Lucía Megías resume los seis retratos falsos más famosos de la historia. No son pocos. El más conocido, desde luego, es el que acabó colgado en el salón de actos de la Real Academia Española. La historia, como todo lo que rodea a Cervantes, es rocambolesca. Volviendo a la vida siempre como el Cid después de muerto. Esto fue posible porque Francisco Rodríguez Marín, director de la Biblioteca Nacional, y otros muchos defendieron su autenticidad.

La historia parece ser que comienza cuando José Albiol, profesor en Oviedo, compró un cuadro al valenciano Estanislao Sacristán. Al restaurarlo, descubrió una inscripción que mencionaba a Cervantes y Jáuregui. Lo donó a la Academia a cambio de otra plaza, que consiguió. La opinión mayoritaria actualmente es que es falso. Lo que no impide que los mortales sigamos pensando lo contrario.

Cada cierto tiempo aparece un retrato nuevo que se atribuye a Miguel de Cervantes. Aunque parezca increíble y terminemos por no enterarnos. En 2016 fue subastado en Madrid un retrato del pintor del rey, Pedro Rodríguez de Miranda (1762). Su modelo fue el de William Kent. Se vendió por mil quinientos euros. Pero no es la última vez. En 2018 un anticuario ha publicitado otro, basándose simplemente en que es del siglo XVII y que existe un parecido con la descripción que hizo de sí mismo el autor. No tuvo la repercusión que los anteriores.

De momento, entonces, del cómo era Cervantes solamente nos queda esta paleta de palabras emanadas de él mismo. Otra autobiografía de las muchas que veremos:

Este que veis aquí, de rostro aguileño, de cabello castaño, frente lisa y desembarazada, de alegres ojos y de nariz corva, aunque bien proporcionada; las barbas de plata, que no ha veinte años que fueron de oro, los bigotes grandes, la boca pequeña, los dientes ni menudos ni crecidos, porque no tiene sino seis, y esos mal acondicionados y peor puestos, porque no tienen correspondencia los unos con los otros; el cuerpo entre dos extremos, ni grande, ni pequeño, la color viva, antes blanca que morena; algo cargado de espaldas, y no muy ligero de pies.

Supuesto retrato de Juan de Jáuregui.

Los pocos autógrafos y las escasas cartas

Es desesperante, hay que decirlo así, la poca documentación que se conserva del escritor, en determinadas épocas como su juventud. Que tengamos que acudir a los prólogos de sus obras para interpretar cuatro frases sueltas que pueden ser cuatro bromas pesadas es indicativo de un desconocimiento crónico y endémico. Si el repaso abarca toda su vida, sí que hay muchos manuscritos, los expertos dicen que miles, no solo de él directamente sino del ambiente que le rodea.

Pero muchos de ellos son detalles puntuales que poco o nada nos acercan a interpretar su obra, ni aparecen en ella por ninguna parte. Aun así, el detallismo es exacerbadamente puntilloso. Me sorprendió mucho la pelea académica que existe por saber si el padre de la amante de Cervantes, su suegro «putativo», era suplicacionero (barquillero) o se dedicaba a otra cosa.

Por ende, casi todo lo que sabemos con certeza y densidad está concentrado en unas pocas etapas: Cautiverio, milicia y la llamada *Información de Argel* (1575-1580) y Comisiones de Abastos en Sevilla (1587-1599), principalmente. Precisamente por ello, los puntos a los que menos atención hemos prestado. Mientras tuvo cargos en la monarquía, los archivos públicos nos devuelven datos. Cuando vivió su vida de forma privada, alejada de la corte, silencio.

Esto y la costumbre, los tópicos que se han asentado a lo largo de estos siglos, hace que la mayor parte de los descubrimientos que saltan en los medios y los estudios se vuelquen en ellas, sobredimensionando su importancia, desviando la atención de otros aspectos profesionales y otros lugares fundamentales como Toledo, La Mancha o Extremadura y haciendo que el público piense que su vida fue eso y que no hizo otra cosa. Porque siempre se está hablando de lo mismo y en los mismos sitios.

¿Cuántas firmas auténticas conocemos de Cervantes? Curiosamente eran diez, once, poco después pasaron a doce y ahora mismo son trece, o por lo menos eso creo. Y suponemos que con el tiempo seguirán aumentando. Iban desde el 1582 hasta el 1604. El primero es el relativo a su solicitud de un puesto de corregidor en América y el último la solicitud de publicación del *Quijote*. Un buen resumen de su periplo profesional y como escritor. Desde luego.

Con tal rapidez evoluciona la investigación, sobre todo al calor de los centenarios, que la Editorial Taberna Literaria de Madrid hizo una edición de superlujo, numerada de 1616 ejemplares y con facsímiles de todos los documentos que contenían la firma original de Cervantes. La sacó a la calle en enero y en diciembre del año siguiente el investigador Jesús Villalmanzo descubrió en Valencia otra firma, la trece. Lo curioso del caso es que era la más antigua, de noviembre de 1580. Como dice el historiador, es complicado que aparezca una rúbrica más antigua que esta, ya que acababa de bajar del barco directamente desde el cautiverio argelino.

Esto se debe a que el 18 de noviembre de 1580 Miguel de Cervantes aparece como testigo en un proceso oscuro sobre la presunta muerte de un tal Jeroni Planelles. Varios acusados de su asesinato habían acabado en la cárcel, pero el cadáver no apareció. Resultó que estaba vivo y cautivo en Argel, y por eso lo llamaron a que lo corroborara. La cuestión fue tan debatida en la época en Valencia, que se hicieron hasta apuestas. El hecho es tan impactante y novedoso, que Begoña Valero le ha dedicado una novela premiada recientemente (2024). Los *negocios* en que estaba metido don Miguel no dejan de sorprendernos.

Un tema conexo a este es la colección de misivas cervantinas. Todo se debió perder. Mientras que de Lope de Vega y de otros autores sí que se conserva un abundante número de cartas que permiten reconstruir su periplo vital, en nuestro caso es escaso, escasísimo, diría yo. José Montero Reguera resume la situación del epistolario de Cervantes y terminamos pronto, porque enviadas sólo hay cinco confirmadas. Cinco nada más.

La carta a Antonio Veneciano (1579), la de Antonio de Eraso (1582), dos cartas al monarca mientras estaba en Sevilla (1594) y la epístola al conde de Lemos (1616), escrita en la agonía, que se inserta como en tantas ocasiones en su biografía dentro de su última novela, el *Persiles*. Con cinco cartas no tenemos ni para jugar una mano.

La más importante de ellas es la segunda, donde pide un trabajo en América e informa de sus composiciones y anhelos. Si una sola ya nos ha dado tanta información, con unas pocas más tendríamos muchas más piezas del puzle.

Aunque no estén en esta relación, por no ser considerados cartas, el memorial de Miguel de Cervantes sobre sus méritos y servicios (1590) también merece estar en este punto, por la muestra de los contactos que todavía tenía para obtener información de la Corte y los puestos vacantes en América, así como la «Epístola a Mateo Vázquez» (1582), de la que hablamos en otra parte.

Todo lo que debió de haber en su escritorio de su casa de Esquivias (Toledo) no mereció el interés de sus albaceas y herederos por conservarlo. De hecho, por eso en sus últimos tres años publicó más que en toda su vida y, sabiendo el peligro que corrían sus manuscritos, los salvó de la quema del tiempo. Hemos perdido obra suya, seguro, como de muchos amigos.

Tampoco tenemos ninguna carta a sus colaboradores en sus negocios mientras estuvo en Sevilla o Valladolid. Conocemos por Antonio de Guevara que escribía mucho a su gente, como debe de ser dadas las circunstancias. Tenemos sus años perdidos (1582-1587, 1599-1604), en donde debe de haber muchos documentos particulares suyos y más menciones en censos, protocolos y testamentos de las que tenemos. Este año nosotros hemos encontrado una en Esquivias (Toledo, 1612). Pero no conocemos exactamente con quién negociaba y sobre todo dónde. Puede ser Barcelona o puede ser Burgos o El Toboso. Algún día irán apareciendo, estamos seguros de ello, por casualidades, quizás buscando otras cosas.

EL BAILE DE NOMBRES: SAAVEDRA Y SALAZAR

Sobre el nombre de Cervantes, si hay algo que ha dado lugar a una cascada de opiniones es la aparición de su segundo apellido: Saavedra. No sólo por la polémica de la partida de nacimiento de Alcázar, sino por las circunstancias desconocidas por las que en un momento determinado el manco de Lepanto lo incluye en su nombre. Porque debemos saber que no siempre se denominó a sí mismo así.

María Antonia Garcés bucea en los hechos y en las razones que le llevaron a este cambio, que para ella tiene su motivo en el renacer después del cautiverio, el trauma y problemas de identidad. Solamente empieza a firmar así en documentos relativos a su boda con Catalina de Salazar (1586). En sus obras, desde *La Galatea* (1585), en las mismas fechas, pero luego aparecen dos personajes llamados así en su teatro: *El trato de Argel* (1581-1584) y *El gallardo español*, con Fernando de Saavedra.

Las explicaciones que se han dado es que proviene de su pariente lejano, Gonzalo de Cervantes Saavedra, escritor cordobés también, quien murió en un naufragio. Pero la más sugerente es la última que afirma que es un apelativo relativo al físico cervantino. Vendría del árabe y significaría «brazo defectuoso».

Lo más curioso es que el nombre de su mujer, Catalina de Salazar y Palacios, también es un galimatías. El que utilizamos puede ser una convención. Lo primero es que casi en cada documento en que aparece lo hace con unos apellidos u orden diferente, con muy pocos años de diferencia entre unos y otros. En la dote de Miguel de Cervantes a su mujer (1586), en el encabezamiento aparece como Catalina de Salazar, pero firma como Catalina de Palacios Salazar, ¡en el mismo documento!

Los autógrafos de Cervantes y de Catalina.

Lo mismo sucede en una escritura de venta que firma con su hermano Francisco de Palacios, aprovechando el poder para administrar todos sus bienes que le había dado su marido (1602). Su hermano y su tío Juan de Palacios (1595) la llaman Catalina de Palacios y Vozmediano, desaparece el Salazar. Pero es que cuando va a firmar, ella lo hace como Catalina Salazar Vozmediano. Diferente nombre al de quince años antes. O está muy mediatizada por su gente, o al contrario es muy rebelde. Difícil de interpretar.

Pero es que además hemos descubierto hace poco que en Esquivias vivía otra Catalina de Salazar al mismo tiempo que la esposa de Cervantes. Claramente eran parientes. Pero esta otra parece ser que andaba menos boyante de posibles. En una escritura del año 1598, doña Úrsula de Salazar, sobrina de Francisco Urreta de Salazar, le cede una casa a su hermana Catalina de Salazar en Esquivias (Toledo), porque no tiene donde vivir. Esto puede explicar por qué la esposa de Cervantes no podía utilizar en su pueblo este mismo nombre, para evitar confusiones. Es un tema interminable.

MUCHOS CERVANTES Y UN ÚNICO *QUIJOTE*

¿Quién escribió el *Quijote*? ¡Menuda pregunta! Es muy fácil: Miguel de Cervantes Saavedra, natural de Alcalá de Henares. Si piensas que la respuesta es tan sencilla, no sigas leyendo. El 22 de abril de 1616 moría el escritor. Entonces llega un apagón que dura más de cien años. Por tanto, aquí hay que poner en su sitio un fenómeno que no sucede con todos los autores.

Muchos años después se revisita y se reinterpreta una obra maestra, que pasa de ser una crítica a los libros de caballerías, un simple divertimento y una bufonada, a un compendio de sabiduría con múltiples capas y niveles y a través de ella nace el interés por saber más del autor: ¿Quién pudo escribir esta maravilla, la que luego fue llamada por Ortega y Gasset la «primera novela moderna»?

Como suele suceder con todos los próceres españoles, tuvo que ser un inglés el que lo descubriera y encumbrara más tarde. Lord Carteret, que así se llamaba, encargó una biografía a Gregorio Mayans y Siscar en el año 1737, pues hasta entonces no existía. Pero ya habían pasado ciento veinte años y esta primera biografía sólo contaba con lo que decía Cervantes de sí mismo en sus propias obras. No se sabía absolutamente nada de él, ni siquiera su lugar de nacimiento.

Entonces se dio el pistoletazo de salida para que todos los eruditos y académicos escrutaran archivos, consultaran a párrocos, a secretarios de ayuntamiento, buscando quién pudo ser el genio que escribió el *Quijote*: ¿Un alto noble? ¿Un humanista letrado de Salamanca, quizás?

Y entonces llegó otra decepción soterrada que dura hasta hoy. A cada nuevo descubrimiento llegaba un nuevo estupor, una boca cerrada más y un empequeñecimiento progresivo del que escarbaba en los anaqueles, con la pérdida de ganas de seguir buscando.

No fue el único dilema que se encontraron. Muere la persona y nace el mito. En cuanto los estudiosos pudieron bucear en la historia, que fue de inmediato, a finales del siglo XVIII, entonces lo primero que se descubrió es que había varias personas homónimas y coetáneas en el siglo XVI que se llamaban Miguel de Cervantes. Si hubo varios: ¿cómo podemos saber cuál de ellos es el autor del *Quijote*? Lo cierto es que es una buena pregunta, porque *a priori* no podemos asegurar que es tal persona si tenemos varios documentos que la citan y no sabemos en cada momento de quién nos están hablando.

La cuestión se complicó inmediatamente. Volvemos a repetir que no se sabía nada del poeta fuera de sus propios libros. Según Alfonso Adamuz Montilla surgieron siete candidaturas para ser su lugar de nacimiento: Madrid (calle Lope de Vega), Toledo, Esquivias, Lucena, Sevilla, Consuegra y Alcázar de San Juan, a la que se unió Córdoba más tarde.

La primera partida de bautismo que hablaba de un Miguel de Cervantes fue encontrada en 1748 en Alcázar de San Juan, no por un cualquiera, sino nada menos que por el bibliotecario real y académico de la lengua Blas de Nasarre. Para más inri, parece ser que añadió en el libro original de la parroquia una leyenda que decía: «Este fue el autor de la historia de don Quijote». El que fuera la primera y la entidad del descubridor hicieron que su fuerza haya permanecido hasta hoy.

Después, el mismo erudito descubrió otro Miguel López de Cervantes en el archivo parroquial de Consuegra (1556), a pocos kilómetros. Era hijo de Miguel López de Cervantes y de María de Figueroa. También suponemos que él anotó en el mismo libro, en el margen de la hoja: «El autor de los quijotes».

Pero las fechas no coincidían. Estos eran muy jóvenes, niños, para acudir a la batalla de Lepanto. Juan de Iriarte y el padre Sarmiento se dieron cuenta de que en el libro *Topografía e historia general de Argel* del padre Haedo (1608) aparecía un cautivo llamado Miguel de Cervantes, que se decía caballero de Alcalá de Henares.

Con estas coordenadas, Agustín Montiano y Luyando encontró la partida de bautismo de Alcalá de Henares (1547). En la Guerra Civil se salvó porque unos vecinos la escondieron en un pozo. Hace unos años les hicieron un homenaje con una placa. Resultó, entonces, que, aparentemente, hubo tres Miguel de Cervantes viviendo juntos, con pruebas a su favor. ¿Cuál de los tres es el autor del *Quijote*?

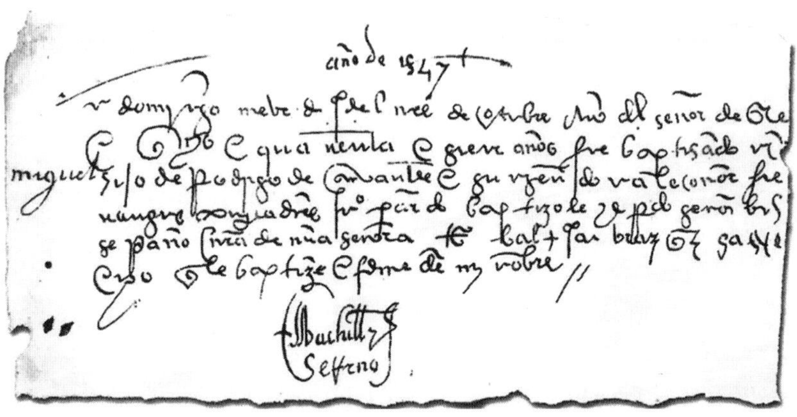

Partida de bautismo de Miguel de Cervantes en Alcalá (1547).

Firma de Miguel López de Cervantes de Consuegra en El Toboso (Toledo, 1601).

Dos Miguel de Cervantes en Lepanto

La cosa se complicó más tarde. No iba a ser tan sencillo. En el año 2016, el Archivo General de Simancas (Valladolid) preparó una exposición comisariada por Alfredo Alvar y Julia Rodríguez de Diego, directora de la institución, ambos con dilatada e interesante trayectoria en el cervantismo. Entre todos ellos, uno de los documentos interesó muchísimo a los cronistas de Alcázar y Villa de don Fadrique, Luis Miguel Román y Antonio Mendoza. Vieron abrirse los cielos. Se trataba de una pequeña relación de dieciséis hojas donde venían relacionados unos trescientos heridos de la batalla de Lepanto.

Y sí, resultó que a un tal Miguel de Cervantes, herido en el puerto y hospital de Mesina (Sicilia), se le dan veinte ducados de ayuda de costa. Pero luego viene un anexo en el que se cita un hecho: en la Caramania (Turquía), trece cautivos se alzaron en 1572 en una galera turca, la apresaron y se la trajeron también al mismo lugar de Mesina, y aparece otro Miguel Cervantes, que recibe veintidós escudos. Diferente persona, diferente cuantía.

Si no lo hubiera dicho claramente Alfredo Alvar, sinceramente no lo creeríamos, pero es cierto, al menos tenemos tres Miguel de Cervantes, si contamos con el que atacó a Sigura en 1569, cinco si sumamos al de Alcázar y el de Consuegra, o seis si al final añadimos al de Córdoba. Nadie cree que haya tantos Miguel de Cervantes juntos al mismo tiempo. Siendo sensatos, lo que estamos diciendo es que hay seis documentos dudosos que hablan de un tal Miguel de Cervantes.

Siendo estrictos, y debemos serlo, esto nos mete en un lío. Atentos al argumento jurídico porque no tiene desperdicio. Si hay varias personas que se llaman igual viviendo a la vez, y más aún, siendo dos soldados, y más aún, estando en el mismo sitio, cada documento que nos ha aparecido, cada uno volvemos a repetir, se pone en duda. ¿Cómo sabemos, por ejemplo, que el que se casó en Esquivias no nació en Alcázar o es el que se fue a Sevilla?

Veremos que es más sencillo darse cuenta de que probablemente casi todos los manuscritos de que disponemos del Cervantes adulto se refieren al de Alcalá. Los cronistas locales, sobre todo en la Mancha, ven cierta inquina en ocultar el dato de los dos Miguel de

Cervantes de Lepanto. Según una anotación que aparece en la portada, se había copiado en 1849 para Luis López Ballesteros, director de la Real Academia de la Historia de entonces. Y parece ser que a ellos no les constaba que existiera.

Es cierto que no se suele incidir en estos datos discutidos, porque hay un cierto interés en no enredar las cosas y se suele poner el foco en lo positivo y no en lo negativo. Tampoco se ha solido sacar a la luz la declaración en que él dice de sí mismo que es natural de Córdoba, en el que se cuenta que es licenciado… Pienso que todo con la idea de evitar polémicas estériles, cosa que como vemos, es infructuosa porque al final cada cierto tiempo vuelven a salir del cajón como nuevos misterios cervantinos. En realidad, estos documentos se conocen desde antiguo y se han desechado, simplemente.

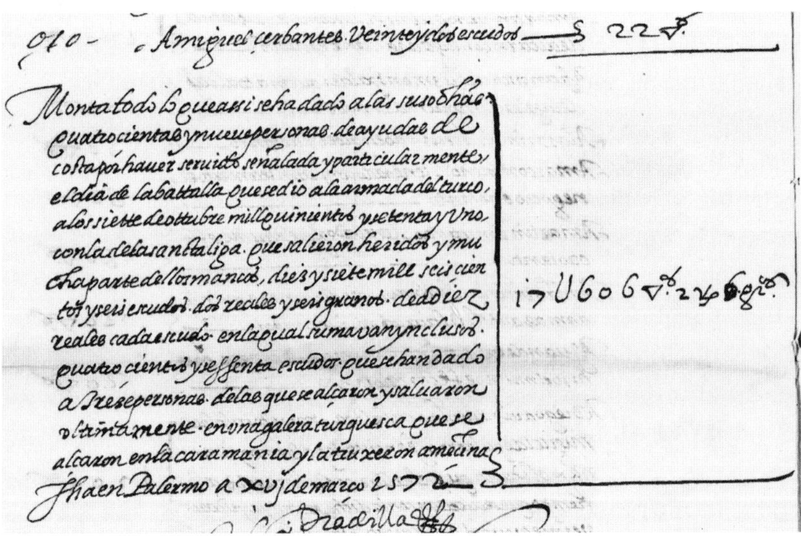

Los dos Miguel de Cervantes en Lepanto.

LAS CUNAS DEL ESCRITOR

Vamos a complicar aún más la cosa. Leyendo la biografía de Santiago Muñoz Machado, veo cómo también cree en la posibilidad de más de un Cervantes: «Está probado ahora que no estuvo Cervantes encarcelado en Argamasilla, y más aún, que no fue allí donde escribió o empezó a escribir el *Quijote*. Conclusión que me lleva de nuevo a pensar que, como ha sido tan firme y persistente la tradición que asegura lo contrario, se puede aceptar que las referencias a Miguel de Cervantes son al Miguel manchego, el de Alcázar de San Juan».

Estando en 2022 revisando los protocolos notariales de El Toboso del siglo XVII, de pronto en los de 1601 aparecieron dos firmas que demostraban que Miguel López de Cervantes, el de Consuegra, del que nos habíamos olvidado, había estado en El Toboso. Si hubiera sido el de Alcázar, y sobre todo el de Alcalá de Henares, nos hubiéramos metido en un agradable lío monumental. Pero desgraciadamente no fue así: «Sepan cuantos esta carta de obligación vieren, como yo, Miguel López de Cervantes, vecino de la villa de Consuegra, estante al presente al otorgamiento de esta escritura en esta villa del Toboso».

Entonces, como dice el profesor, tenemos que poner en cuarentena ciertas tradiciones de la Mancha, tanto de Argamasilla, como de Alcázar, como de El Toboso. Porque es cierto que es posible que algún Miguel de Cervantes, como es éste el caso, pudiera estar allí y todos los recordaban siglos después. Pero ¿cuál de ellos? Desde luego en El Toboso, de momento, sólo fue el de Consuegra. Difícil es que haya alguno más, a nuestro pesar.

Para enredar aún más el texto, uno de los testigos se llama Pedro Alonso, igual que el vecino del Lugar de la Mancha que se cita en el *Quijote*, y además resulta que se trata de un préstamo de ciento cincuenta reales que le hace un potentado toboseño llamado Francisco Morales de Nieva el 25 de enero de 1601, además del salario por los gastos de ir a cobrarlos a Consuegra. Es decir, que también eran negocios, del tipo de los que sabemos qué hacía el Cervantes de Alcalá. Son unos descubrimientos sorprendentes y que no tienen fin.

Mucho más. En 2024, revisando los documentos que tenía digitalizados de Esquivias (Toledo), donde se había casado Miguel de Cervantes, volví a encontrar el testamento de Pedro de Amaya y Mendoza del año 1610. Me paré a releerlo porque no lo recordaba. Sabía que Pedro de Amaya le había comprado su casa toledana en 1604 a Alonso Manuel de Ludeña, alférez mayor del Quintanar de la Orden (Toledo), y saltaron las alarmas.

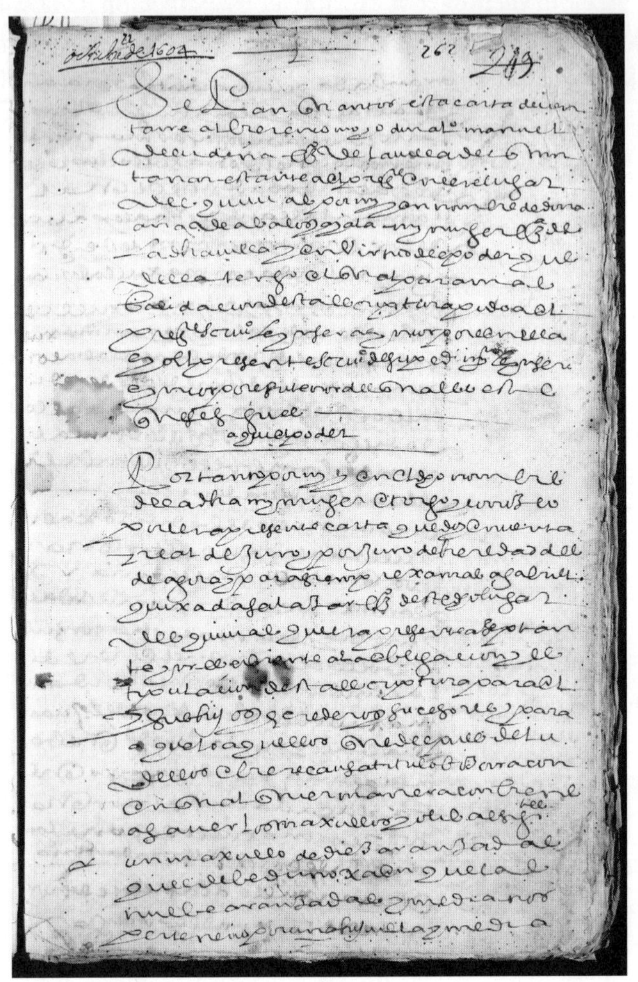

Venta del manchego Alonso Manuel de Ludeña a Gabriel Quijada
de Salazar de una tierra en Esquivias (Toledo, 1604).

La sorpresa fue tremenda, porque apareció el primer documento inédito que había sobre Miguel de Cervantes en Esquivias desde hacía décadas. No sólo eso, sino que resultó que de una tacada conocíamos que en esa época también había hecho comisiones y préstamos en Toledo y el nombre de su socio, Pedro de Amaya y Mendoza, que era tremendamente noble y además rico. Finalmente, como la guinda del pastel, que su amigo estaba relacionado con la Mancha, nada menos con Alcázar de San Juan, donde hay una tradición de la partida de bautismo que dice desde hace siglos que nació allí.

¿En qué quedamos? Entonces, ¿tenemos que resucitar las teorías de Alcázar y Consuegra y volver a revisar todo? A ver si va a resultar que no fue el de Alcalá de Henares. Aquí nos encontramos otra vez con el péndulo. El que haya dos Miguel de Cervantes en Lepanto no significa que uno sea el de Alcázar de San Juan, porque no lo dice y mucho menos que sea el autor del *Quijote*.

Pero no debemos entrar en este juego. Los cronistas y aficionados no reconocen que a veces hacen lo mismo que critican, que es contar sólo los datos que les favorecen y dejar de lado los que les perjudican, achacando todo a un supuesto misterio y cerrazón de los biógrafos que no admiten las *incontestables* pruebas de sus tesis.

Los lectores ajenos a polémicas que los escuchan piensan que hay varias teorías con el mismo nivel de pruebas, que son opiniones con el mismo valor: ¡vete tú a saber, quizás unos creen una cosa y otros otra! Debo decir que cuanto más se lee, uno adquiere la convicción de que esto no es así. Lo que sucede es que no nos cuentan toda la verdad.

La primera cuestión que hay que tener en cuenta es que el tema está muy mal enfocado desde el principio, siendo lo más objetivo posible. El argumentario se ha centrado en la pelea de una partida de bautismo contra otra, sobre todo la de Alcázar de San Juan contra la de Alcalá de Henares. Y esto, para un jurista como es mi caso, no importa. No demuestra nada, salvo unas fechas y nombres. Porque ahí nos dice que un niño se llamó tal y fue bautizado tal día y en tal sitio, pero no nos cuenta si luego creció para ir a Lepanto, Valladolid y hacerse escritor. Sobre todo, si en la época había varias personas llamadas igual y que además paseaban por las mismas calles. Necesitamos entender y conocer el resto del contexto para decantarnos por uno o por otro. Explicado de forma sencilla es así como os lo vamos a contar.

Los tres puntos iniciales en que se basó la tesis de Alcázar es que fue el primer descubrimiento, que en ella aparece el apellido Saavedra y no en la de Alcalá y la tradición que no existía en la otra ciudad, incluida una casa donde nació. Más recientemente han añadido otros más, como el prólogo de las *Novelas ejemplares*, que dice «mi edad no está ya para burlarse con la otra vida, que al cincuenta y cinco de los años gano por nueve más y por la mano». No entiendo muy bien la frase, pero en Alcázar la interpretan como que hay que contar sólo lo de los cincuenta y cinco y los «nueve más» sobran. Así hubiera nacido en 1558, la fecha de Alcázar y no la de Alcalá de Henares.

Yo añadiría un argumento popular que nunca se esgrime, que está detrás de todo esto y que creo que es lo que mantiene todavía viva la idea de Alcázar. Cervantes escribió el *Quijote* porque era de allí, era manchego. Demasiado simple. Sabemos y entendemos todos que un autor no tiene por qué haber nacido en el sitio sobre el que escribe.

De todos ellos, el que más daño hace a Alcalá es el del apellido Saavedra, que existe en Alcázar y no allí. Por eso han tenido que sostener muchas veces que la partida del pueblo manchego es falsa. De hecho, yo he oído a gente en Toledo y Madrid dudar todavía hoy. Los especialistas ni se lo plantean. Con las referencias a un cautivo de Alcalá de Henares para ellos es suficiente. Está claro que para parte de la sociedad no.

Alcázar de momento parece que no es la cuna del autor del *Quijote*. La idea principal que se esgrime es el año de nacimiento (1558), que haría que el Miguel de Cervantes alcazareño tuviera doce o trece años en la batalla de Lepanto. Por esto creo que la partida no es una falsificación, porque si se hubiera hecho por parte de su descubridor Blas de Nasarre, como se dice, estaría más lograda.

Pero hay más. Un compañero soldado de la compañía de su hijo en la batalla de Lepanto, llamado el alférez Mateo de Santisteban, dice que cuando participó en ella tenía veintitrés años. No era el niño de doce o catorce años que dicen en Alcázar de San Juan: «Que habrá ocho años poco más o menos que este testigo vio e comenzó a conocer al dicho Miguel de Cervantes, que fue el día que el señor don Juan dio batalla a la armada del turco, en la mar, a las bocas de Lepanto y entonces podía ser de edad, el dicho Miguel de Cervantes, de hasta veinte e dos o veinte e tres años, e ahora podrá tener treinta años o treinta e un años, poco más o menos» (Madrid, 1578).

Una cosa que, como archivero, siempre me ha intrigado y desconcertado es que del Miguel de Cervantes de Alcázar no haya ningún documento más aparte de la partida de bautismo, pero ni fuera ni dentro. Tampoco junto a su padre, Blas de Cervantes. Del Cervantes de Consuegra hay seis manuscritos. De los hermanos del alcazareño, que sabemos que se llamaban Tomás (1560), Juan (¿1562?), Leonor (1566) y Francisco (1568) tenemos muchos más datos en las actas del concejo.

¿Por qué de su hermano famoso no hay más? Una compra de una tierra, testigo de una boda, un testamento en algún sitio. Los que apoyan a Alcázar me dirían que como se fue de soldado y estuvo en Lepanto, nunca volvió y es el que vemos en los documentos que no dice que es de Alcalá. No tiene sentido. Ahora pienso que el de Alcázar murió joven.

Seguimos desmontando esta teoría. Sabemos que el hombre que fue cautivado en Argel, los libros y las actas dicen que era natural de Alcalá de Henares. El que se casó en Esquivias tenía un padre llamado Rodrigo de Cervantes, puesto que en su testamento (1585) nombra como su albacea a Catalina de Palacios, viuda de Hernando de Salazar, que según lo que sabemos sería su consuegra. En la ceremonia de velaciones de su boda con Catalina de Salazar en Madrid del año 1586, también aparece como testigo un Rodrigo de Cervantes, que por fechas sería su hermano el alférez.

En las actas de Alcázar no hay ningún Rodrigo. Y esto es importante, porque en las diferentes relaciones del cautiverio, desde el libro del padre Haedo (1612) hasta las dos actas de liberación de Argel, no sólo se dice que el liberado es un hidalgo de Alcalá de Henares, sino que los pagos los hizo Leonor de Cortinas, viuda de Rodrigo de Cervantes.

En conclusión, el que fue cautivado en Argel, se casó en Esquivias, estuvo en Valladolid, etc., y, por tanto, de momento el autor del *Quijote* es el hijo de Rodrigo de Cervantes y, por ende, el de Alcalá de Henares. Ni Córdoba ni Alcázar lo tienen, por mucho que se agarren como un clavo ardiendo a las dudas, que siempre existirán.

Igualmente, que el socio de Cervantes en Toledo se hubiera casado en Alcázar de San Juan implica una relación con lo manchego, que yo creo que también existe. No puede ser tanta casualidad. Pero no tiene por qué ser que el escritor naciera allí, ni que fueran amigos desde pequeños jugando en las calles. Hay otras explicaciones como que hubo una relación del Miguel de Cervantes de Alcalá con la Mancha que estamos empezando a conocer. Sabemos que le interesaba mucho. Es un hecho que le dedicó dos novelas y varios pasajes más en otras.

Lo mismo podemos decir del Miguel López de Cervantes de Consuegra. El que estuviera en El Toboso no significa que fuera el autor del *Quijote*, sino solamente que las tradiciones se basan en murmullos, ruido: algo oyeron y vieron, pero no sabían el qué ni a quién, después de que había pasado tanto tiempo.

A mí también me extraña que haya tres Miguel de Cervantes en la Mancha, a mí también me sorprende que haya dos migueles en Lepanto, hasta podemos decir que me incomoda, pero tenemos que tener una visión amplia, no localista. El misterio de la cuna de Cervantes resultó más complicado de lo que parece. No decepciona. A partir de ahora nos referiremos al alcalaíno.

Partida de bautismo de Alcázar de San Juan (1558).

NACEN MÁS CERVANTES: CÓRDOBA Y CATALUÑA

Que la familia de Miguel de Cervantes procede de Córdoba no es ningún secreto. Que había un documento en que el propio escritor decía que era natural de Córdoba tampoco. Se trata de un testimonio que hizo para apoyar la entrada de su amigo Tomás Gutiérrez, dramaturgo y posadero, en una cofradía sevillana.

Como todo lo que rodea al autor del *Quijote*, aquí también la historia del manuscrito es rocambolesca. Es el enésimo que se ha perdido y reencontrado. No acabó en un pozo como la partida de bautismo de Alcalá, pero sí desaparecido. El original reapareció en 2016 cuando se catalogaron en la Universidad de Sevilla los libros de la donación de Luis Montoto. Está digitalizado y transcrito su texto en la página web de la institución desde entonces.

En mayo de 2024, el profesor José de Contreras dio una conferencia en el Ateneo de Sevilla con un aparato mediático impresionante revitalizando esta evidencia. Y además añadió dos datos más: los dos Cervantes de Lepanto son el de Córdoba y el de Alcalá. Uno es primo de otro y los dos estuvieron cautivos en Argel. Los dos tienen también un padre llamado Rodrigo de Cervantes.

El tercero en discordia, el de Alcázar de San Juan, es sobrino del de Córdoba, hijo de su hermano mayor. Nosotros, hasta lo que hemos podido investigar, sabemos que los Cervantes manchegos son familia muy lejana de los de Talavera y los de Alcalá. Es probable que ni tuvieran contacto.

La madre del Cervantes cordobés se llamaría Juana de Saavedra, vecina de Sevilla. Todo ello se demostraría con las diferentes grafologías de los autógrafos y firmas. El catedrático de Córdoba, Enrique Soria Mesa, así como otros profesores sevillanos han desmentido que esto sea así en diversos medios de comunicación. Aunque somos conscientes que es una polémica que no cesa.

La teoría del Cervantes catalán, que todos pensamos que es algo fruto de una mala tarde, se ha convertido, como todo lo que tiene que ver con este tema, en una sucesión de estudios en los que ya hay al menos cuatro historiadores implicados, varios nombres, varios nacimientos y hasta una nueva ruta del Quijote al estilo de la de Sanabria en Zamora. La cascada de argumentos, a cuál más inverosímil, parece no tener fin, y no lo tendrá.

Puede que todo comenzara en 2012 con el libro de Lluís María Mandado *El* Quijote *borró el* Quixot, que atribuía los errores de la primera edición del *Quijote* a que fue traducido desde el catalán al castellano.

El segundo paso fueron las II Jornadas del Instituto de Nova Historia, donde Jordi Bilbeny sostuvo que el autor del *Quijote*, escrito en catalán, fue Joan Miquel Servent, de Xixona (Alicante). Según este autor los Servent eran una familia de tres hermanos, que uno fue a Italia, otro a Flandes y otro a África; abogados y escribanos asociados a la Cancillería del reino de Valencia. La nueva ruta del Quijote que propone discurre por Jijona en la primera parte de la novela (1605); en la segunda (1615) la cueva de Montesinos es la cueva de Montesa y aparece el barranco de Los Batanes, según se mencionan en la ficción. Esta idea ha sido seguida por un tercer promotor que es Víctor Cucurull.

Pero no es el último ni mucho menos. Pere Coll vuelve a alejarse de la Mancha geográfica para decir que la ruta del Quijote se centra en la comarca de Las Garrigues, en la Pobla de Cérvoles (Lérida). El nombre de su ensayo: «En Quixot de les Garrigues a les Muntanyes de Prades de Miguel de Cervantes» (2024). Y el autor del libro no sería ni Miguel de Cervantes, ni Joan Miquel Servent, sino un desconocido Rafael de Cervera. Es decir, que habría dos migueles catalanes, no solo uno.

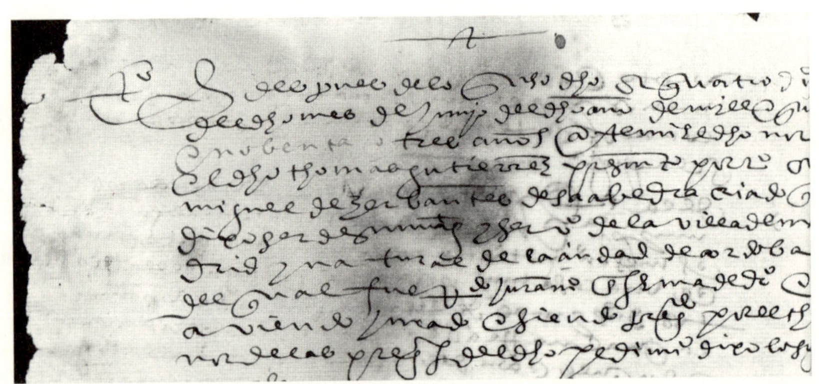

Cervantes dice que nació en Córdoba.

La cárcel donde no se escribió el Quijote

LAS TRES CÁRCELES

Santiago Muñoz Machado, director de la Real Academia de la Lengua, ha repetido por activa y por pasiva que el *Quijote* no pudo escribirse en una cárcel. Y hay que tener valor porque lo ha dicho hasta en la propia Sevilla, que es parte implicada. Es lógico, no es el sitio. No estaba de vacaciones.

Pero nada puede con la tradición y a cada poco vuelve a los medios de comunicación el mismo soniquete. ¿De dónde viene? Es lo que tiene una figura tan importante y tan mitificada como Miguel de Cervantes, que si se le puede arrancar un pedacito y utilizarla como reliquia para enseñarla a los curiosos: ¿por qué no hacerlo si no se hace daño a nadie?

El origen, como todo lo que rodea a la figura, es surrealista cuando se conoce la historia en profundidad. También aquí sólo tenemos dos frases. No hay más. El archivero José Cabello recuerda que entre 1599 y 1604 únicamente tenemos un documento donde aparezca el nombre de Miguel de Cervantes y es su nombre pelado como testigo en una boda en Esquivias (1602). Poco bagaje. Para decirlo en pocas palabras, no sabemos ni dónde estaba ni qué hacía el *pobre* de Miguel en los años en que estuvo escribiendo el *Quijote*. Esa es la pura verdad que nadie cuenta. Quizás porque a los investigadores nos puede dejar en mal lugar.

Al no tener nada, hay que acudir a llenar el hueco con lo que haya. Y en este caso tenemos dos menciones diferentes en la primera parte del *Quijote*. Que sigue siendo literatura, ficción, no pruebas. La primera es el prólogo de la propia novela. Leámoslo y desengañémonos como lectores por nuestro propio ojo: «Y así, ¿qué podrá engendrar el estéril y mal cultivado ingenio mío, sino la historia de un hijo seco, avellanado, antojadizo y lleno de pensamientos varios y nunca imaginados de otro alguno, bien como quien se engendró en una cárcel, donde toda incomodidad tiene su asiento y donde todo triste ruido hace su habitación?».

Aquí está el que opina que está siendo literal y el que dice que es en sentido figurado, que la cárcel es la imaginación del poeta. La literalidad la defienden Alberto Sánchez y Geoffrey Stagg. Esto segundo lo creyeron Díaz de Benjumea, Salvador de Madariaga, Américo Castro o Vicente Gaos. Estoy con ellos. Entre los primeros, como Rodríguez Marín, claro, piensan que quiere decir que el *Quijote* se escribió en el encierro. Los pliegos, la tinta y las plumas se los debieron traer por mensajería. Y entonces aquí hay tres opiniones según dónde estuvo encerrado *de facto*: la cárcel de Castro del Río (Córdoba, 1592), la de Sevilla (1597) o la de Argamasilla de Alba, la famosa cueva de Medrano.

¿Por qué esto último? Aquí hay que echarle un poco de imaginación porque se mezclan dos ideas que en principio no tienen nada que ver. Al final de la primera parte del *Quijote* (1605), hay unos poemas burlescos a los académicos de la Argamasilla, un Lugar de la Mancha. No sabemos si se refiere a Argamasilla de Alba o de Calatrava en la provincia de Ciudad Real. Pero, además, es que el tono es paródico y no es seguro que Cervantes haya cometido el error de desvelar cuál es el Lugar de la Mancha con el que empieza la novela, sino simplemente se estaba riendo un poco.

Pues bien, se toma la cárcel del prólogo y se suma a la Argamasilla del final y ya tenemos dónde se escribió el *Quijote*. No hay ningún documento. Cada vez que preguntas te contestan: tradición consolidada. Que es como decir una leyenda transmitida de padres a hijos por los vecinos del pueblo. Así se han creado la casa de Cervantes en Lugo, la del caballero del Verde Gabán en Villanueva de los Infantes y podríamos seguir. Y yo disfruto oyendo a mis mayores, pero pongo en cuarentena sus cuentos de cuando eran niños. No son documentos y menos si han pasado trescientos años.

Nosotros creemos que la mención a Argamasilla en el *Quijote* no es porque sea el Lugar de la Mancha. Aquí tenemos que echar de nuevo la vista atrás. Existe un poeta muy importante en el Siglo de Oro español que era de Argamasilla de Alba, llamado Francisco de

Contreras. Ya digo que esto es muy desconocido. Era muy amigo de Lope de Vega, tanto es así que le dedica un poema laudatorio en una de sus pocas obras (1624), ya muerto Cervantes. Lope también es quien le aprueba la publicación del libro en la Cámara de Castilla. Para que todo quede en casa.

Antonio Blázquez y Manuel Serrano y Sanz, hace ya mucho tiempo (1905), dicen que esta mención a Argamasilla es una burla a este escritor para llamarle «académico» y de paso meterse otra vez con Lope de Vega en el *Quijote*. No nos extrañaría en absoluto. Nosotros también lo creemos así.

El problema para demostrarlo es que este Contreras era muy joven y no sabemos casi nada de él. No hay Contreras en Argamasilla en la época. Los he buscado por la Mancha y los he encontrado. En Quintanar de la Orden (1597), donde eran alcaldes, en Villanueva de Alcardete (Toledo). Un Diego de Contreras, estudiante, viviendo en El Toboso. Resulta curioso y desconcertante que aparezcan aquí también. El problema es que no sabemos si son el escritor o no. Y ahí nos hemos quedado.

Cueva de Medrano en Argamasilla de Alba (Ciudad Real).

Los cuatro alcaldes

Ya que mucho de lo que leemos no son más que leyendas creadas a lo largo de los siglos, veamos otra curiosidad. Una historia que pocos conocen es que la mayoría de las tradiciones y mitos que conocemos sobre el paso de Cervantes por la Mancha se deben a sus alcaldes, que en su ancianidad devinieron en escritores hagiográficos sobre sus mismos pueblos. Fue un servicio a su comunidad que no se les ha devuelto en la estima que merecen. Porque en el recuerdo han quedado sus palabras, pero no sus nombres.

En los siglos XIX y XX, tres alcaldes de cada uno de sus respectivos municipios, para ser exactos dos alcaldes y un concejal, publicaron varios artículos y libros sosteniendo que habían entrado en los archivos de sus respectivas aldeas, cada uno en el suyo e ignorando a los de los demás, y que habían constatado que múltiples personajes del *Quijote* tenían coincidencias en nombres y circunstancias con los de la novela.

Es decir, que el libro se había escrito en su villa o al menos que fue su inspiración. Esta teoría se llamó de «los modelos vivos», es decir, que Miguel de Cervantes había utilizado como fuente de inspiración a personas que había conocido en Argamasilla de Alba (la Mancha), Esquivias (Toledo) o Alcázar de San Juan (la Mancha). Desde entonces ha habido muchos más pueblos que se han sumado, incluido El Toboso.

En Esquivias fue Manuel Víctor García, desde 1867. Él fue quien localizó a un Alonso Quijada en la aldea toledana donde se casó el escritor, y claro, las alarmas por ser el mismo nombre del protagonista del *Quijote* saltaron enseguida. Luis Astrana Marín hizo una biografía de siete volúmenes (1948) y quedó prendado con esta idea y buscó muchos más nombres en los archivos.

Argamasilla de Alba fue la siguiente. Su exalcalde, Ramón Antequera, siguió la misma estela en 1863. Puede hablarse de que es un libro delirante donde se inventa nombres y situaciones: en la Iglesia Parroquial se encuentra un cuadro al que consideran el «modelo vivo» de don Quijote en el pueblo y que ha estado en Madrid, prestado en exposiciones conmemorativas. Se llamaba Rodrigo Pacheco y él le añade Quijana; lo hace amante de Ana Zarco de Morales, la Dulcinea de El Toboso. Miguel de Cervantes vino a

Argamasilla y tuvo amores con su hermana y por eso acabó en la cárcel, la cueva de Medrano, donde escribió el *Quijote*. Por supuesto, el autor había nacido en Alcázar de San Juan. Todo esto se sigue contando, por mucho que por activa y por pasiva se haya negado.

Yo descarté hace años a Rodrigo Pacheco como modelo de don Quijote, en cuanto me enteré de que tenía una campana para llamar a sus criados y miles de hectáreas de terreno. ¿Es éste el pobre hidalgo que tiene solo un mozo con podadera como se cuenta en la novela? Me temo que de modelo nada. Y de que se llamara Quijana, menos.

En Alcázar de San Juan el cronista se llamaba Ángel Ligero Móstoles. Después de ser concejal, comenzó a entrar en el archivo parroquial. Y en un congreso internacional que se celebró en Madrid (1978), el mismo en el que se dio a conocer la teoría del Cervantes judeoconverso y de Sanabria (Zamora), apareció con una serie de personajes propios del *Quijote* y de Alcázar.

Es un hallazgo que Francisco Rico calificó de interesante. La mayor parte de los nombres que incluye son secundarios, pero hay que resaltar que los apelativos de los personajes de la Venta de Maritornes en el *Quijote*, donde mantean a Sancho, están todos en el archivo alcazareño, incluido el apodo de Maritolma, y no deja de ser curioso, aunque no pasan de tres o cuatro. Sobre el resto que propone ya hay más dudas.

La primera certeza es: ¿se puede ser objetivo si tu propósito es fomentar el prestigio del pueblo donde has nacido y al que has dedicado tu vida sin agregar los del resto? El último de los exregidores en sumarse es Marciano Ortega en El Toboso, quien ha comenzado por los molinos de viento. En la patria de Dulcinea, la enamorada fantástica del caballero don Quijote, hay un museo estatal dedicado a ella y a la ficción.

¿Para qué recordar todo esto? Porque pasados ciento cincuenta años seguimos contando las mismas historias. Daniel Eisenberg, uno de los mejores cervantistas del siglo xx, tiene un artículo entre irónico y burlesco donde habla de cómo la casa de Cervantes en Alcalá se modificó, la de Esquivias no es en donde vivió el genio, en Argamasilla ni estuvo, ni se le espera, ni escribió ningún *Quijote*. Lo que no evitó que Juan Eugenio Hartzenbusch, de la Real Academia, muy entusiásticamente en 1862, fuese a editar un *Quijote* en la propia cueva donde se escribió, hecho que te recuerdan continuamente cuando la visitas como si fuera la prueba irrefutable de la verdad.

Todos estos mitos cervantinos, ya centenarios, sustentan rutas, son pan de cada día de guías turísticos y arrinconan los documentos y la verdad histórica, por parca, insulsa e incompleta que sea. Las personas rellenan los huecos con leyendas y se cuenta que todo es un misterio insoldable, que a la vuelta de cada línea hay una lectura cabalística. Parece que estamos más atentos a cuentos de hadas que a fechas y nombres aburridos. Preferimos «el relato al dato».

Molinos de viento de Campo de Criptana.

EL LUGAR DE LA MANCHA

Entonces, si no es Argamasilla, Alcázar, Consuegra…, ¿dónde puede estar el origen del *Quijote*? ¿Por qué se sitúa en la Mancha? Hay que partir del hecho de que todos hemos escuchado que Miguel de Cervantes estuvo como cobrador de impuestos en la Mancha en los años más desconocidos de su biografía, después de venir del cautiverio (1582-1587), y por eso escribió el *Quijote*. Cuando no, que se enamoró de una joven y le encerraron por ello en El Toboso o Argamasilla. No hay ninguna prueba.

Creo que eso no sucedió. Por un motivo que nunca se expresa: además de que supongo que habría algún acta o prueba, el Cervantes que venía de ser espía quería entrar en la Corte y ser corregidor. No hubiera aceptado un encargo tan nimio como éste en un entorno rural empobrecido.

Francisco García Pavón, novelista de Tomelloso, a ocho kilómetros de Argamasilla de Alba, dijo esto, que, por otra parte, es lo que suelen pensar muchos. Si no fuera así, creedme, no habría dudas sobre que Cervantes situó conscientemente su novela en la Mancha y no por una absurda casualidad: «En resumen, no me cabe demasiada duda, hasta que venga algún prodigioso documento a demostrarnos otra cosa, de que Cervantes eligió la Mancha como escenario de su novela por pura broma, por parodia, por el concepto tan anti-aventurero que de ella entonces debía tenerse. Igual podía haber elegido, con iguales efectos y por causa similar, la Alcarria, Lagartera o el Ampurdán, si hubiese tenido más puntual noticia de estas tierras».

Sobre el Lugar de la Mancha debemos puntualizar, ser menos quijocéntricos y pensar que hay otras novelas aparte de ésta. Una de las formas de ocultar información a los lectores es decir que en el *Quijote* apócrifo de Avellaneda se decía que el protagonista era natural de Argamasilla de Alba (1614). Como después Miguel de Cervantes en la segunda parte del *Quijote* auténtico no lo niega. Pues ya está, es que lo acepta.

Sí que lo niega. No en la segunda parte del *Quijote*, pero sí en su novela póstuma, el *Persiles*. Según William Childers, opinión que comparto, hay un episodio en esta segunda narración que vuelve a hablar exactamente de la misma geografía. Poca gente sabe que hay dos menciones a dos Lugares de la Mancha de los que no se acuerda en dos libros diferentes con doce años de diferencia: «El hermoso escuadrón de los peregrinos, prosiguiendo su viaje, llegó a un lugar, no muy pequeño ni muy grande, de cuyo nombre no me acuerdo» (el *Persiles*, 1617).

Esto se dice poco por los cronistas en la Mancha, más interesados en contarnos que el *Quijote* nace en su pueblo, porque en el *Persiles* el escuadrón de peregrinos sale de Quintanar de la Orden y se dirige hacia el este. Esto ya excluye sin ninguna duda a Villanueva de los Infantes, Argamasilla, Alcázar. Es decir, casi todos los pueblos más cacareados. Ninguno coincide, ni de lejos, con este camino.

Uno de los mejores biógrafos de Miguel de Cervantes en el siglo XX, Luis Astrana Marín, sí que se da cuenta y dice que el Lugar de la

Mancha de esta segunda novela es Mota del Cuervo (Cuenca), pero claro, entonces el Lugar de la Mancha de la primera seria ¡Esquivias!, que no está en la Mancha, sino en la comarca de La Sagra. No creemos que esto sea así.

Esto no es tan complicado. La polémica del sitio es una disputa hinchada por errores y por motivos básicamente económicos y de prestigio, por mucho que sea una mención burlesca. No es tal, es muy sencillo acercarse a una postura más o menos lógica si atiendes a los detalles de la novela y no al ruido mediático exterior. Hay muy pocas referencias geográficas en el *Quijote*, pero sí las suficientes como para decir que no vale cualquier sitio. De hecho, los que menos posibilidades tienen son de los que más oímos hablar, porque aquí lo que cuenta es quién tiene más población, más patrimonio o más medios de comunicación y económicos disponibles.

La ruta de la primera salida sería muy resumidamente ésta: el hidalgo manchego no sabemos de dónde sale, porque nunca se cuenta, pero se dirige a una venta innominada. Luego vuelve por el Camino de Toledo a Murcia, porque se encuentra de frente a unos mercaderes de la seda que caminan por él, y a un ganadero llamado Juan Haldudo, vecino del Quintanar de la Orden, que está apaleando a su criado Andresillo. Sabemos que estaba muy cerca de este pueblo manchego toledano porque él mismo lo dice. Por tanto, conocemos que está yendo hacia el oeste por esta vía. Este camino atraviesa por en medio de su plaza las poblaciones de El Toboso y Miguel Esteban (Toledo), la primera es donde reside la amada del caballero, según la novela: Dulcinea. De hecho, estos dos pueblos son los únicos que podrían ser El Lugar de la Mancha según estos parámetros.

En la segunda salida se nos cuenta que va hacia los molinos de viento. El único sitio donde hay treinta o cuarenta molinos en la época es en el binomio El Toboso-Campo de Criptana. La primera vez los rayos le daban de frente (es decir, que iba lógicamente hacia el este) y ahora le dan de soslayo, es decir, de lado: o van de sur a norte, o de norte a sur.

Si unimos ambas descripciones, y más aún la del *Persiles*, aunque en esto habría diferentes pareceres, lo tenemos claro: lo que se nos está describiendo es el entorno de El Toboso, Quintanar, Miguel Esteban, Campo de Criptana y Mota del Cuervo, los pueblos del

Común de la Mancha dentro de la Orden de Santiago. Como se dice expresamente en el título: «Don Quijote de la Mancha». Literalidad y sencillez frente a especulación. Pone lo que pone. No hay que darle más vueltas. El resto de pueblos de los que hemos oído noticias a cada cierto tiempo no cumplen ninguno de estos requisitos.

El que se diga cinco veces que don Quijote está recorriendo el Campo de Montiel no es una contradicción, como se ha querido ver para alejar de nuevo al *Quijote* de la Mancha, su madre. Estos pueblos de la actual la Mancha toledana, según nos dice el geógrafo Pascual Madoz (1845), se consideraban anexos por historia e instituciones al Campo de Montiel. Si hablamos del entorno de El Toboso, estamos hablando a la vez de la Mancha y de Campo de Montiel. Y así todo coincide geográficamente.

El que la Mancha de Ciudad Real actual haya echado de su seno a los pueblos manchegos toledanos y albaceteños ha confundido a los lectores modernos que no cuentan con que la realidad de su época era otra, lo que no significa que en tiempos del manco de Lepanto no formaran parte de su ideario. Curiosamente, hoy día se atribuye el origen del *Quijote* a Ciudad Real, y, según su contenido es más toledano.

Roca y Delgado, *Miguel de Cervantes imaginando el Quijote* (1858).

Llevarse las aventuras a Argamasilla de Alba, que no es Campo de Montiel, que pertenece a la Orden de San Juan, y a cincuenta kilómetros de El Toboso, de los molinos, del Camino de Toledo a Murcia, implica aceptar que el *Quijote* no es realista, que todo es inventado e idealizado, hasta los nombres de los pueblos. De ahí a destruir el realismo en el *Quijote* hay un paso. Y de ahí, de nuevo, a elucubrar e inventar teorías fantasiosas en vez de acudir a una literalidad más objetiva es otro hecho. Y es lo que ha sucedido en la práctica.

Aún más increíble es llevar la ruta a Villanueva de los Infantes, como hizo el profesor Francisco Parra Luna recientemente (2014), porque está a noventa kilómetros de los molinos de viento y de El Toboso. Nadie en la época tendría una novia ilusoria tan lejos. Ya sabemos que es ficción. Pero aceptar esta idea, ¿dónde nos deja?, ¿dónde queda la verosimilitud del relato de un viajero experimentado? Si aceptáramos a Villanueva, Munera (Albacete) o a otros similares que se han propuesto como el Lugar de la Mancha, entonces valdría cualquiera. De nuevo, es lo que, efectivamente, ha sucedido.

¿DÓNDE PENSAMOS QUE SE ESCRIBIÓ EL *QUIJOTE*?

¿Dónde entonces se escribió el *Quijote*? Lo cierto es que nuestra opinión sorprenderá a muchos, porque nunca se ha escuchado algo similar desde los tiempos de Astrana Marín. Para saber dónde se escribió, primero tendríamos que saber cuándo para ver dónde estaba su autor. Y como hemos dicho, desconocemos todo de los cuatro años anteriores a su publicación (1605). Como estaba en Sevilla hasta 1599 y se habla de la cárcel del prólogo del *Quijote* en 1597, siempre tendemos a pensar que es lo más lógico que lo hiciera allí.

Después de años de estudio y de miles de documentos y libros de lectura, la conclusión que extrajimos es que en las obras de Cervantes hay muchos nombres de personas reales, tanto manchegos de Quintanar de la Orden, Miguel Esteban y El Toboso (Toledo) como de Esquivias (Toledo). Algunos ejemplos serían Juan Haldudo, Pedro de Lobo o Antonio de Villaseñor, que aparecen en las obras de Cervantes y también en los archivos manchegos. Tenemos además documentos que demuestran que hubo aspirantes a caballeros que atacaban cruces en los molinos de viento, que se vestían con armas de guerra, que tienen duelos, que se mueren de melancolía, que se suben a rocines flacos.

Curiosamente, el *Quijote*, definitivamente, en su origen es más de la Mancha toledana que la de Ciudad Real, al contrario de lo que piensa la gente, que desconoce los cambios de esta tierra a lo largo de la historia. Pero es lógico porque es donde sabemos vivió más tiempo el escritor. Hay que buscarle donde efectivamente estuvo, no donde creemos y queremos que esté.

Sobre los nombres de los esquivianos, la cosa está mucho más clara. Comenzamos a ver apellidos que nos resultaban muy familiares en las *Novelas ejemplares* (1613), no sólo en el *Quijote*. Alonso Quijada, *alter ego* de don Quijote, era el nombre de su casero; el Chirinos del «Retablo de las maravillas» podría referirse a Rodrigo Mexía-Chirinos, alcalde y testigo de su boda con Catalina de Salazar (1584); Pedro del Rincón, protagonista de *Rinconete y Cortadillo*, era el nombre del alcalde de la Hermandad de Borox (Toledo), el pueblo de al lado; Diego de Carriazo, nombre del caballero principal de la novela *La ilustre fregona*, era el nombre del patriarca de los hidalgos Guevara Carriazo de Esquivias, alcaldes también mientras el escritor vivía allí (1601). Eran seis obras, no una, donde coincidían nombres. Lo llamamos «el ciclo toledano».

Cuando buscamos estos apellidos en las escrituras toledanas, descubrimos la relación que existía entre todos ellos y los Salazar, la familia política de Cervantes. Todos eran sus hidalgos y caballeros rivales enconados con ellos en Esquivias. Hay dos ejemplos que lo prueban: el primero, en 1615, cuando el comisario del Santo Oficio Francisco de Palacios, su cuñado, tuvo que separar en la Iglesia Parroquial de Esquivias a los Salazar y los Carriazo porque sacaron las espadas y se iban a matar. El segundo, cuando su cuñado, Francisco de Palacios, presentó un memorial en la Corte para evitar que Alonso Quijada —descendiente de otros homónimos— se hiciera caballero de las Órdenes Militares, acusándolos de conversos e ilegítimos, descendientes del cura Sorge. Los firmantes del expediente son los Salazar y Rojas, caballeros de San Juan, Diego de Salazar, Lope de Vivar y Bartolomé de Amaya, entre otros.

Se fue gestando la idea de que Miguel de Cervantes, cuando llegó a Esquivias (Toledo), se encontró una sociedad dividida en bandos rivales, como solía ser en cualquier ciudad de la época: en un lado estaban los Salazar, y en el otro los Quijada y los Carriazo. Él se integró en el ganador, o directamente en el que le tocaba. Lo importante es que estas banderías locales no dejarían de ser otras corrientes trifulcas de pueblo, si no fuera porque le hicieron tanta gracia al manco de Lepanto, que las reflejó en sus obras con nombres, apellidos y tramas. Y esto ya son palabras mayores porque ahí también está el origen de parte del argumento y personajes del *Quijote*.

Museo-Casa de Miguel de Cervantes en Esquivias (Toledo).

De todos modos, faltaba la mitad manchega. ¿Por qué se dedicó el *Quijote* a la Mancha? Descartando que hubiera estado allí viviendo y menos escondido en una cueva, y por supuesto huyendo de explicaciones esotéricas o dobles sentidos y tampoco que fuera una casualidad, nos topamos con un descubrimiento muy importante. Entre los miles de protocolos de Esquivias que leímos apareció la mitad del pastel que buscábamos.

Resultó que existían unos hidalgos de Quintanar de Él Orden, como Alonso Manuel de Ludeña, que pasaba largas temporadas en Toledo en su casa. Éste era del mismo pueblo que el personaje de Juan Haldudo del *Quijote* y descendiente del linaje del Antonio de

Villaseñor del *Persiles* (1617). Parece palabrería, pero es completamente cierto. Esta era la pieza que nos faltaba. Es decir, que entre estos hidalgos villanos con los que compartió mesa y mantel, había un grupo de manchegos que iban y venían entre ambos mundos y a los que hizo probablemente un homenaje, o una parodia —según se mire—, en varias de sus novelas.

En conclusión, volvemos a decir que no podemos saber a ciencia cierta dónde se escribió, pero teniendo en cuenta todos los parámetros posibles: los documentos, la trayectoria del escritor, su entorno, su contenido, los personajes, las tramas, la geografía, lo más seguro es que se pensara que se creara en Esquivias, en su casa. No en la que se visita hoy como museo, sino otra muy cercana a la plaza donde hoy se levanta el monumento a Luis Astrana Marín y prácticamente enfrente de la Iglesia Parroquial donde se casó.

Insulsa, modificada, con una tienda de chuches en los bajos. Una casa ahora moderna, sólo las paredes y los techos recuerdan a lo que fue. A dos calles de todos estos vecinos con los que su familia política tenía cuentas pendientes. Puede resultar poco glamuroso. Suena mejor una catacumba en Sevilla o una oscura mazmorra, o mejor una cueva de vino, en Argamasilla. Pero si vemos el entorno de amigos manchegos que tenía aquí en Toledo, los personajes que se citan y muchas situaciones, resulta menos legendario y más realista.

FALSIFICACIONES:
LO PERDIDO Y LO ENCONTRADO

Los papeles reaparecidos, como en una película de fantasmas, son bastantes. Más los perdidos, pero no vamos a hablar de ellos, sólo de algunos de los que volvieron a la vida: la partida de bautismo de Alcalá de Henares (1547), el documento de los dos Cervantes de Lepanto (1571), la «Epístola a Mateo Vázquez» (1577), tres autógrafos de Cervantes, el documento donde Cervantes dice que nació en Córdoba (1593), el testamento de Catalina de Salazar (1626) y otros que he intentado buscar en mis treinta años de investigación, menos conocidos y que ya no están donde deberían. Al profesor Sliwa le pasó lo mismo, dice que hay unos cincuenta. La historia de su desaparición y milagrosa resurrección merecería un folletín aparte.

Los dos Cervantes en Lepanto es un documento que ya fue descubierto en 1849 y se hizo una copia para el director de la Real Academia de la História. Desde entonces apagón, por lo menos en las obras especializadas. No se había perdido en el archivo, pero nadie hablaba de ello hasta que llegó una exposición conmemorativa en el centenario (2016), volvió a los medios y hasta hoy.

La «Epístola a Mateo Vázquez» fue comprada por los hermanos Zabálburu en 1871, y Pérez Pastor la pudo leer cuando trabajaba para ellos una década después. Pero desde entonces silencio. Las especulaciones fueron constantes, y la palabra falsificación o engaño también. José Luis Gonzalo Sánchez-Molero la buscó durante un año en el Instituto Valencia de don Juan en Madrid, sin éxito. Pero luego lo intentó en la Biblioteca Zabálburu en Salamanca, en la Colección Altamira, y resultó que estaba descrita en la base de datos. Estaba donde debía estar, pero nadie se había dado cuenta. Ni lo habían comprobado. Otro investigador la consultó en 1992, pero no sabía que era un redescubrimiento, así como los bibliotecarios. Gracias a esto, se descubrió que era auténtica y se terminó la polémica (2010). De momento.

Los tres autógrafos de Cervantes desaparecieron del Archivo General de Simancas (Valladolid) en algún momento del siglo xix, ya sea en la guerra de la Independencia o en otro momento. Acabaron en el Rosenbach Museum & Library de Filadelfia. Cuando la catedrática de paleografía Elisa Ruiz García viajó a comprobarlo, vio que estaban incompletos. Volvió a Valladolid y localizó el expediente de donde procedían doscientos años después (2016). Lo dicho, un reencuentro en toda regla.

Los papeles donde Cervantes dice que nació en Córdoba también se perdieron durante años. Fueron descubiertos en 1914 por Adolfo Rodríguez Jurado. El problema es que no se sabía qué había pasado con ellos, y no volvieron a aparecer hasta 2016, cuando se catalogó en la Universidad de Sevilla una donación de la colección de Luis Montoto. Y entre sus fondos estaban.

El tema es tan candente, que la última reaparición es el redescubrimiento del segundo testamento de Catalina de Salazar (1626) en el Archivo Histórico Provincial de Toledo (2024) por parte de los profesores Lucía Megías y Vargas Díaz-Toledo de la Universidad Complutense de Madrid.

No creo en conspiraciones, pero sí en lo peculiar del comportamiento humano. Desde el principio, el interés por Cervantes ha sido espectacular. No es nada extraño que, si por casualidad, alguien interesado ha tropezado con una de estas piezas únicas, haya decidido decir el «para mí» y hasta que sus herederos u otra alma caritativa ha pensado que ya era suficiente, pues no han salido del cajón. El que vengan los centenarios, sus subvenciones y su interés renovado también ayuda.

En una cuestión tan encendida como es su vida, tan debatida y mediática, también florecieron las pretendidas falsificaciones de documentación. Las de sus retratos también existieron y se dan por descontadas. Hemos dejado de lado otras mentiras como la de *El buscapié: opúsculo inédito en defensa de la primera parte del Quijote*, porque no terminaríamos nunca. Krzysztof Sliwa ha hecho un resumen de algunas de ellas, y precisamente las más conocidas son las relativas a su cuna y al Lugar de la Mancha.

La partida de bautismo de Alcázar de San Juan —y también la de Alcalá— han sido puestas en duda muchas veces. Luis Astrana Marín, biógrafo del genio, dijo que la partida de bautismo de Alcázar de San Juan era una burda falsificación. Para demostrar que Argamasilla era el Lugar, y probablemente Alcázar el nacimiento del genio, Francisco Lizcano y Alaminos, por supuesto de Alcázar (1892), dijo entonces que había encontrado una carta en poder de un tal Sánchez Liaño que el cautivo de Argel había enviado desde Argamasilla a su tío Juan Bernabé de Saavedra e incluye una conocida frase: «Luengos días y menguadas noches me fatigan en esta cárcel, o mejor diré, caverna». Nunca se mostró y por supuesto había desaparecido.

La «Epístola a Mateo Vázquez» (1577) ha sido mucho más discutida y hasta hay un libro reciente entero solamente sobre ella y su autenticidad después de su redescubrimiento. Hasta ese punto es importante en el cervantismo. Mateo Vázquez es otro de estos personajes con semejanzas a la vida de Cervantes, que por tanto parecido, no nos parece casualidad. Parece que los que padecieron juntos se sienten consolados de permanecer unidos apoyándose.

Llegó a ser secretario de obispos y del propio rey Felipe II. Resulta que sus orígenes son muy humildes. De hecho, probablemente su genealogía esté inventada. Comentó en su información de limpieza de sangre que era hijo de dos italianos, Santo de Ambrosini e Isabel

Luchiano, y que su madre lo tuvo en Argel mientras estaba allí cautiva por los turcos (1544). Pero parece que la verdad es que era hijo bastardo de Diego Vázquez de Alderete, canónigo de la catedral de Sevilla, que acogió a su madre como criada y a su vástago como hijo.

Hay una muy poco conocida y por eso merece la pena mencionarla, aunque fue tan polémica en su época que llegó hasta el Senado. Cervantes se casó en Esquivias en 1584. Su escritura de dote se conservaba en el Archivo Notarial de Illescas. Pues bien, un notario llamado Mariano Tubilla hizo una reproducción tan exacta a tinta, un facsímil, tan perfecta, con firmas y todo, que son difíciles de distinguir (1889). Hasta utilizó el papel original.

A su muerte, su familia intentó venderla, por lo que los senadores se pensaron que habían robado la original. Cuando los protocolos llegaron a Toledo, el Ministerio decidió comprarla, y ahora están las dos juntas en el archivo. Su director, Carlos Flores Varela, se pregunta: ¿qué sentido tiene hacerla? ¿Falsificación o puro entretenimiento?

Casa de los Salazar en Esquivias (Toledo).

Hidalgo, pobre y converso

LA SUPUESTA POBREZA DE CERVANTES

¿Quién era Miguel de Cervantes? Siempre he pensado que todos somos tres personas diferentes: la que creemos que somos, la que ven los demás y la que somos en realidad. Y si entramos en lo que piensan en nuestra familia, los que nos conocen, los que nos quieren y los que por contra nos odian, entonces tendremos muchas más versiones de nosotros mismos, según el interlocutor que escojamos.

Sobre Miguel de Cervantes tenemos una que podríamos considerar objetiva, que no viene totalmente de él mismo ni de sus detractores. Se trata de la famosa anécdota del prólogo de la segunda parte del *Quijote* (1615), a un año de la muerte del escritor, donde su censor, el clérigo y licenciado Márquez Torres, recibió al embajador de Francia y su cortejo.

Les contó que tenía entre sus manos la novela y que conocía al genio y que podía llevarlos a conocerle. Estos a su vez le contestaron que sus obras eran conocidas tanto en el país vecino como en todos los contornos, pero que cómo le iba en su vida. Lastimosamente, tuvo que responderles: «Hálleme obligado a decir que era viejo, soldado, hidalgo y pobre».

A esto le sumamos que su padre fue encarcelado por deudas en Valladolid, que a él, cuando volvió de su cautiverio, el rescate le dejó arruinado, también a las dotes de sus hermanas, y la versión ruinosa que da de sí mismo en el poema *Viaje del Parnaso* (1614), entre otras muchas cosas: «Por esto me congojo y me lastimo, de verme solo en pie, sin que se aplique árbol que me conceda algún arrimo».

Entonces, blanco y en botella. Deducimos que lo que pensaban sus contemporáneos es que era un ajado poeta, con agujeros en los bolsillos y que lo único que había sido en la vida era ser soldado. Son todos los temas sobre los que machaconamente hablamos una y otra vez, sin salir del bucle en que nos hemos metido nosotros mismos.

Ahí se comenzó a labrar un mito sobre la personalidad de Cervantes que se ha mantenido hasta hoy. Y no hemos sabido, ni hemos podido, huir de él. Por mucho que Daniel Eisenberg y Jorge García López se hayan empeñado machaconamente en decir que no era tan pobre, que era un juez con vara de justicia, con un sueldo aceptable de un funcionario medio. ¿Es esto solamente lo que fue Miguel de Cervantes? Evidentemente no.

He leído múltiples veces, y más escuchado, que el manco de Lepanto era pobre porque era hijo de un humilde cirujano, ni siquiera médico, llamado Rodrigo de Cervantes, que no pudo desarrollarse, estudiar ni trabajar más porque era sordo de nacimiento. Cuando comencé a leer que el padre del escritor participaba en los juegos de cañas en Alcalá de Henares cuando era joven, muy peligrosos, montado en un corcel veloz, algo no me cuadraba de este relato.

Antonio del Valle González en su tesis doctoral, como nosotros, ha buscado y rebuscado dónde aparece la prueba de que fuera sordo de nacimiento. No la hay. Por lo que parece que la primera vez que se cita es en un documento ante un notario, que le deja leerlo porque no puede escucharlo por ser sordo. Tenía sesenta y nueve años al menos (1578). Habrá que buscar otras explicaciones a la pobreza, quizás el despilfarro.

En 1905 Vicente Calatayud y Bonmatí ya dio un discurso que se denominó «La pobreza de Cervantes», donde dice que «no acepto, sin embargo, el parecer de quien, para sincerar a España de la nota de indolente e ingrata, ha tomado a empeño negar a Cervantes su miseria y sus desgracias, sin advertir que con esto le quita la joya más preciosa de su diadema y el brillo más puro de su gloria». Pues es lo que estamos haciendo ahora, verle con otro prisma.

Cundió entonces la idea, que facilitaba su identificación popular en la época, de que era un pobre, casi un marginado social, un fracasado en muchos frentes vitales. Con ello ya teníamos también de una tacada la explicación de por qué no pudo ir a la universidad y la vida de arrastre de pies de acá para allá que llevó siempre. Ante un hombre tan insignificante, el resto de sus declaraciones también han quedado en tela de juicio. ¿Soldado heroico? Quizás mintió. ¿Hidalgo? Probablemente no lo era. ¿Escribió el *Quijote* entonces?...

Sin embargo, releyendo los papeles del profesor Krzysztof Sliwa sobre la riqueza de los abuelos de Cervantes, hubo un detalle que se suele pasar por alto y es la declaración del catedrático de Medicina Cristóbal de Vega apoyando al padre del escritor. Algo de nuevo chirriaba con todo lo anterior. Es para mesarse los cabellos y atusarse los ojos. ¿Cristóbal de Vega? Quizás no a todos les suene, pero poco después, a partir de 1557, fue nombrado médico de cámara del propio rey Felipe II. Uno de los galenos más importantes de la historia de España. Sin exagerar. ¿Amigo íntimo que acude sin dudarlo a la llamada de un pobre cirujano por sus insulsos problemas de deudas?

Él mismo nos explica que esto no es una contradicción: los Cervantes podían ser sus amigos, porque estaban a su nivel. No por nada eran muy importantes en la Alcalá de Henares de la época. Tenían un «gran fausto de casa», eran hidalgos y caballeros, tenían a su servicio pajes, mozos y hasta esclavos. ¿También aquí mentía?

Por supuesto que no. Podríamos pensar que esto lo dice en 1553, cuando Miguel tiene solamente seis años, y que se refiere a la morada de su abuelo. Cuando el poeta ya está crecido, pasados ya muchos años, en la habitanza de su padre no quedaba nada. Si esto es así, que no lo damos por sentado: ¿dónde acabaron los muebles y las joyas? ¿No heredó ni una mínima mesilla de alcoba de su madre?

La cuestión es que no sabemos lo que tenían en Alcalá, si la casa era esa mansión imponente que dicen las declaraciones, pero sí sabemos lo poco que le quedaba a Rodrigo, porque se lo embargaron para pagar sus deudas y hay un inventario, una relación de todo ello.

Contemos con que estamos hablando de una mínima parte: lo mejor sabemos que lo vendió, mucha parte no llegaría a Valladolid desde Alcalá, porque estamos hablando de una época en que todo iba en carros y que además vergonzosamente intentaron esconder los bienes, lo que hoy se llamaría un alzamiento. Tanto es así que los jueces estuvieron buscándolos entre todo su entorno, y algunos encontraron. Alguien de su alrededor se fue de la lengua.

A pesar de todo ello, Canavaggio sostuvo que eran cuatro cosas viejas y rotas, «poca cosa», propias de lo pobres que eran. Sólo hace falta un repaso, incluso para alguien no experto como es mi caso, para darse cuenta de que esto no es así del todo. De momento aparecen cinco o seis tapices de verduras y dos antepuertas, cofres llenos de alfombras y ropas, ropa de casa, almohadas de estrado, en poder de una tal Beatriz de Aceves, algunos de ellos ya vendidos y otros escondidos.

Según el Diccionario de la RAE, *estrado* era: «El conjunto de alhajas que sirve para cubrir y adornar el lugar o pieza en que se sientan las señoras para recibir las visitas, que se compone de alfombra o tapete, almohadas, taburetes o sillas bajas». Es decir, que la madre de Cervantes tenía una habitación para recibir a las visitas ricamente decorada.

En cuanto al recibidor, reconozco que no estaba muy familiarizado con este otro tipo de telas, pero, al releer un poco, los tapices que aparecen son aquellos de origen flamenco, llamados de verduras, boscajes o lampazos, porque el elemento fundamental es la vegetación, profusa, aunque pueden incluir personajes e historias sacadas del Antiguo Testamento o la mitología. Los de mucha calidad, claro. Suponemos que no estos.

Si seguimos por las antepuertas, según el diccionario de nuevo, es un repostero que se pone delante de una puerta para ornato de la misma. En 1607 se vendieron en la misma ciudad de Valladolid seis paños y dos antepuertas de boscaje de Hipólito Galeota por trescientos cincuenta ducados. Una fortuna. La dote de Miguel de Cervantes a su mujer fue de cien.

Pero lo que me dejó más perplejo aún es que se citaba que había otro símbolo de estatus, un repostero con las armas de un castillo y unas cruces, mostrando que el propietario era noble e hidalgo. Desde luego no hay castillos en las armas de los Cervantes, pero sí en los Torreblanca y en los Cortinas. Era lo primero que se encontraba el invitado de turno. No en Guadalajara, no en Córdoba, no en Arganda, no en Alcalá, sino incluso en Valladolid, un hogar temporal, circunstancial y crepuscular. Hasta en el peor momento nunca abandonaron el orgullo y la compostura. No lo perdamos de vista.

¿Es lícito preguntarse ahora si Miguel de Cervantes era hidalgo? ¿Es ésta la casa de un matasanos pobre? Porque si debemos entenderlo bien, no vas a tener una silla desvencijada y en la mitad del muro un repostero con las armas de la familia, flanqueado por otros cinco de boscajes y en las puertas unos enormemente caros tapices de centenares de ducados. El ojo avizor del vecino visitante detectaría inmediatamente el engaño y la apariencia.

En su origen todo debió estar acorde y creemos por tanto que es cierta la declaración del catedrático de medicina. Esta decoración es propia de burgueses adinerados, alta nobleza o catedrales. De colecciones tan famosas como las precisamente de los Mendoza y duques del Infantado que estaban en su palacio, y que ahora están en la Colegiata de Pastrana.

Tapices de Pastrana (Guadalajara).

El licenciado Cervantes, abuelo del escritor, era miembro del Consejo del duque y, por tanto, pasó por delante de estos tapices muchas veces. En esta imitación de la Corte de sus señores, los Cervantes, lógicamente, se quedarían a mitad de camino y en la medida de sus posibilidades. De todos modos, su ansia de apariencia les arruinó como a otros muchos de los amigos que les rodeaban y de los que conoceremos sus nombres.

«Otros, que, aunque tuvieron principios grandes, acabaron en punta, como pirámide, habiendo disminuido y aniquilado su principio hasta parar en nonada, como lo es la punta de la pirámide, que respeto de su basa o asiento no es nada» (*DQ* II, VI).

¡Qué malo es el recuerdo! Cuando Cervantes es un infante, apenas puede contemplar los rescoldos de lo que una vez fue su familia. Cuando llegó a Nápoles, los virreyes tenían suntuosas colecciones de estos tapices, que algún día colgaban de las paredes de su casa. En su edad adulta eso ya era pasado, pero se le grabó a fuego, le forjó un carácter que se quedó con él hasta el final de sus días.

HIDALGO Y CASI CABALLERO

Si hasta el sacerdote censor de sus libros decía que era hidalgo. Sí tenían un repostero, una especie de tapiz colgado en la mayor pared del salón de su casa con las armas de la familia. Si cuando llegó en barco a Valencia desde Argel era considerado no sólo hidalgo, sino mucho más, un muy importante caballero. ¿Por qué dudar incluso de que fuera hidalgo?

Como bien explica Krzysztof Sliwa, todo se ha enredado cuando Rodrigo de Cervantes, padre de Miguel, el mísero *zurujano*, es preso por deudas en Valladolid. Para no salir de la cárcel, arguye que es hidalgo, y éstos en la época tienen el privilegio de no entrar en la jaula por deudas. Por otros motivos más graves sí, pero por este no.

Entonces se plantean unas supuestas contradicciones y mentiras. Presenta a un testigo que es de su familia, cuando estaba prohibido. No adjunta los papeles que demuestran que es hidalgo. En la época sería una ejecutoria o sentencia de hidalguía de la Chancillería de Valladolid, firmada por los letrados, que era lo que la mayoría de sus congéneres solía tener. Su padre, que estaba vivo y en teoría era hidalgo y caballero, no mueve un dedo por él; de hecho, ni se presenta a defenderle, y eso que era licenciado en Leyes.

Todo esto hace a algunos pensar que no fue hidalgo y que falseaba su vida de nuevo. Sin embargo, todos estos *errores* tienen otra explicación que poca gente se ha planteado, porque se prefiere la imagen del pobre y mentiroso al rico venido a menos.

Es cierto que Rodrigo no tenía justificante, como ya sostuvo De la Torre y del Cerro, y no los tenía no porque no podía, sino, primero, porque no le hacían falta. Donde había vivido, en Guadalajara, Córdoba, Cabra, Alcalá, su familia era suficientemente conocida y le habían visto pasear con las galas, los criados, los caballos y los esclavos. La opinión pública no necesitaba otra cosa. No necesitaban papeles para demostrar lo que estaba a vista de ojos. Pero en Valladolid, en una ciudad extraña, con menos fasto, sí que eran convenientes. Los Cervantes no necesitaron una ejecutoria o sentencia de hidalguía hasta que no se alejaron mucho de sus dominios.

Otra prueba de esto que decimos son los antepasados por parte de su madre, Leonor de Cortinas. Por este lado el bueno de Miguel también tenía antecedentes hidalgos y ni mucho menos de mediano pasar. En 1575 el rey Felipe II mandó hacer una especie de censo y memoria de todo su reino de Castilla, y ordenó a los alcaldes que preguntaran a los más enterados de cada lugar sobre un cuestionario muy completo. En el pueblo de Valdelaguna (Chinchón, Madrid), los más viejos del lugar, al ser preguntados por las familias más relevantes de su paraje, contestaron con orgullo que los Cortinas, que desde allí se habían marchado en la guerra de las Comunidades (1520) a Barajas (Madrid) y a Arganda del Rey (Madrid).

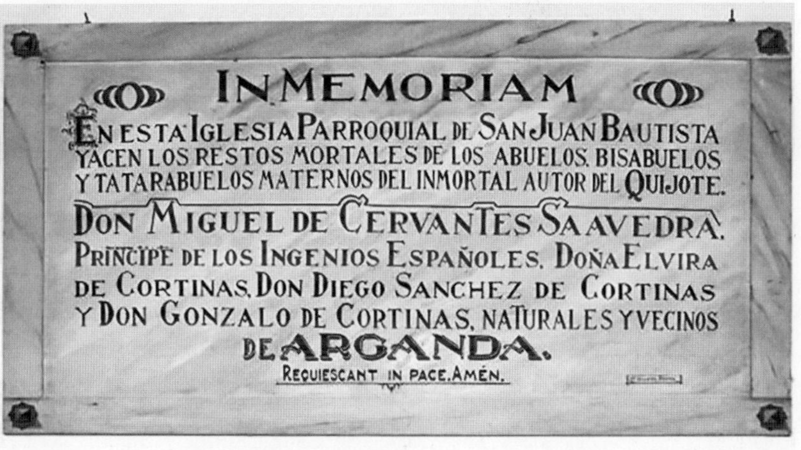

Placa de los abuelos de Cervantes en la Iglesia
Parroquial de Arganda del Rey (Madrid).

El bisabuelo de Miguel de Cervantes, llamado Diego Sánchez Cortinas, fue el alcaide de la fortaleza de Maqueda, padre de su abuela materna, Elvira. Todos ellos se enterraban en la capilla de los hijosdalgo de la Iglesia Parroquial de Barajas —sí donde ahora está el aeropuerto de Madrid—. Como dice José César Álvarez, estos no eran los más ricos del Común y Tierra de Alcalá de Henares, porque había otros como los Nevares Santoyo, los Vilches, los Bravo de Acuña, los banqueros Ibarra y Póntica, etc., que abarcaban más. Pero no les desdecían mucho en riqueza.

Cuando Rodrigo de Cervantes enlazó matrimonialmente con estos Cortinas, en cierto modo estarían haciéndolo entre iguales. Es decir, que debemos apartar de nuevo nuestros prejuicios modernos de gente de ciudad, pensando que porque vivían en aldeas desconocidas sus posibilidades y nobleza eran más limitadas. El que al final de su vida nos aparezca como un modesto cirujano, casi arruinado, no significa que lo fuera siempre. Si no, no hubiera podido acceder a una hija única potentada como Leonor de Cortinas. Rural pero rica. ¿Esto es lo que nos habían contado de la familia de Miguel de Cervantes?

JUDEOCONVERSO O CRIPTOJUDÍO

¿Era Cervantes judeoconverso? ¿Y qué si lo fue? Son dos preguntas trampa y mejor intentar no caer en ellas. Y hay que explicar por qué. El que el manco de Lepanto descendiera de judíos por sangre, pues no tendría mayor interés que el de ser descubierto y puesto de manifiesto. El que se interesa por estos temas quiere ir más allá, porque lo que tiende a pensar es que era criptojudío, es decir, que era un judío encubierto que practicaba su religión a escondidas y de vez en cuando inopinadamente se le escapaba su condición en sus escritos.

La primera cuestión es que su familia era cordobesa, y no de las montañas de León, del País Vasco o de Cantabria. De ahí venía Lope de Vega, su archienemigo, y en la época se presumía que todos tenían la sangre limpia y eran hidalgos. Fuera verdad o no. Sé que lo que voy a decir va a sonar altisonante, pero es el mundo al revés. Lope de Vega procedía de una familia humilde, y por mucho que se rodeara de escudos nobiliarios y de castillos en sus libros, Cervantes tenía más motivos para mostrarse como caballero que su rival. Parece ser que este fue el motivo que los distanció. Hasta ese punto importaba.

En segundo lugar, sus antepasados eran médicos, comerciantes y traperos. Ricos, pero con oficios bastante sospechosos de ser descendientes de judíos. Hay que tener en cuenta que el noble de rancio abolengo, si podía permitírselo, no trabajaba con sus propias manos. Lo ideal es vivir de las rentas de tus múltiples propiedades, como le sucede al personaje de don Quijote, que es hidalgo de solar conocido, según él dice, probablemente con cierta sorna.

En tercer lugar, las actividades comerciales del propio Cervantes, préstamos y compraventas, el que se dedicara a cobrar impuestos para el fisco, sus amigos portugueses, genoveses, son actos propios más de conversos. No eran la mejor carta de presentación y podemos dar por hecho que algo le perjudicaría en su carrera. Aunque descendía de hidalgos de Córdoba y Arganda del Rey e intentó lavar su imagen casándose con otra importante hidalga rural de Toledo, su forma de vida lo delataba. Así lo cree Carlos Alvar.

Es decir, que por mucho que recalcara que era soldado y noble villano, en una sociedad tan clasista y estamental como era la suya, partía con desventaja. Se incide en que a sus pruebas de limpieza de Madrid o Valladolid no acudiera ni su padre ni ningún familiar. Pero lo grave es que no hicieran mención alguna a que descendían de Córdoba. Ni tampoco a su importante padre y abuelo.

Es al menos sospechoso de que mejor no fueran a preguntar allá por lo que se pudieran encontrar, sea solo esto u otra cosa más que desconozcamos. Probablemente descubrieran que solo eran hidalgos a partir de finales del siglo xv. Sobre la opinión de los demás, nos la podemos imaginar viniendo de dónde venía el escritor y juntándose con quien se juntaba. Que eso no lo podía ocultar. De hecho, sabemos que corría un soneto, que probablemente le enviaron, que decía «puerco en pie».

Definitivamente, ¿era Cervantes judeoconverso? Pues según Margarita Cabrera y Fernando Penco, sí que lo era y lo demuestran documentalmente. En Córdoba, en el año 1497, se hizo por parte de la Inquisición una nómina de reconciliados o condenados por el Santo Oficio que tuvieron que pagar una cantidad de dinero para rehabilitarse y poder ejercer sus oficios. Entre ellos aparece Mencía Fernández, con un ducado, hija del maestre Juan. Sin embargo, en otro documento notarial aparece como hija de Ruy Díaz de Torreblanca. Y éste es el bisabuelo de Miguel de Cervantes, padre de su abuela paterna, Leonor de Torreblanca.

Si era judeoconverso y más aún criptojudío, supongo que, a él, que no por nada estaba allí, le importaría bastante si lo utilizaban para hacerle daño. Pero a nosotros actualmente nos sirve para interpretar su obra y aquí comenzamos con el péndulo de nuevo. Si nos vamos a un lado, pues tenemos a un hombre que recoge la tradición de su pueblo, ya transmutada en educación familiar, por la que ama la lectura y los negocios monetarios. Eso es lo que sostiene Márquez Villanueva y tiene visos de estar anclado en la realidad de la época.

En la Mancha del siglo XVI estaba tan mal vista la lectura, por lo sospechoso de qué es lo que podías estar hojeando, que la primera pregunta que realizaba la Inquisición a los procesados por judeconversos es si sabían leer, y en tal caso repreguntaban que qué es lo que leían. Sospechosamente, eran siempre libros de caballerías, libros pietistas como los de fray Luis de Granada y *La torre de David* de Jerónimo de Lemos (1567). Esto suena demasiado al argumento del *Quijote*.

El que fuera descendiente de judíos convertidos se presumía desde hace mucho tiempo. Américo Castro, Daniel Eisenberg y Alfredo Alvar tienen estudios específicos sobre el tema. También se alude a las muchas referencias que hay en el *Quijote* y otras obras a los judíos, en concreto en *El amante liberal, Los baños de Argel, La gran sultana* y el *Persiles*. En el *Quijote*, Ruth Fine dice que hay unas trescientas menciones a la Biblia en su versión Vulgata. Carlos Alvar, sin embargo, sostiene que Cervantes sabía poco de los judíos, lo que un español de la época medianamente culto.

En el otro lado del péndulo y la balanza, el descubrimiento de que Cervantes fuera criptojudío, es decir, un judío escondido que ejerce en secreto su religión, sería importante precisamente porque sirve a muchos autores para ver significados ocultos en palabras, textos y lugares, sobre todo en el *Quijote*.

Para Dominique Aubier, una escritora francesa que tuvo su encuentro con la novela curiosamente en Carboneras (Almería), en su propio viaje iniciático de descubrimiento personal, el motivo de don *Quijote* está repleto de símbolos. Según esta autora, sabemos que el pueblo judío es el pueblo del libro, igual que Alonso Quijano, que vive rodeado de ellos. Se cambia el nombre, como lo hicieron Abraham y Jacob.

Según esta propuesta, el autor también debió basarse en el libro *Sefer ha-Zohar* o *El libro del esplendor*, que curiosamente se escribió en Guadalajara (España) por Moisés de León, llamado el Moisés de Guadalajara (1286). Que por otra parte es la ciudad donde trabajó el abuelo de Cervantes. Por tanto, entra directamente en la cábala, es decir, en la interpretación esotérica y mística de la Torá, el mensaje de Dios. Quijano sería un anagrama de Anokhi, Dulcinea representaría el Shekhinah, la gloria de Dios y El Toboso se podría deletrear como Tov Sod, es decir, el secreto de Dios.

Esta propuesta bebe de una tradición muy larga también, desde el libro *La estafeta de Urganda* (1861) de Nicolás de Benjumea hasta hoy con Santiago Camacho (1997), donde la Mancha es judía, los galeotes son judíos y hasta los mercaderes de la seda que aparecen en los primeros compases de la narración. Todos serían defendidos y ensalzados por su compañero de religión: el propio escritor.

La siguiente inspiración que otorga el *Quijote* a ciertas mentes curiosas es una mezcla entre el Cervantes judeoconverso, la cuna de Cervantes, la partida de bautismo de Alcalá de Henares, el esoterismo y la propuesta de una nueva ruta del *Quijote*. Todo a la vez y mezclado en un cóctel indigesto. Aunque visto así parezca otro brindis al sol, en realidad ha calado tanto, que es fácil escuchar cómo mucha gente dice que la Mancha no se refiere a la comarca ni a la región, sino a que Cervantes era un judío «manchado». Este ha sido su éxito labrado a base de pico y pala, repeticiones y una suerte de nueva biografía completamente legendaria.

Tal hazaña saltó a la palestra con el profesor de la Universidad de Ginebra Leandro Rodríguez (1978) y ha sido seguida por César Brandariz y otros. Aunque parezca increíble, ya estaba inventada; es una revisita de una propuesta centenaria de Hermenegildo Fuentes (1877), como la mayor parte de todas estas interpretaciones, mitos y tradiciones cervantinos que se han quedado ya fosilizados en nuestra memoria.

A ver si no nos perdemos en el hilo de la argumentación y podemos entenderlo. Cervantes no habría nacido en Alcalá, sino en Cervantes (Zamora) o en los pueblos de alrededor, de donde son originarios. Allí había muchos judíos, y entonces el autor tuvo que ocultar su origen.

Entonces la partida de Alcalá es falsa (de la de Alcázar ni hablamos). Las referencias a las montañas de León en el *Quijote*, así como a hayas, lobos, palabras en gallego y tantas incongruencias geográficas, se deben a que es de Sanabria (Zamora). Incluso habría estudiado allí, en el Colegio de Monterrey (Orense) o quizás en Braganza (Portugal) entre 1562 y 1567, como cuenta Alexia Dotras. Este paso por Portugal le convertía en un sedero originario de Zamora, nacido en 1549.

Esto ha llevado a planificar una nueva ruta del Quijote que elude completamente la Mancha, puesto que es imaginado, porque la cueva de Montesinos es la de Ribadelago, las Lagunas de Ruidera son los siete lagos de Sanabria, El Toboso es el Terroso (Zamora). Lo último que he leído es que ya hay una casa en la localidad de Cervantes, con un postigo pequeñito y un cartel en la puerta que dice que allí nació.

Pero como dice Emilio Maganto, no aportan ni un solo documento, y la verdad es que sus argumentos están cogidos con pinzas, como reafirma McGaha. Sin contar con el perjuicio que para el turismo manchego suponen estas presunciones, lo más relevante es que con estas interpretaciones alegóricas se dude del realismo hasta tal punto que ni el título del libro se salva. Todo sería falso, todo es inventado, una ilusión, en cada rincón hay un significado oculto. Argumentos que sirven como barra libre para cualquier idea, por estrambótica que resulte. Este machacón martilleo acaba calando en la opinión pública y al final se convierte en la verdad.

Ya decía Isabel Lozano Renieblas que: «El *Quijote* es una obra que soporta todo, hasta a los cervantistas». De todos modos, estemos de acuerdo o no, las locuras a las que lleva la sinrazón del personaje también entran dentro del imaginario quijotesco. Y no son más que eso.

Cartel de la Ruta de Cervantes en Sanabria (Zamora).

Las cervantas y su estirpe

LA HERENCIA DE SU ABUELO

En un lugar de Castilla-La Mancha de cuyo nombre no quiero acordarme, que esta vez no será El Toboso sino Guadalajara, vamos a hablar de un personaje que estudió derecho, que fue corregidor, que fue denostado, que no paró de viajar, que abandonó a su familia para dejarla por una amante. Su periplo vital se puede resumir en tres rasgos de su carácter: experto en leyes, polémico y viajero.

Siento haber empezado con un trampantojo. Por primera vez no estamos hablando del escritor, sino de su abuelo: Juan de Cervantes. Sabemos que el autor del *Quijote* se preparó en leyes y cuentas, intentó ser durante una década corregidor en América, no estuvo más de tres o cuatro años en ningún lugar, se le acusa de abandonar a su mujer. Demasiadas similitudes.

Si ambas vidas son tan semejantes, es que no puede ser casualidad. Vamos, que Miguel de Cervantes quiso ser como su abuelo, por lo menos tener su influencia y su dinero —o directamente le educaron para serlo—. Lo que no heredó de él, como los amigos genoveses o el teatro, lo debió de recibir de su padre y de su madre, Rodrigo de Cervantes y Leonor de Cortinas. Si estamos estudiando aquí a su familia no es, de nuevo, para saber cuatro detalles curiosos, sino para entender que parte de las decisiones y de la literatura de Cervantes ya estaban predeterminadas por su nacimiento.

El abuelo Juan de Cervantes era un crápula y, con las que lio en vida, nos puede sorprender que tuviera una carrera tan exitosa. Era hijo de un trapero de Córdoba llamado Ruy Díaz de Cervantes. Así por lo menos lo llaman los documentos. Pero como todo, hay que ponerlo en cuarentena: ¿puede un quinquillero mandar a su hijo a estudiar a la Universidad de Salamanca y hacer que lo acepten, pasando el expediente de limpieza de sangre? Evidentemente, no.

El 25 de septiembre del año 1500, el Concejo de Córdoba le paga al trapero Cervantes para que lleve una provisión a la Corte durante cuarenta y tres días a ochenta maravedís cada uno. Es decir, que estaba muy conectado en el municipio, y no era un humilde vendedor en los mercados andaluces. Estamos hablando de un rico mercader que ya iniciaba su carrera de ascenso en el municipio, que culminaría su hijo, el licenciado Juan de Cervantes.

Tenían cierto aroma a hidalgos. Eran parientes del prior de la Orden de San Juan, Ruy Gómez de Cervantes (s. xv), de donde descienden todos los hidalgos del Priorato de San Juan denominados con ese apellido, entre ellos, el Miguel de Cervantes de Alcázar de San Juan y el Miguel López de Cervantes de Consuegra, dos capitales en esa comarca manchega. Y el origen de nuestras complicaciones genealógicas y de los largos libros que escribimos desde entonces.

También estaban relacionados con los homónimos de Jerez de la Frontera (Cádiz), de Trujillo (Cáceres) y con los de Talavera de la Reina (Toledo), y no con cualquiera, sino con corregidores y alcaldes. De estas dos últimas ciudades se consideraban originarios, es decir, que como se decía en la época eran su «solar». Todas ellas tendrán presencia importante en su narrativa.

Juan de Cervantes hizo lo que muchos ricohombres de la época: intercambiar título por dinero. Se casó con Leonor Fernández de Torreblanca, hija del bachiller Juan Díaz de Torreblanca, médico. La tradición de este oficio viene de esta rama de la familia y la heredó Rodrigo, el padre de Miguel de Cervantes. De ahí que luego haya tantas menciones en sus novelas a los médicos y la botánica.

Obviamente, los Cervantes sabían que emparentar con médicos y cirujanos sospechosos de ser judeoconversos les traería problemas en el futuro a la hora de probar su limpieza de sangre. Pero necesitaban los medios económicos que les aportarían para seguir ascendiendo en la escala social. Les vino bien. Los Torreblanca, según Krzysztof Sliwa y Margarita Cabrera, eran muy ricos. Disponían de fincas, huertas, olivares y hasta un molino de aceite.

Además, tenían negocios ya en 1493 con los Espíndola, banqueros genoveses que tanto se relacionarían con esta familia en el futuro.

Éstos les denunciaron como «jueces sospechosos y odiosos para ellos» sobre un pleito por aceite de bayas en Córdoba. Hoy lo llamaríamos recusación; suena más flojo. ¿Es esto lo que nos habían contado del linaje cordobés del escritor?

De entre todas estas amistades inesperadas, la relación de la familia de Cervantes con Cristóbal Colón *a priori* sería una de las propuestas más locas, si no fuera porque es seria y está muy documentada. Sigue siendo desconocida y poco mediática.

En el primer viaje de Cristóbal Colón iba un cirujano llamado maestre Juan. En la Córdoba del siglo xv existió un médico llamado así. Aparece como padrastro de Mencía Fernández, que a su vez era hermano de Inés de Torreblanca, casada con el boticario, también genovés, Leonardo de Esbarroya, y de Ruy Díaz de Torreblanca, bisabuelo de Miguel de Cervantes.

Se dice que tanto este italiano como el antepasado del autor del *Quijote* fueron muy amigos, se reunían en la botica de la collación de San Salvador de Córdoba, y fue allí donde le contó los detalles de su próximo viaje a lo que él pensaba que eran las Indias. De hecho, a uno de los hijos del bachiller Torreblanca le llamaron Cristóbal.

Estatua de Cristóbal Colón en Córdoba.

UNA FAMILIA CONFLICTIVA

¿Es esto normal en una familia? Estaba leyendo los testamentos de todos los antepasados de Miguel y uno me llamó específicamente la atención. Es el de su abuela cordobesa, Leonor de Fernández de Torreblanca (1557). Resultó que me fijé en a quién dedicaban las numerosas misas que dejaban como mandas testamentarias para pasar a la otra vida. Y el más beneficiado era Pedro, sin apellidos, su criado, con ocho misas. Después venían sus padres y su marido Juan con seis.

¿Quién dedica más misas a su criado que a los que la engendraron? Pues aquella que se pregunta quién fue fiel, quién pasó tiempo y quién no. Quedan claras sus prioridades. En mi tierra se dice que todo se pega menos la hermosura. Puede que los problemas familiares que le atribuimos al genio también tienen en parte sus antecedentes genéticos.

Por ejemplo, el bachiller Juan Díaz de Torreblanca amenazó de muerte a su mujer cuando esta se negó a darle una fianza para el arrendamiento de las alcabalas de los paños de Córdoba. Su relación era muy mala, y aunque en el primer testamento le dejó todo a su mujer, en el segundo, las joyas y tierras fueron para su hija Leonor, la abuela de Cervantes. Si ésta fue muy beneficiada, la pregunta que nos hacemos es dónde acabarían todos estos bienes, porque queda claro que no llegaron a su nieto.

Su yerno, el licenciado Juan de Cervantes, no le fue a la zaga en mal genio y desplantes diversos. Tuvo también problemas muy duros tanto en Guadalajara como en Ocaña y en Cuenca. En esta última ciudad las denuncias contra él se cuentan por veinte en un único año. No exageramos.

Para entender lo colérico y prepotente que era, sólo hay que escuchar la declaración de Alonso Martínez de Córdoba, criado del inquisidor del Obispado de Cuenca (1524), que cuenta cómo el licenciado Cervantes le cogió el gorro, lo tiró por el suelo y le llamó en público bellaco y villano delante de todos en la plaza. El ofendido pidió centenares de ducados por el valor de su honra. O el pleito por las sayas de su mujer. Resultó que llamaron a un sastre de la misma ciudad, Diego de Lara, para que le arreglara un vestido de paño. Se quedaron descontentos con el arreglo y le acusaron de estropear aún más la ropa, y le hicieron pagar hasta el valor de la tela.

En Ocaña hubo varias muertes y una batalla campal en las calles justo después de tres años de finalización de la guerra de las Comunidades (1523). Entre ellas el capitán Agraz. Era una situación muy seria en las que otros dos jueces pesquisidores —nombrados para un juicio concreto—, habían dejado escapar a varios reos. En agosto de 1524 llamaron como último recurso a Juan de Cervantes. Suponemos que tendría ya la fama de duro e inflexible, justo lo adecuado para una situación de máximo desorden. A él le convino también irse de Cuenca, o directamente le echaron.

La cosa no pintaba bien. Aquí el comienzo fue tortuoso, y la salida pues no podía ser más que accidentada. Una de las viudas de los asesinados presentó un recurso porque el juez Cervantes le había embargado doscientas arrobas de aceite y había subastado sus bienes. Entonces todo se volvió en su contra. Ahora tenía que responder con su hacienda por esta decisión arbitraria y se preveía que iban a embargarle los bienes al propio juez para compensar a la perjudicada.

Sin previo aviso, el matrimonio salió huyendo con la casa a cuestas. Vamos a dejar el beneficio de la duda de que fuera por el fin de su comisión. Pero nos seduce más la primera idea. Leonor de Torreblanca corría ya muy tarde con sus criados, sus hijos, su hermano y tres carretas desde Ocaña a su casa, hacienda y morada de Yepes (Toledo). Era el día 7 de febrero de 1525.

¿Vivían o tenían una casa los Cervantes en Yepes? El documento así lo atestigua. Y esto es un dato inédito y muy importante para entender la vida posterior de Miguel de Cervantes, porque de Yepes a Esquivias, donde se casó su nieto (1584), hay treinta kilómetros. Es decir, que Cervantes conocía la comarca antes de que Juana Gaitán le llevara allí para conocer a su mujer Catalina, porque su familia llegó a vivir allí. No la necesitó para haberla visitado con antelación. Desde luego parece que tenía noticias directas de ella antes de lo que se sostiene en el cervantismo. ¿Heredó también su llegada a Esquivias de su familia como tantas otras cosas? No podemos descartarlo.

Fue detenida por el alguacil de Ocaña, Francisco de Hervás, armado con una lanza, y dos mozos con dos picas, diciendo que sus bienes estaban embargados. El disgusto debió ser tremendo para estos nobles cordobeses. Entonces los llevan a Ocaña retenidos, llegan de noche, a las dos de la mañana, el alguacil da fianzas y se queda los carros. Leonor de Torreblanca no sabe ni firmar y lo declara. Testifican en ese mismo momento con ella Ruy Díaz de Torreblanca y Juan de Cervantes, tío de Miguel de Cervantes, quien murió joven y del que apenas sabemos si estaba vivo. No sabíamos que toda la familia Torreblanca iba junta en peregrinación por todo el reino. El 10 de abril de 1525, el licenciado consigue desembargar sus bienes en el Consejo de las Órdenes en Madrid y lo firma.

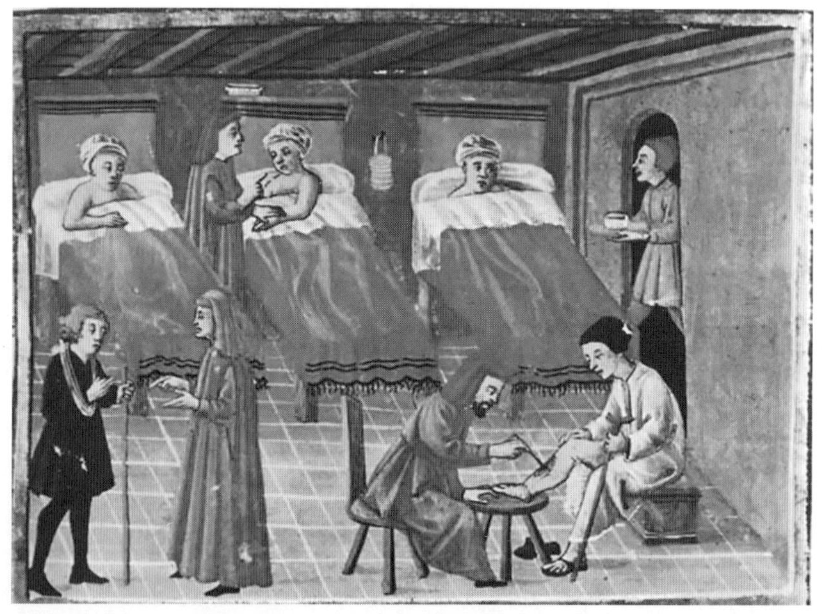

Los médicos en la Edad Media.

LA ARCADIA PERDIDA Y EL EFECTO LLAMADA

Pero el hecho más importante que influiría en el futuro escritor, tanto en él como en las mujeres de su familia y su forma de vida, fue la estancia en Guadalajara de su abuelo Juan de Cervantes. Antes de verse prácticamente exiliado en Alcalá de Henares, vivió en la capital alcarreña una primera edad de oro en lo económico y lo social. Licenciado en Leyes en Salamanca, era miembro del Consejo del duque del Infantado y comía en la misma mesa que sus señores. La confianza que tenía con el duque era total.

Hay que entender que en el ducado era un momento desconcertante y una situación complicada. El duque controlaba a su antojo sus dominios como si fuera un estado independiente de la corona y nombraba a sus acólitos, en este caso también al abuelo del escritor, a su antojo. Además, dos hechos amorosos de los duques cambiaron para siempre el futuro de los Cervantes.

El duque, su protector, digámoslo así, tenía una vida sentimental un poco complicada. Alrededor de 1479, una tribu de gitanos, probablemente la de don Martín de Egipto, el Menor, acababa de entrar en la Península y habían llegado a Guadalajara. Comenzaron a actuar frente a los nobles, y de pronto, una muchacha, llamada María Cabrera, pidió actuar con un caballo, le dieron el mejor e hizo una demostración ecuestre increíble. El duque se quedó prendado y tuvo un hijo natural con ella.

Luego se casó dos veces, siempre por compromiso, y tuvo una caterva de hijos, espurios también, hasta que su segunda esposa murió. Después de doce años, ya estando muy anciano, se relacionó con una mujer alcarreña que llamaban la Maldonada. Decían que era montañesa e hidalga, pero de baja extracción. A pesar de la oposición de sus hijos, se casó con ella en 1530 y le concedió todos los privilegios de ser duquesa, con criados, y hasta el quinto de sus bienes.

Juan de Cervantes, que estaba allí como consejero y juez de confianza, denominándole incluso en los documentos «mi primo», sin ser familia directa, como también hacían los reyes en sus consejos privados, parece ser que ocultó y apoyó todos estos amoríos.

Allí, permitió que el hijo bastardo del duque, Martín de Mendoza *el Gitano*, que era eclesiástico y arcediano, tuviera relaciones con su hija María de Mendoza, tía de Miguel de Cervantes. Hasta tal punto llegaba la confianza entre ellos que estuvieron cerca de haber emparentado. ¡Cómo habría cambiado el futuro del literato! Si es que hubiera existido, que lo dudamos. ¡Cosas más raras se habían visto ya en la corte paralela de Guadalajara!

Eso sí, le hizo firmar ante notario que, si no cumplía su promesa de matrimonio, la dotaría con seiscientos mil maravedíes, una verdadera fortuna. Difícilmente la podía cumplir si estaba siguiendo la carrera eclesiástica. Iba para cura. Tuvieron una hija, también extramatrimonial, llamada Martina de Mendoza y Cervantes. Es decir, que el autor del *Quijote* tuvo una prima hermana de etnia gitana.

Como no cumplió, lógicamente en 1532 solicitó que se le pagara el dinero y comenzó un largo pleito. El problema es que, entre tanto, el protector había muerto (1531), y el nuevo duque, mucho más serio, no estaba por la labor, ni de pagar por los deslices de su hermano bastardo ni de sostener a los mantenidos de su padre.

El choque de trenes entre ambos fue muy serio. Podría haber acabado muy mal. Primero le acusan de vender a su hija, hasta de ser un alcahuete de ella, incluso todo llegó a la Inquisición. Como argumento utilizan que, si se le permite hacer esto, cualquier padre podría meter a su hija en un burdel. También le procesaron por haber traficado con su cargo de juez de alzadas. Estas declaraciones pueden ser la base de hablar de prostitución en esta familia. Hay que ponerlas en cuarentena porque los que antes dormían juntos ahora son enemigos.

El pleito llegó a la Chancillería de Valladolid, y allí, como luego sucedió con su hijo Rodrigo y su nieto Miguel, acabó varios días en la cárcel, aunque para disgusto del noble, poco después Juan de Cervantes paseaba por Valladolid tranquilamente. Tres generaciones seguidas de Cervantes en las mismas celdas.

Al final parece que sí acabó ganando el pleito, y cobrando los 600.000 maravedíes. El juez Cervantes no fue perjudicado en su carrera por todo este proceso. Tenemos que entender que estamos en otra época, donde nobles y servidores públicos de alto nivel tenían estos problemas habitualmente. Los archivos están plagados de pleitos gravísimos contra ellos. Siguió ejerciendo en Plasencia y en Cabra para el duque de Sesa (1541).

El descendiente del duque acabaría dándole una carta de recomendación a su nieto después de Lepanto (1571). No pensamos que tampoco fuera una casualidad, sino que, a pesar del tiempo transcurrido, treinta años, seguían manteniendo el contacto y el escritor también heredó estas relaciones.

Con ese dinero y con el que siguió ganando el patriarca como corregidor y juez, se fueron a Alcalá de Henares (1533), expulsados, lejos del alcance del duque. Compraron una casa en la que parece ser que vivían todos y donde nació Miguel de Cervantes, y no lo hizo en Guadalajara como le hubiera tocado. Todo un periplo de casualidades y circunstancias adversas, que aquí se convirtieron en la mejor época de su familia, por mucho que después su abuelo abandonara a su abuela por su amante.

Aunque, cuando se fueron a Valladolid, él era muy pequeño, queda claro que este recuerdo se quedó grabado en la familia y por ende en él, como esa arcadia perdida a la que había que volver de algún modo. De hecho, el pensamiento del mundo gitano como algo positivo, frente al pensamiento general del momento, se reflejará en su conocida novela *La gitanilla*, siendo una de las pocas menciones a su infancia y un guiño a su tía María de Cervantes, que los sostuvo en su casa durante un tiempo.

Palacio del Infantado en Guadalajara.

LAS MUJERES EN SU VIDA

La importancia de las mujeres en la vida y en la obra de Miguel de Cervantes tiene un componente biológico, de oportunidad y otros circunstanciales. La realidad es que la naturaleza provocó que Cervantes estuviera rodeado de mujeres, al igual que sus antepasados: su abuela tenía dos hermanos y seis hermanas; su madre era hija única, vivió en casa de su tía María, su tío Juan murió joven. Su hermano Rodrigo se marchó a la guerra. Luego la biología hizo el resto, porque su sobrina también era mujer, así como su hija, y se fueron a vivir con él, provocando que Miguel de Cervantes viviera toda su vida rodeado de mujeres.

Una de las beatas que vivía en su mismo edificio en Valladolid, llamada Isabel de Ayala, viuda del doctor Espinosa, llamó a las féminas que rodeaban al poeta «las Cervantas» (1605). En un tono bastante despectivo y con un cierto desdén a su forma de vida. Con el éxito que ha tenido después, seguro que fue la frase más importante que pronunció en toda su vida, aunque nunca fuera consciente de ello.

Lo cierto es que los hombres de cierto postín entraban y salían de la casa a horas intempestivas, en un momento en que esto no era normal. Y al final uno de ellos acabó muerto, asesinado probablemente por un marido celoso. En la sospecha, Miguel de Cervantes terminó unos días en la cárcel de Valladolid. El impacto de este descubrimiento en el cervantismo fue enorme. Francisco Márquez Villanueva ha llegado a comentar que tres generaciones de las mujeres de Cervantes se dedicaban a la prostitución «con todas sus letras».

En realidad, no era así. El tema tiene múltiples aristas y hay que entenderlo desde su contexto histórico y de una forma global que nos permita sacar las conclusiones más adecuadas. Primero, como bien dice Enrique Villalba, aquí hay que tener en cuenta que hay cinco mujeres que repiten este esquema en tres generaciones seguidas, a veces a la vez y con diferentes hombres sucesivamente. No parece casualidad.

Tenemos que saber que, para las costumbres de la época, la dote era fundamental. Por ejemplo, en Sevilla había tres hospitales que dotaban a doncellas pobres para que se pudieran casar, lo que les evitaba caer en trabajos banales e incluso la prostitución. Después son instituciones que se extendieron por la América hispana.

En nuestra mentalidad actual es un sistema retrógrado, pero era la realidad del siglo xvi. Una mujer que había tenido amantes o hijos extramatrimoniales, si tenía suficiente dinero, se casaba y lo hacía de forma razonable. El que los matrimonios estuvieran todos concertados por los padres por motivos de interés o monetarios es algo que no deja de sorprendernos. Pero así era.

El matrimonio clandestino

Un segundo estadio es el concepto que tenía Miguel de Cervantes, y por tanto suponemos que el resto de su entorno, sobre la validez del matrimonio clandestino. En este contexto hay que entender su actuación con sus hermanas, sobrinas e hijas. Este era el que se celebraba sin las formalidades necesarias, sin la participación de un sacerdote, simplemente con la prestación del consentimiento de forma privada y libre por los contrayentes. Este era el más común antes del Concilio de Trento (1563), pero a partir de entonces se impuso la celebración pública, su inscripción en el registro o libro, y la sanción por el párroco. Esto supuso una conmoción en una sociedad que durante siglos mantuvo otra costumbre.

En la documentación de la época se puede percibir cómo muchas veces estas promesas de matrimonio futuro, que a veces eran por escrito y otras veces de palabra, eran entendidas por las mujeres y sus familias como verdaderos matrimonios, por lo que aceptaban la convivencia plena e incluso tenían hijos. La ruptura de estos compromisos llevaba a unos pleitos interminables, a unas compensaciones económicas tremendas e incluso a huidas de los *maridos* de la situación incómoda.

En la literatura de Cervantes se puede ver perfectamente esta clase de uniones en las palabras de Basilio en el conocido episodio de «Las Bodas de Camacho» del *Quijote*: «Bien sabes, desconocida Quiteria, que conforme a la santa ley que profesamos, que viviendo yo tú no puedes tomar esposo» (*DQ* II, XXI).

Otro ejemplo palmario es el de los danzantes Cobeña y Tozuelo en el *Persiles* cuando dicen que ella está embarazada, que no se han casado, pero no importa porque lo están tanto como su padre y su madre, que seguro sí pasaron por el altar. ¿Liberal para la época Cervantes o al contrario muy tradicional?: «Si va a decir la verdad, señores alcaldes, tan marida es Mari Cobeña de Tozuelo, y él marido della, como lo es mi madre de mi padre y mi padre de mi madre. Ella está encinta, y no está para danzar ni bailar. Cásenlos, y váyase el Diablo para malo, y a quien Dios se la dio san Pedro se la bendiga».

El tercer punto que tenemos que tener en cuenta es el éxito de esta fórmula inaugurada por María de Cervantes, la tía del escritor, en Guadalajara y Alcalá de Henares. Probablemente, esto provocó un «efecto llamada», una suerte de búsqueda de la imitación durante dos generaciones más entre sus descendientes. Todos y todas querían esa vida. Todos querían volver a esa arcadia de lujo y ostentación alcalaína que habían tenido dos generaciones atrás. No se conformaban con menos. Nadie lo hacía si podía.

Hay que comprender que la familia Cervantes al completo se había quedado atrapada en el ascensor social y en varios bucles de difícil solución. Plagada de mujeres, con un alto estatus, cercano a la nobleza de título, se codearon durante generaciones con los titulados, que eran casi los que podríamos considerar los *suyos*.

No nos equivoquemos, ni los padres Cervantes permitirían estas relaciones, ni tampoco todos estos nobles, con alto estatus y cercanos a la Corte, aceptarían firmar estos contratos previos y estos onerosos compromisos ante notario si esto no fuera así, o al menos tuviera la apariencia de serlo. Esto les garantizaba, si se diera el caso, tener hijos bastardos que serían criados de una forma adecuada.

Pero estas mujeres no podían acceder a esta alta nobleza con todas las de la ley mediante el·matrimonio legítimo, porque sus familias carecían de dinero y de cargos para darles unos contactos y una dote adecuada a tantas hijas que les permitiera casarse con nobles tan importantes. Habían bajado un escalón, ellas venían de una clase social a la que creían pertenecer, o querían volver a pertenecer, y en todo caso, dar otra vez el salto social.

Las familias de sus prometidos nunca les otorgarían permiso. La única opción era la vida religiosa o descender hacia matrimonios morganáticos, de bajo nivel. Bajar un escalafón. No lo hicieron. Las jóvenes de la familia sentían y pensaban igual que Miguel de Cervantes, y sufrieron el mismo desgaste que él intentando ascender. Como hermanas, sobrinas e hijas de la misma sangre, compartieron el mismo destino que el escritor. Fue un todo o nada. La mayoría no lo aceptaron y vivieron esta vida. La interpretación contemporánea, la que hicieron José Ramón Fernández e Inma Chacón en su obra teatral *Las Cervantas* (2016), es que eligieron ser libres.

Y ya que hemos sacado el tema de las aparentes contradicciones entre unas decisiones y otras, vuelve a aparecer el péndulo de entenderlas a ellas y a la mentalidad de la época en que se criaron: ¿piedad o huida de una vida frustrante? Lo decimos porque muchas de ellas, en su madurez, acabarán por entrar en la religión. Se había fundado la

Orden Tercera de San Francisco recientemente, en donde profesarán multitud de escritores y poetas. En 1609 toman el hábito, como primeras mujeres en pertenecer a ella, tanto la esposa de Miguel como su hermana Andrea. Su otra hermana, Magdalena, se estaba preparando.

Su hija, Isabel de Saavedra, lo hará también después. Pero según Sliwa, aquí seguro que sí habrá un sentimiento religioso sincero, pues hay en su casa nada menos que seis cuadros de diferentes santos y vírgenes, de calidad: san Andrés, san Onofre, san Francisco, san Juan, de la Virgen y de Nuestra Señora del Carmen.

Una, realmente piadosa, acabó haciéndose monja: Luisa de Belén (Cervantes), que entró muy joven en religión en la Orden de Santa Teresa de Jesús (con veinte años), con privaciones y enfermedades constantes en una orden recién constituida y que llegó a ser priora de un convento (1620).

Dulcinea y don Quijote en la Plaza de El Toboso (Toledo).

¿Quiénes son las Cervantas?

Las cinco mujeres repiten el mismo esquema y a veces al unísono. La primera, María de Cervantes, su tía; la segunda, Andrea, su hermana; la tercera, Magdalena, su otra hermana; Constanza, su sobrina, y la última, su hija Isabel. Veamos un poco de su intrahistoria:

Andrea de Cervantes tuvo relaciones fuera del matrimonio con Nicolás de Ovando, hijo de un caballero de la Orden de Santiago, y por lo demás tuvo con él una hija llamada Constanza de Ovando (1565). Después con el genovés Francisco Locadelo y Alonso Portocarrero. Viuda del florentino Sante Ambrosio (1605) e incluso se le atribuye ser también viuda, de nuevo, del general Álvaro Mendaña, aunque esto último no pudo ser posible.

Su hija, Constanza de Ovando, sobrina del manco de Lepanto, también tuvo dos promesas de matrimonio, con Pedro de Lanuza, hermano del justicia de Aragón, del que recibió mil cuatrocientos ducados pagaderos a plazos (1595), y con Francisco Leal, del que recibió mil cien reales.

Casa-Museo de Cervantes en Valladolid.

Magdalena Pimentel de Sotomayor tuvo nuevas aventuras con un tal Fernando de Lodeña y con un hidalgo vasco llamado Juan Pérez de Alcega. Este último le entregó en compensación trescientos ducados, a pagar en un año en tres plazos.

Isabel de Saavedra, su hija, ya en Valladolid debió tener relaciones con el comerciante y alto funcionario portugués Simón Méndez (1605). En 1606 se casó con Diego Sanz del Águila y tuvo una hija, la nieta de Miguel de Cervantes, Isabel, que murió joven. Parece ser que no era hija de su marido, que murió pronto —si es que existió—. Al año siguiente se casó con el conquense Luis de Molina, a cambio de una dote sustancial —enorme— de diez mil ducados, que no pagó su padre, sino su amante, Juan de Urbina, secretario del gran prior de San Juan. Todo evidentemente acabó muy mal entre ambos.

El segundo punto que tenemos que tener en cuenta es que esto no es prostitución, sino promesas de matrimonio incumplidas entre pretendidamente iguales. Lo abultado de los regalos y de las dotes, la duración de las relaciones, los convenios por escrito ante escribano, así lo atestiguan. Esto no tendría sentido en otro contexto. Los archivos están plagados de centenares de pleitos por este motivo que hemos consultado, igual que de separaciones cercanas al divorcio. En familias mucho más modestas que las de los Cervantes. Era una situación mucho más común de lo que, desde nuestra superioridad temporal, podemos pensar.

¿Costureras o empresarias?

No podemos dejar pasar el asunto sobre el trabajo de las mujeres de la familia. Por inercia se suele alabar su determinación, pero a veces nos dejamos llevar al definirlas como simples costureras. Mi madre lo fue y no se asemejaba a estas profesionales. Hoy las definiríamos como empresarias, sastras, incluso en el mejor de los casos, diseñadoras. Un oficio este último, por supuesto, que no existía como tal en esa época, pero que nos sirve para acercarnos a la realidad de lo que fueron.

Así se puede deducir que desde 1577 arrienda sus propias casas en Madrid por ciento cuarenta ducados al año, una cantidad muy respetable que debió ganar, no sólo recibir, y luego otras casas que aparecen a su nombre en el mismo concepto, más baratas y que no paga, por cierto.

Sabemos que en Valladolid pone como excusa para que entren los caballeros a su casa el que está haciéndoles una manga para los juegos de cañas. Pero antes, en 1603, aparece como responsable de la fábrica de veinticuatro camisas nuevas para el capitán general de las galeras de Nápoles, Pedro de Toledo. Es decir, que prácticamente renovó el ropero tanto del marqués como de la marquesa. Y eso es imposible que lo hiciera ella sola y que si fueran simples remiendos se molestaran en hacer escrituras ante notario. Eran negocios. Que, por otra parte, eran normales en la parte femenina de la familia, porque la madre de Miguel de Cervantes, Leonor de Cortinas, también aparece como responsable de pagos y préstamos, como el de Hernando de Bárcenas en Madrid (1573). Y luego vinieron los del cautiverio.

La mítica fuerza de las mujeres rurales y su independencia se puede ver reflejada en aquellas que rodeaban a Catalina de Salazar o Juana Gaitán en Esquivias (Toledo) cuando Miguel de Cervantes aterriza como un extranjero animado por su amiga. No hace falta decir que Juana Gaitán pagaba sus contribuciones y aparecía ella sola como propietaria y firmaba sin su marido todas sus compras, transacciones y pleitos. Así lo hemos comprobado personalmente en los padrones y escrituras.

Pero es que podemos poner como ejemplo a la longeva Melchora de Aguilar, judeoconversa y viuda de Alonso Quijada de Salazar, el que se dice que es el modelo de don *Quijote* en la aldea. En 1608 heredaron un juro de este Quijada y la descripción de quiénes lo van a gestionar es chocante, porque son una mujer detrás de otra quienes están al cargo de sus hijos, nietos y de administrar el dinero: «La señora doña Melchora de Aguilar, vecina del dicho lugar, por sí y como tutora y curadora de las personas y bienes de doña Melchora y doña Ana Quixada de Salazar, sus nietas; y doña Catalina Mejía de Pereña, vecina del dicho lugar, viuda de Alonso Quijada de Salazar, por sí y como tutora y curadora de las personas y bienes de Alonso Quijada de Salazar y doña Úrsula y doña Juana, y doña Catalina y doña Jacinta Quijada de Salazar, sus hijos y en virtud de las tutelas y curadurías».

LAS AMANTES Y EL HIJO ITALIANO

Ríos de tinta también han hecho correr las amantes de Cervantes. Aparte de su mujer, se le han atribuido otras tres. Básicamente, la mayor parte de las mujeres que han aparecido avaladas por él en sus negocios. La más conocida es Ana Franca o Ana de Villafranca, tabernera de corte e hija de un suplicacionero —vendedor de barquillos—, con la que tuvo su única hija, estando ella casada. Esta sí está confirmada.

Porque en el propio escrito de capitulaciones de su hija Isabel de Saavedra, el propio Miguel de Cervantes firma y dice de su puño y letra que es su padre (1608). Además, que este documento, como recuerda Emilio Maganto, se descubrió muy pronto (1874) y antes de que se supiera su nombre. Tanto es así que, mientras, se llegó a especular con que era una dama portuguesa, una musulmana, una desconocida.

Cuando se supo su apelativo, se dudó de que fuera la madre y se pensó que era la hija de Magdalena de Sotomayor (Cervantes) y Juan de Urbina, es decir, que para explicarlo con todas las letras el escritor adoptó a su sobrina. ¿Todo esto por qué? Maganto Pavón lo explica muy bien: primero están las dudas sobre la virilidad y homosexualidad de Cervantes —según esta teoría no debía ni podía ser suya—; segundo, que la reconoció en 1599, un año después de la muerte de su supuesta amante; ¿lo hubiera hecho si hubiera seguido viva?

Porque la tercera pregunta es demoledora, y es que el marido de Ana Franca, el tabernero Alonso Rodríguez, se había muerto una década antes. ¿Por qué, muerto el padre oficial, no reclamó Cervantes a su hija antes? Siguiendo el relato, pensamos que lo más lógico es pensar que si no se hubiera quedado huérfana de padre y madre, pues hubiera seguido al cargo de los taberneros y nunca hubiera sido ni la hija de uno de los más famosos escritores de la historia, ni una rica hacendada al final de sus días.

Esto último sí que es lo más sorprendente de su vástago. Sobre todo, en contradicción con el Miguel de Cervantes pobre de solemnidad que hemos escuchado hasta la saciedad. Su hija no es que fuera ilegítima, no es que fuera su única hija, sino que después de ser criada de su tía Magdalena de Sotomayor, y aparentemente habiendo heredado lo que pudiera ser de la taberna de sus *primeros padres*, y se supone que poco del poeta, devino en una rica hacendada en su madurez, que disponía de casas, negocios y joyas. Esto sí que es un misterio.

Pero hay dos muy desconocidas y hasta una muy reciente. Las pruebas que existen son muy breves y muy circunstanciales. En 1589 se va de la posada sevillana de su amigo Tomás Gutiérrez, liquida sus cuentas con él, y aparece como fiador de una tal Jerónima de Alarcón, que es amiga del anterior y que vive en el mismo barrio que Cervantes. Con estos mimbres, se hicieron los cestos. Vamos, que muchos piensan que si se atrevió a avalarla era porque fueron amantes, puesto que llevaba dos años sin ver a su esposa.

La última *pareja* de Cervantes es doña Magdalena Enríquez. José Cabello Núñez localizó recientemente (2020) que, en 1593, el manco de Lepanto la facultó para cobrar en su nombre su salario de diecinueve mil doscientos maravedíes de su última comisión. Era una bizcochera muy conocida de Sevilla, residente en la collación de Santa María, calle Bayona, mujer de Cristóbal Bermúdez, con hijos. El que se la denomine «doña», así como que no se le exijan fiadores para sus operaciones, indica su solvencia. Vamos, que era una empresaria de alto poder adquisitivo, muy rica. La relación entre ellos fue de absoluta confianza. ¿Demasiada?

Un inciso, ¿la única hija? Seguro que todos hemos escuchado que Miguel de Cervantes tuvo otro hijo en Italia con una mujer de allá desconocida. Esta idea tiene su origen también en su literatura. En su poema crepuscular *Viaje del Parnaso* (1614) aparece la referencia a un amigo, soldado napolitano, que de pronto le llama padre, y él le llama hijo, pues ya tenemos el primer hijo del militar español. Sin plantearnos que puede ser una relación puramente literaria, imaginada, de simple amistad entre dos personajes históricos o de ficción: «Llegase, en esto, a mí, disimulado un mi amigo, llamado Promontorio […]. Llamome padre, y yo llamele hijo: quedó con esto la verdad en punto que aquí puede llamarse punto fijo».

Si sumamos a esto que en otra parte del poema —quedémonos con esto, en otra página, no una detrás de la otra— resulta que Lauso (*alter ego* de Cervantes) está enamorado de Silena en Italia, pues evidentemente estas figuras alegóricas se convierten en carne y hueso, y ella es la madre del tal Promontorio. Aclaremos que, al ser nombres ficticios, incluso aunque esto fuera verdad, no sabemos los nombres reales de ninguno de los dos.

¿Cómo hemos llegado hasta aquí? Porque Luis Astrana Marín (1948), probablemente el principal biógrafo del siglo xx, después de un concienzudo análisis y búsqueda de quién pudo ser el tal Promontorio, enlaza a los tres personajes de esta historia y la da por verdadera. Lo que al principio fue solo una opinión, como otra cualquiera, se convierte en repetición de un autor a otro y de ahí en mito. Es desconcertante lo poco que se sabe y lo mucho que se cree. Es lo que tiene este personaje.

Viaje al Parnaso.

LA INFIDELIDAD DE CATALINA DE SALAZAR

El tema de que Cervantes, como el argumento de su novela *El casamiento engañoso* (1613), además de infiel, fue un marido engañado ha calado —y muchísimo— en el inconsciente colectivo. Por ello ha sido recogido en varios textos, rellenando los huecos que no se conocen de su biografía. Es sorprendente cómo algo de lo que tampoco hay pruebas contundentes se ha dado por hecho por parte de algunos. La figura de Catalina para la novela contemporánea en muchos casos ha tomado la figura de la pérfida que, con su comportamiento, expulsó a su pareja de su lado. Segismundo Luengo en su novela llega a relatar una violación contra ella (2004).

El punto de partida es el soneto difamatorio que posiblemente le enviaron por carta a su casa de Valladolid (1604), donde se le llama tres veces en versos de cabo roto co- (abreviatura de cornudo), cu- (cuclillo, marido de la adúltera, que viene a ser lo mismo) y Cervantes (cacofonía de ciervo): «Pues nunca de la Biblia digo le-, no sé si eres,

Cervantes, co- ni cu-, solo digo que es Lope Apolo, y tú, frisón de su carroza y puerco en pie».

Martín de Riquer recuerda también como en el *Quijote* apócrifo de Avellaneda se menciona que los esposos engañados «se fortifican en el castillo de San Cervantes». Vamos, que era algo tan repetido en la época, que Alfredo Alvar da por hecho que, después de dos años, el poeta no puede aguantar a su esposa, que le es infiel, y se marcha de Esquivias siguiendo las reliquias de santa Leocadia (2012).

El verdadero empujón sobre la realidad de los problemas matrimoniales de Miguel de Cervantes lo dio el cervantista Daniel Eisenberg cuando examinó el poder que su esposo le dio a su esposa antes de partir para Sevilla en 1587 para sus comisiones en Andalucía (1999). En él le da la administración completa de sus bienes, vender, comprar y asumirá todas las deudas que se produzcan. Él lo llama con toda la intención «el convenio de separación» de ambos. En un momento en que, recordemos, no existía el divorcio, quizás la separación por causas muy concretas como los malos tratos o atentados contra la vida.

Creo que todas estas ideas tienen tanto predicamento y éxito porque nos gusta ver sufrir a nuestros héroes. Aunque estén muertos, porque para nosotros es como si estuvieran vivos. Y, además, da una explicación plausible de por qué se marchó nada más casarse del lado de su esposa. Debo reconocer que no lo llego a ver porque tiendo a tener una visión global. Un poder absoluto para administrar sus bienes se podía dar, era más común que se diera de las mujeres a los hombres, pero estamos en el Esquivias de la época, donde las esposas aparecen en los padrones de tributos ellas solas, sin sus maridos, como Juana Gaitán, su amiga.

En teoría se llevaban desastrosamente mal. Vamos a partir de esta premisa. Pues hay ciertos hechos que lo contradicen bastante. El 8 de junio de 1585, Rodrigo de Cervantes, padre de Miguel, se encuentra a las puertas de la muerte. Decide hacer su testamento y nombra albacea de todos sus bienes a su consuegra, Catalina de Palacios, madre de Catalina de Salazar. ¿Esto lo hace alguien que no se soporta? ¿Tenía necesidad? Da la impresión de todo lo contrario. Que ambas familias unieron sus patrimonios.

El segundo hecho que me genera dudas. Miguel de Cervantes Saavedra también recibe un poder de Catalina de Palacios, su suegra, al año siguiente, el 9 de agosto de 1586, donde le nombraba administrador absoluto de toda su hacienda. Es decir, que lo que hizo Cervantes con su mujer, lo había hecho su madre política con él unos meses antes. ¿Esto es un yerno engañado y enfadado que sale corriendo?

Pero es que luego tenemos que, en 1595, su cuñado, Francisco de Palacios, se iba a examinar de primeras órdenes cuando se le perdieron sus pruebas de genealogía. A quién pidió ayuda. Efectivamente, ¿se llevaban tan mal? Catalina de Salazar estuvo al lado de su cama cuando murió, y luego publicó su último libro (1617). Para justificarlo, vuelven a decir que al final de sus vidas se reconciliaron.

No cuentan con que Miguel de Cervantes se quería ir a América en 1585, un año después de casarse, y lo veían como normal. Tuvo que comentarlo antes de la boda. Catalina se hubiera quedado en casa y hubiera seguido siendo su mujer. Sin más problema. Tengo más argumentos, pero es suficiente. Creo que las explicaciones tienen que ver más con el tipo de vida viajera y ambiciosa que llevaba su marido. Pero claro, esto no vende.

Estatua de Catalina de Palacios y Salazar en Esquivias (Toledo).

Estuve en una presentación de Howard Mancing, expresidente de la Cervantes Society, sobre las novelas que hablaban de Catalina de Salazar, su mujer. En Esquivias (Toledo). Saltaron chispas en su patria, porque casi todas las visiones son negativas, algunas surrealistas, al nivel de *La metamorfosis* de Franz Kafka. Nos referimos a la novela *Las gallinas de Cervantes* de Ramón J. Sender. En ella, Catalina se transforma en gallina. Al principio le salen dos plumas, luego más, se le endurece la piel y habla cacareando. No disminuye de tamaño, es un ave de tamaño humano. Cervantes, hastiado y asustado, huye de Esquivias.

La escapada de Toledo también es el motivo de la novela de Bruno Frank, la que más predicamento ha tenido. Se publicó primero en alemán. Por supuesto, la novela se comienza a escribir en la cárcel de Sevilla. Se atraen y se enamoran. Pero luego se da cuenta de que se ha equivocado. Ella sólo lee libros de caballerías. Con lo que él los odia. Él escribe *La Numancia*, una obra de teatro, y se la representa a su mujer y a sus suegros. Se duermen. Despechado, se marcha de Esquivias esa misma noche. Por el contrario, las últimas aproximaciones a su figura, la de Sabino de Diego (2015) y de José Manuel Lucía, son mucho más amables (2021): en ellas ambos cónyuges se amaron.

LO FEMENINO EN SU LITERATURA

Desde el primer momento todos hemos sido conscientes de la gran importancia de los personajes femeninos y las historias de mujeres en su obra. Esto tiene que ser autobiográfico sí o sí, dada su realidad palmaria. Son tantas que podríamos hablar no sólo de un *leitmotiv*, sino de una pasión por este tema. Siempre que se acude a hablar de mujeres en Cervantes, se repiten los mismos ejemplos de Dulcinea, del discurso feminista de Marcela o el rol de Dorotea, todo en el omnipresente *Quijote*. No podía ser de otro modo con este relato tan contundente de Marcela: «Yo nací libre».

> Yo nací libre, y para poder vivir libre escogí la soledad de los campos. Los árboles de estas montañas son mi compañía, las claras aguas de estos arroyos mis espejos; con los árboles y con las aguas comunico

mis pensamientos y hermosura. Fuego soy apartado y espada puesta lejos. A los que he enamorado con la vista he desengañado con las palabras. (*DQ* I, XIV).

Sin embargo, echando la vista atrás y haciéndola de trescientos sesenta grados, tenemos otras novelas y otras muchas mujeres fuertes dentro de la narrativa cervantina. Todas comparten una situación en que ven coartada su libertad, por muy diversos motivos, se enfrentan a la sociedad, a un destino marcado y luchan por evitarlo. Me estoy refiriendo también a las mujeres reales en las que se basan estas novelas, no a las de ficción. El interés del escritor por estas historias que escuchó seguro en sus numerosos viajes trasciende lo común.

Isabela, protagonista de *La española inglesa*, es la historia del secuestro de una niña en el saqueo de Cádiz (1596) y su entrega a varios nobles y a la propia reina de Inglaterra. Curiosamente tiene como referentes las mujeres e historias reales de María Núñez, judeoconversa fundadora de la comunidad judía de Amberes, así como Luisa de Carvajal (1597).

Preciosa, primera espada de *La gitanilla*, también otra mujer noble secuestrada por una vieja gitana y criada en esta comunidad, está basada también en otras dos mujeres excepcionales completamente históricas, completamente vivas: la gitana María Cabrera (1488), amante del duque del Infantado llamado Diego de Hurtado de Mendoza; y la niña Teresa de Figueroa, secuestrada verídicamente por su madre para sacarla de las garras de su padre, Fernando de Vera, corregidor de Murcia (1595), que aparece con apellidos, título y fecha expresamente en esta novela.

Otra narración, *El amante liberal*, está basada en las historias reales de cinco mujeres, entre ellas Victoria Sultana y Julia Gonzaga. Esta última, denominada mujer más bella del mundo, fue mecenas y protectora de Juan Valdés, es decir, protestante. Aquí aparece, sin ser nombrada como tal, la historia apócrifa de su secuestro por un sultán turco.

Otras más, y no terminaríamos nunca, son las antiheroínas de las novelas *Las dos doncellas* y *La fuerza de la sangre*. Engañadas, buscan desesperada y denodadamente a sus amantes hasta encontrarlos, utilizando hasta métodos detectivescos, anticipando los roles actuales de los seriales de comisarios y policías modernos. Finalmente, en el *Persiles*, aparece la mención al personaje en parte real de Alvilda, que rechaza un matrimonio pactado por su padre, se viste de hombre y con un grupo de mujeres toma un barco, asesina a su tripulación y se lanza al mar.

Parroquia de el Toboso, patria de Dulcinea.

Las madres

Una de las cuestiones que suelen pasar desapercibidas al tratar el tema de las mujeres en la literatura cervantina es el de un grupo específico que por ser tal es desconcertante: las madres que no sólo abandonan, sino que no reconocen a sus hijos. Este trastorno, muy de actualidad incluso en el cine y la narrativa, hoy quizás lo incluiríamos dentro de una depresión posparto (DPP). Por supuesto en la época se desconocía, pero, ¿por qué este interés?

Es un hecho de que el poeta describe tres veces a madres que no identifican a sus hijos. Si hubiera sido una sola vez, quizás podríamos pensar que es casualidad, pero ¿tres? Esto pensamos que podría tratarse también de un trauma, que, conociendo su biografía, lo podríamos achacar al trato que dispensaría su amante Ana de Villafranca con su hija Isabel de Saavedra.

Como sabemos, al final acabó como criada de su tía Magdalena de Sotomayor y en su madurez rica y, según la mayoría de sus biógrafos, enfrentada con su padre. Es decir, que podríamos entender que fue abandonada. Pensamos que puede ser autobiográfico, como tantas otras cuestiones que estamos viendo, pero es difícil saberlo. Los dos pasajes más conocidos en relación a este tema son los de las novelas *La señora Cornelia* (1613) y el episodio de «Feliciana de la Voz» en el *Persiles* (1617). Y el hecho del reconocimiento o no del recién nacido es un hito fundamental en la narración.

Amigos y enemigos

CERVANTES FRENTE AL ESPEJO

¿Quién es Cervantes para su gente? ¿Qué podemos saber de él si lo miramos en el espejo de sus amigos? Pensamos que estas son las verdaderas fuentes de sus obras. Sus vivencias, lo que oyó, olió y saboreó. El pulso de la calle. Él mismo lo dijo: «El que lee mucho y anda mucho, ve mucho y sabe mucho». Lee, pero también mira y escucha. Habría que tenerlo más en cuenta.

También repite hasta dos veces en la segunda parte del *Quijote* el consabido: «Dime con quién andas y te diré quién eres» (*DQ* II, X). Pongámonos en el contexto donde aparece la frase. Sucede en el episodio en el que Sancho Panza, hablando solo, dice que es tan loco y mentecato como su amo por seguirle en sus fantasías. No por nada duermen y «pacen» hierba juntos, como dice otro refrán similar, que por cierto también recita. No podemos negar que sabía que, si todos juzgamos a los demás, él también lo sería por sus compañías.

No es un tema al que se le suela dar la importancia que tiene. Siempre que se habla de sus amigos, la crítica se centra en el Cervantes escritor y se cita a más y más poetas como si siempre estuviera rodeado de la virtud, de libros encuadernados en pergamino y recitando versos o declamando frases rimbombantes en un teatro ante el auditorio. Pensamos que esa no es la vida que describen los documentos que hablan de él, más centrados en la rutina diaria de los negocios. Estos que veremos ahora fueron sus verdaderos *amigos*.

Por eso, cuando se comenzó a saber la verdad, este Cervantes idealizado saltó definitivamente por los aires. El tema del entorno del genio fue otro terremoto en el cervantismo decimonónico. La polémica llegó cuando se descubrió que un caballero de Santiago navarro, llamado Gaspar de Ezpeleta, murió asesinado a cuchilladas a las puertas de los pisos de las Cervantas y su *troupe* en Valladolid.

Él, que estaba ya saboreando los humeantes pliegos del *Quijote*, los tuvo que aparcar unos días porque acabó de nuevo en la cárcel. Según dijo el biógrafo conquense Luis Astrana Marín, estas actas se descubrieron en el siglo XVIII, pero hasta 1866 no se publicaron del todo porque probablemente quemaban en las manos. El fantasma de la ocultación de evidencias también sobrevuela en este caso.

Su hermana Andrea de Cervantes describió a su hermano como un «hombre que escribe y trata negocios, y que por su buena habilidad tiene amigos». ¿Quién era esta gente? Pues se trataba de tres, principalmente: Simón Méndez, Fernando Álvarez de Toledo y Agustín Raggio. Esta era la gente que realmente le visitaba y se tomaba el vino en la taberna con él. No los «Tirsis» ni los «Lausos», citados en sus poemas, que se esperaban.

Ése era el primer problema. Que definitivamente se caía al suelo la imagen del Cervantes impoluto, rodeado de musas y que estaba en las nubes escribiendo al lado del dios Apolo. Una vez que se investigó quiénes eran, la cosa empeoró, el insigne hispanista Jean Canavaggio las llegó a describir como «figuras turbias».

¿Eran en verdad los amigos de Cervantes amistades tan indeseables? Todo depende del cristal con que se mire. En realidad, puestos a ser objetivos, fueron personas de relevancia social: caballeros, nobles con tierras y hasta estados, arrendadores de rentas de la Monarquía… Hasta ahí nada que objetar a los árboles a los que se arrimaba, como a él mismo le gustaba denominarlos.

Pero también eran judeoconversos, jugadores, pendencieros, deudores y golfos en mayor o menor medida, algunos de ellos acechando a las mujeres de la casa. Los grupos a los que pertenecían eran los que habían acompañado al escritor durante toda su vida: los genoveses, los judeoconversos portugueses y los nobles de segunda fila arruinados. Con este bagaje, hasta el biógrafo manchego Luis Astrana Marín dijo que el mismo Cervantes era un jugador.

El problema es que es incómodo, porque no era lo que se esperaba que rondara por el entorno de quien acababa de publicar el *Quijote* hacía sólo unos meses (1605) y que, por ello, después de ese *éxito* fulgurante, se presumía que debería estar en el olimpo de la Corte y la literatura, elevado entre lo más granado y selecto de su siglo.

Lo difícil de admitir era que lo que estaban viendo nuestros ojos se acercaba más a la realidad de su día a día. Si nos dejamos llevar por los refranes y la sabiduría popular, Cervantes se parecería a ellos porque era como ellos: ¿converso?, noble de segunda fila, aspirante a todo, escritor venido a menos y negociante a tiempo completo con coqueteos puntuales con las sombras del trapicheo y el riesgo del préstamo. Y aquí tenemos de nuevo el huevo y la gallina: ¿quiénes llegaron primero los amigos banqueros, los artistas o venían todos juntos en el mismo *pack*?

Retrato de Miguel de Cervantes Saavedra.

LAS ETAPAS DE UNA VIDA

Como todos los demás, dependiendo de la edad, dependiendo de tus trabajos, tu residencia, tus intereses, tienes unos amigos u otros, y van evolucionando según vas madurando y envejeciendo. En el caso de Cervantes, fueron cambiando, pero los grupos de interés fueron los mismos. Fueron entrando y normalmente muchos de ellos se quedaron hasta el final. Desgraciadamente, otros se bajaron del carro de la cercanía afectiva en el camino, quizás desaparecieron por la distancia personal, geográfica y profesional, incluso algunos murieron.

Aquí también podemos hacer una distribución y clasificación según las épocas e intereses del alcalaíno: los primeros documentados en su entorno son los asentistas genoveses (1569), luego llegaron los hombres del teatro (1576-1592), el mecenazgo de los grandes nombres de la Corte (1569-1580), los poetas del entorno de Ascanio Colonna (1560-1580); los compañeros del cautiverio (1575-1580), los judeoconversos y comerciantes portugueses (1575-1605), el sueño americano (1582-1590), el clan toledano y manchego (1584-1610), el entorno sevillano (1585-1597) y la Corte en Valladolid (1604). Éstos últimos los más conocidos.

Como podemos comprobar, todo tiene que ver mucho con el cambio de residencia, de trabajo y de intereses artísticos. La influencia de estos amigos, enemigos y vecinos fue enorme en su literatura, incluso con nombres, apellidos y aventuras en sus obras. No sólo fue su condición de soldado y cautivo.

En el caso que nos ocupa podemos seguir una trayectoria de sus afines que, aunque durante toda su vida va a evolucionar, siempre van a definirse por tres caracteres de su personalidad: escritura, altos negocios y situación en el límite social. Nos tememos que esto es lo que buscaba en la gente, porque define también a Cervantes. Podemos presumir que, si se juntaba con ellos, era porque estaba entre iguales.

¿Los amigos y mecenas de la Corte? (1569-1580)

Reconocemos que la cuestión de los primeros pasos de Miguel de Cervantes en el galanteo de la Corte fueron muy prometedores. Tanto, que, después del origen de la educación cervantina, éste es el segundo que más nos ha desconcertado, puesto que no nos explicamos qué le sucedió al manco de Lepanto, si empezó tan bien para acabar como acabó, reconociendo que no tenía árbol al que arrimarse.

Patricia Marín Cepeda y Miguel Ángel Teijeiro hacen un repaso a los mecenas de Cervantes, esos que empezaron pareciendo amigos y terminaron por no apoyarle nunca. Nos referimos al póker de ases que formaban Juan López de Hoyos, Diego de Espinosa, Mateo Vázquez y Diego de Ovando.

López de Hoyos fue nombrado precisamente por Espinosa director del estudio de Madrid donde Cervantes comenzó y ya sabemos que lo llamaba «caro y amado discípulo». El segundo es Diego de Espinosa. Licenciado en Salamanca, comenzó en el Colegio Mayor de Cuenca, donde conoció a aquellos que le impulsaron hasta llegar a presidente del Consejo de Castilla (1565) e inquisidor general (1569). Por lo tanto, en ideología era contrario al erasmismo que atribuyen a Cervantes y era castellanista (tradicionalista), como éste al principio. Murió muy pronto (1572), poco después de la batalla de Lepanto, por lo que Miguel no se refiere a él y el contacto que tuvo fue más con su entorno.

Lo sorprendente del caso es que todos estos títulos nos parecen altisonantes, pero no acabamos de entenderlos. En realidad, estamos hablando del presidente o primer ministro de España. El rey Felipe II lo llamaba «el mejor de sus ministros». ¿Tenía acceso Miguel de Cervantes al entorno del primer ministro, el estado más potente del mundo? Eso no era lo que habíamos escuchado sobre él.

Era un hombre recto y aunque noble, empezó desde abajo, por lo que se llevó a su servicio a gente sin experiencia, pero de confianza, entre ellos a Juan de Ovando, al que conoció en Sevilla. Cuando llegó a Madrid, le consiguió el nombramiento de presidente del Consejo de Indias, traducido, el ministro de Asuntos Americanos o que hoy llamaríamos quizás de Exteriores. Se traía de Andalucía a su secretario, Mateo Vázquez. Tanto éste como su sobrino, Nicolás de Ovando, pasaron al servicio de Diego de Espinosa, como secretario privado y camarero.

Miguel de Cervantes le dedicó un poema al secretario del primer ministro, Mateo Vázquez, señal de que tenía acceso a él para pedirle permiso. Hasta se ha dicho que eran amigos desde el estudio de jesuitas de Sevilla; cosa que no ha lugar. ¿Cómo contactó Cervantes con ellos? Precisamente Nicolás de Ovando era el que se había prometido en matrimonio con Andrea de Cervantes, tía de Miguel, aunque luego no lo cumplió. Pero no dejaba de ser el padre de su sobrina, Constanza de Ovando, y por ahí tuvieron una relación constante. Lo que no sabemos es cómo acabaron los afectos después de romper la promesa de matrimonio.

Entonces se ha sostenido que Cervantes estaba en la mejor disposición para entrar en la Corte como servidor en el Ministerio-Consejo Real con alguno de estos próceres, pero esto no sucedió y acabó en Italia, primero de camarero de un cardenal y luego como soldado raso. ¿Qué es lo que sucedió? Se dice que fue el intento de asesinato por parte de Cervantes de Antonio de Sigura (1569), que era un prófugo, tuvo que huir y ahí se acabó todo. Pero hasta Lope de Vega fue desterrado ocho años de la Corte, y no pareció afectar a su carrera. Otros dicen que fue por sus antecedentes judeoconversos o la vida disoluta que llevaban él y sus hermanas. Esto no lo explica todo. Pero el caso es que nunca lo tuvieron en cuenta. Es obvio que hay conversaciones privadas que desconocemos.

Ascanio Colonna tenía poco más de veinte años cuando Cervantes le alaba en el prólogo de *La Galatea*, su primera novela. Cuando dedica el *Quijote* al duque de Béjar, Cervantes tiene cincuenta y un años; su *protector* veintiséis. Cuando redacta el *Viaje del Parnaso* (1615), Rodrigo de Tapia tenía quince. Lope de Vega también le dedicó a Rodrigo de Tapia una comedia, pero cuando ya era adulto (1621). ¿Qué pretendía Cervantes arrimándose a proyectos de mecenas todavía crudos y verdes?

Tenía buen tino, quizás porque todos los artistas acudían al mismo tarro de miel, habiendo tan pocos y estando tan necesitados, pero queda claro que corría menos que la competencia o demasiado rápido si llegaba antes. El caso es que no encontraba el tempo adecuado para bailar al son de la música.

No sorprende tanto en este contexto el desdén que tuvo con el prólogo del *Quijote* (1605) y con el del *Viaje del Parnaso* (1615). Así es difícil contentar a los mecenas y, por tanto, más aún pretender que vas a recibir algo a cambio. Eugenio Hartzenbusch descubrió que el prólogo quijotesco era un plagio de una obra anterior. Ni siquiera se preocupó de preparar uno original. Puede ser que fuera un error y por las prisas hubo que hacerlo así, pero indica el poco apego a la adulación y a los detalles que cuentan del alcalaíno. Nosotros también hemos descubierto que se burló de los secretarios del duque en *El celoso extremeño*.

Solo tuvo una cierta decencia con su último sostén, el tacaño conde de Lemos, con el que sí perdió los últimos días de su vida, cuando ya agonizaba. En definitiva, era rebelde e incorregible.

Monumento de Miguel de Cervantes y el *Quijote* en Madrid.

Los genoveses (1569)

La relación de Miguel de Cervantes con los comerciantes, prestamistas y banqueros italianos, principalmente genoveses, es heredada. Puede pensarse, como Eva Álvarez Ramos, que esta relación con Italia es posterior a su viaje, a la batalla de Lepanto (1571) y se debe a la fuerte impresión que le causó la experiencia y el conocimiento del Renacimiento literario y artístico, pero no es así.

La realidad de los hechos se impone, y parece que tiene que ver más con sus raíces andaluzas (Córdoba, Sevilla, Cádiz), donde estos comerciantes hacían su agosto con las Indias y el resto de los reinos de la Monarquía. Ya en 1493 su bisabuelo hacía negocios en Córdoba con los Espíndola y eran denunciados por ser «jueces sospechosos y odiosos para ellos».

Sus padres necesitaban más dinero para sobrevivir y menos síndrome de Stendhal. Lo sabemos porque, cuando solo tenía veintidós años (1569), su padre Rodrigo de Cervantes presentó en su información de limpieza de sangre antes de marcharse a Italia a dos italianos como testigos: Pirro Boqui y Francisco Musaqui, de los que hay una amplia documentación en esos años en Madrid.

El primero declara que conoce y tiene amistad y asuntos económicos con los Cervantes desde hace ocho años (1561), por lo que Miguel no pudo ser el primer contacto, porque en esa fecha tenía catorce años. Como todo lo que rodeó a los intereses de esta familia a lo largo de los años, eran extranjeros, negociantes y banqueros ricos, conectados con la Corte, pero también con muchos claroscuros.

Grabado de Lope de Rueda.

Para que nos hagamos una idea de los colaboradores que tenía ya Rodrigo de Cervantes, padre de Miguel, el que pensábamos pobre cirujano, Pirro Boqui tuvo negocios y pleitos como banquero con Juan Bautista de Boqui en Roma, con abades y un tal Constantín Gentil, entre otros (1566), en los que le reclamaron deudas y préstamos que iban desde los trescientos a los mil doscientos escudos de oro. Son cantidades como tres veces lo que costó el rescate del cautiverio que arruinó a esta familia. No eran unos cualquieras. La crítica ha sostenido que este Pirro Boqui es el banquero que aparece en la novela *La española inglesa*, pero lo más probable es que no lo sea. Sería otro llamado Deifebo Roqui.

El teatro y la poesía (1576-1592)

Cervantes comenzó su carrera literaria con la poesía por intermediación de su maestro Juan López de Hoyos (1569), lo que daba en la época un enorme prestigio. En estos primeros momentos, según Patricia Marín, se encuentra en el entorno de la corte literaria del cardenal Ascanio Colonna (1586). No por nada le propone su dedicatoria en su primera novela, *La Galatea* (1585). En estos momentos intercambia epistolario y contactos con un nutrido grupo de poetas de la época en la apertura de un nuevo modo de hacer literatura, llamado «el romancero nuevo»: Juan Rufo, Gálvez de Montalvo, Luis de Vargas, Bautista de Vivar, el conde de Salinas, etc.

De todos modos, poco pudo obtener del religioso en ese momento, porque a pesar de sus desvelos, no recibió más mercedes, y no volvió a citarle. El fracaso de este primer o segundo mecenazgo será una constante en el periplo cervantino.

De entre todos ellos, el que nos ha parecido más interesante, por su cercanía personal, es Juan Rufo. Este es el autor del poema *La Austríada*, dedicado a María de Austria, emperatriz y reina de Bohemia, gran mecenas de las artes. Cervantes tiene publicado un soneto laudatorio en esta obra. Esto le supuso a su autor un premio de quinientos escudos, regalo de la Corte que nunca tuvo nuestro biografiado. Las similitudes personales entre ambos, al igual que con Mateo Alemán, superan lo habitual. Ambos judeoconversos, ambos con raíces cordobesas. Pero además es que probablemente fueran parientes.

La influencia del concepto de verdad y verosimilitud en Juan Rufo se puede ver en el cuento de «El capitán cautivo» del *Quijote*. Cervantes dice de él: «De Juan Gutiérrez Rufo el claro nombre quiero que viva en la inmortal memoria, y que al sabio y al simple admire, asombre la heroica que compuso ilustre historia».

Tenemos una referencia mucho más velada. En la novela ejemplar *La gitanilla* (1613), aparece una cita al personaje del gorrero

Triguillos, un incauto que fue engañado por una hechicera que le hizo meterse en una cuba de agua. La anécdota o cuento tradicional se podría quedar ahí, salvo porque el nombre real de Juan Rufo era Juan Rufo Triguillos. Ahí se nos abrió una puerta para entender esta referencia entre amigos.

Uno de los tíos de Rufo se llamaba Juan Ruiz Triguillos, y su hermana utilizó otros apellidos. Se llamó Beatriz Gutiérrez de Torreblanca, el apellido de los antepasados maternos de Miguel de Cervantes. Es decir, que de algún modo habían emparentado, no sólo eran conocidos. El bueno de Miguel hizo esta referencia como guiño a su familia cordobesa y de paso a su pariente Rufo, que seguro que también conocía el burdo engaño y vergüenza que hicieron pasar a sus ingenuos familiares Triguillos.

Posteriormente, mostró un interés mayor por el teatro, porque le permitiría obtener ingresos, incluso en el mejor de los casos vivir de ellos. Y eso, dadas las circunstancias, era más importante. Esto también lo heredó de sus padres.

Sabemos que vio representar al dramaturgo Lope de Rueda, un tallista de metales sevillano, siendo muy pequeño, porque él mismo lo dice. Aquí se discute hasta dónde fue, si en Sevilla, en Córdoba, en Madrid o en Valladolid. Porque, como tantas otras cosas, no se sabe. «Me acordaba de haber visto representar al gran Lope de Rueda, varón insigne en la representación y en el entendimiento. Fue natural de Sevilla, y de oficio batihoja, que quiere decir de los que hacen panes de oro».

Entonces de pronto aparece en escena Alonso Getino de Guzmán, y nunca mejor dicho. Con la importancia que tiene para la vida de Miguel de Cervantes, es una pena que no sea más conocido. Era de Toledo, pero vivía en Madrid como alguacil de la capital, encargado de las fiestas y como hoy le llamaríamos escenógrafo en grandes y pequeños eventos. Tan grandes como las celebraciones del nacimiento de la hija de Felipe II, la infanta Catalina Micaela (1567). Como eran tan cercanos, que estuvo hasta en su casa, se piensa que esta amistad pudo animar Cervantes a hacer su primera poesía y otras composiciones. Es decir que fue fundamental en los comienzos su carrera literaria. Nada menos.

Pero como en todos los amigos de la familia, tenía el carácter ambivalente: teatro, pero también dinero y cargo en el Concejo de

Madrid. Era uno de los pocos comediógrafos que tenía medios económicos y un cierto estatus. En 1569 testificó en el expediente de limpieza de sangre de Miguel de Cervantes, y en 1576 aparece como fiador de su madre, Leonor de Cortinas, en todos los escudos de oro que se pidieron para el rescate del cautiverio de Argel. Era un verdadero amigo, un verdadero soporte económico y probablemente responsable de la introducción de Cervantes en las letras. Casi nada la influencia de este desconocido en su futura carrera. El último documento juntos lo tenemos de 1581.

Según Narciso Alonso Cortés, estaba por Valladolid por los años de 1554 a 1557, y actuaba como danzante en la compañía de Lope de Rueda, por lo que Juan José Pastor Comín opina que la vihuela que tenían en la casa y el amor por la música viene de éste y de Alonso de Vieras. Un momento. ¿En qué compañía? ¿Resulta que Getino y Rueda trabajaban juntos?

Por tanto, la cita de Cervantes a Lope de Rueda también puede tener que ver con Getino. No es casualidad. ¿Por qué ver a este autor teatral y no a otros? ¿Qué fue primero el huevo o la gallina? ¿Hubo interés de los Cervantes por el teatro de Rueda o fue Getino el que también los introdujo? Puede ser lo segundo.

<u>Tomás Gutiérrez de Castro</u>. Podemos considerarle el segundo socio y fiador de las operaciones mercantiles de Miguel de Cervantes, ya adulto a su vuelta del cautiverio. Es un perfil muy similar a Alonso Getino. Es un actor, comediante y autor teatral cordobés con su propia compañía, residente en Sevilla, pero a la vez es el propietario de una de las posadas más importantes de la ciudad, enfrente de la Catedral, donde paran el duque de Alba, el duque de Osuna, el marqués de Priego y otras autoridades religiosas, además de un tal Miguel de Cervantes, entonces desconocido. Por lo que nadaba en dinero. Literalmente, miles de ducados. Tenía caballos y varios esclavos. Se queja porque en otras ciudades, como Madrid y Valladolid, con ese aparato de márquetin, sería considerado un caballero.

Teijeiro dice que apoyó a Cervantes para conseguir su comisión en Sevilla y así aprovisionar a la Armada Invencible (1587-1588). Además, los negocios con su amigo son muy abundantes: compras de mercaderías, préstamos, fianzas. Los recogen el profesor Krzysztof Sliwa y el archivero Miguel Ángel Galdón Sánchez. Van desde 1585, en que firma como testigo, hasta 1593, donde, desconocemos por qué, desaparece de su vida comercial. Muere en 1604, antes que el manco de Lepanto.

El momento más conocido de la relación entre ambos acaece cuando intenta entrar en la cofradía del Santísimo Sacramento del Sagrario de la Iglesia Mayor de Sevilla y su gran amigo le apoya en una emotiva diatriba contra los que no aman el teatro. Y de paso cuenta que es natural de Córdoba. Y vuelta a empezar con las polémicas.

Tomás Gutiérrez ha pasado a ser personaje literario en la conocida novela de Bruno Frank (1941). Como no tiene por qué atenerse a la realidad, pues resulta que, con su propio peculio, le paga un cuarto en la Cárcel Real de Sevilla para escribir el *Quijote*. El manco de Lepanto se entretiene allí leyendo pasajes en voz alta al resto de los prisioneros. Lo dicho, la leyenda ha arrasado a la realidad.

<u>Jerónimo Velázquez</u> y Lope de Vega. Jerónimo Velázquez es un personaje del Madrid de los Austrias que no podíamos pasar. Es más asiduo al entorno de Lope de Vega que al de Cervantes. Se acuerda de él en el poema llamado «Canto de Calíope», insertado dentro de su primera novela, *La Galatea* (1585), alabándolo por supuesto. ¿A qué se debe esto? A que parece ser que era un dramaturgo y quiso hacerse amigo de él para ver si podía representarle alguna comedia. Lo visitaba en su casa de la calle Lavapiés de Madrid, donde se hizo amigo de Lope de Vega en 1583. Resultó que este último iba a rondar de amores a la hija de Velázquez, llamada Elena Osorio.

La amistad entre ambos era tan intensa que, cuando se marchó a Burgos a hacer una representación, dejó a su mujer, Inés Osorio, un poder para que pudiera cobrar un censo. Y uno de los testigos fue Miguel de Cervantes (1585).

Toda esta relación a tres o cuatro bandas saltó por los aires, y bien saltada, cuando apareció un libelo difamatorio llamado *Sátira primera contra el doctor Damián Velázquez*. En él se insultaba a todos los Velázquez, pero también a las mujeres casadas de la familia, y eso era ir contra su honra en la época, imperdonable y un delito muy grave.

Buscando al autor y delincuente, como comenzaba el latín macarrónico y el estilo era como una firma. Muy pocos en derredor de la Corte de Madrid eran capaces de escribir algo así. El poeta Luis de

Vargas lo escuchó, y dejó una sentencia para la historia muy conocida. Un romance de ese nivel sólo lo podían haber hecho cuatro o cinco, entre ellos Cervantes, que ya tenía un nombre en la escena literaria madrileña. Algunos de los que cita también se han considerado posibles autores del *Quijote* apócrifo de Avellaneda (1614), que también ninguneaba al alcalaíno: «Este romance es del estilo de cuatro o cinco que solos lo podrán hacer: que podría ser de Liñán (Pedro Liñán de Riaza) y no está aquí, y de Cervantes y no está aquí, pues mío no es, puede ser de Vivar (Juan Bautista de Vivar) o de Lope de Vega, aunque Lope de Vega no dijera tanto mal de sí si él lo hiciera».

Estatua de Lope de Rueda en el Palacio de San Telmo de Sevilla.

Al final se consideró que tuvo que ser Lope de Vega y fue condenado a cárcel (1587-1588), y luego desterrado por cuatro años a Alba de Tormes y Toledo desde la Corte. Volvió a hacer más obras difamatorias, y denunciado de nuevo, su pena fue agravada a diez años, que se quedaron en ocho. Aunque luego Velázquez lo perdonó, lógicamente nada volvió a ser igual. Y las relaciones entre los tres se acabaron perdiendo.

El cautiverio y los portugueses (1575-1605)

La unión de España y Portugal en 1580 aumentó las relaciones entre ambos reinos, el intercambio de personas y un interés creciente de Cervantes por el reino vecino en su literatura, si ya no era importante antes. En un autor en el que el amor es tan significativo, los portugueses aparecerán como representantes del amor sin medida.

El reciente libro del profesor Aurelio Vargas sobre este entorno ha aclarado muchas cuestiones desconocidas sobre este colectivo que acompañó a Cervantes durante toda su vida. Una vez que los conocemos, nos damos cuenta de que cumplen a rajatabla la máxima de aquellos que están cerca del genio: su afición literaria, pero también una pasión similar por los negocios.

El cautiverio además fue un laboratorio de pruebas y experimentos para el joven Cervantes. Allí pudo integrarse y aprender en el grupo de esclavizados de más alto nivel dado que su amo lo consideraba un personaje muy importante y con un rescate oneroso. Esto se debió a las cartas de recomendación de figuras muy relevantes que portaba, su propia actuación como líder de las diferentes sublevaciones, y, ¿por qué no? El hecho, conocido por todos, de que descendía de hidalgos, caballeros y alcaldes de varias ciudades castellanas. Cosa que se evaporó a la vuelta a España.

Sabemos los nombres de varios de ellos porque nos ha favorecido el evento de que uno de los portugueses que fueron liberados más tarde, Diego Rodríguez, hizo un informe de méritos similar al de Cervantes en Toledo, donde vivía (1597). Resultó que fue compañero suyo de fuga en el cuarto intento (1578). El manco de Lepanto, por el contrario, nunca habla de él. Los seis caballeros de la Orden de San Juan que participaron se llamaban Antonio Borges, Antonio González —estos dos portugueses—, Jerónimo de Palafox, Juan

Sotelo, el doctor Blanco de Paz, y de nuevo Cervantes, al que llaman *caballero*, al igual que en los documentos de Valencia.

Fray Juan Blanco de Paz es el famoso fraile y comisario del Santo Oficio de la Inquisición que le delató al rey de Argel. De él parte la idea del Cervantes homosexual, pues comenzó a poner en duda su actuación recogiendo testimonios contra él. Pero los compañeros cervantinos contraatacaron, y contaron detalles de él muy impropios de un sacerdote e inquisidor. Por supuesto también le afearon su condición de converso —que lo era—: «El dicho Juan Blanco de Paz nunca tuvo amistad perfecta con nadie, ni usó de lo que los buenos sacerdotes están obligados a usar, como es decir misa, rezar sus horas canónicas, como es costumbre, ir a confesar cristianos estando a punto de muerte, ni a visitarlos. Antes daba mal ejemplo de su persona, siendo revoltoso y mal visto con todos, andando a puñadas con otros, como lo hizo con dos sacerdotes de misa, que, porque le retaron lo que les parecía mal de él, a uno de ellos dio de coces, y a el otro un bofetón».

Lo deberíamos incluir en el lado de sus enemigos acérrimos. Carmen Díaz de Alda opina que se le quedó tan grabada esta traición, que se acuerda de él para incluirlo en el *Persiles* como personaje, encarnando por supuesto al pérfido Clodio.

Aurelio Vargas destaca a otros dos que consideramos muy importantes. El primero de ellos, Antonio de Sosa. Es otro de estos personajes al límite, de *frontera*, que tanto le gustaban al escritor. Religioso, fue acusado en Madrid (1582) de apostasía, de haber abandonado sus votos y de que la que hacía pasar por su hermana era la madre de su hijo, el que decía su sobrino. De todos modos, lo importante es que su relación fue tan buena en Argel que luego, cuando redactó la *Topographia e historia general de Argel* (1608) y otras obras, atribuida ésta a Diego de Haedo, prácticamente lo que hizo con Cervantes fue una hagiografía, es decir, convertirlo en un héroe mártir en el cautiverio que estaba dispuesto a morir por sus compañeros, incansable, atento y que si no fuera por el rey de Argel hubiera convertido toda la ciudad a la cristiandad. ¿Es casualidad que también se hiciera escritor *a posteriori*?

El segundo, Manuel de Sosa Coitiño, es más importante aún si cabe, porque es un personaje cervantino con todas sus letras, incorporado al *Persiles* (1617). De su extensa biografía destacaremos lo más cercano al poeta. Fue también un novicio de la Orden de Malta, apresado también por Hasán Bajá, rey de Argel, escritor, aunque curiosamente Cervantes no pudo conocer su obra editada, porque murió antes, y por supuesto comerciante, pero de esclavos. Es decir, que aunaba las dos pasiones cervantinas también. Y su historia de amor fue el tercer detonante definitivo para que lo hiciera su personaje, con nombre y apellidos.

De él destaca Cervantes en la ficción un hecho completamente real, luctuoso, que ocurrió en 1613, cuando ya no estaban juntos. Sosa Coitiño decidió separarse de su esposa y entrar en la religión, al igual que ella. Por lo que parece, ella se consideraba viuda, pero su primer marido, Joao de Portugal, apareció vivo en Jerusalén. El impacto en la pareja fue fulminante, y decidieron evitar la bigamia ingresando en un convento. En la novela él, después de un enamoramiento apasionado, muere y es ella la que se va de monja.

Después vendrían otros mucho más conocidos y sobre los que hay multitud de semblanzas: Simón Freire de Lima (1594), el banquero que se fugó en Sevilla con su dinero; y Simón Méndez, que es quien le ofrecía trabajo en Toledo en su estancia en Valladolid (1604) y de paso cortejaba a las mujeres de la casa. Apenas sabemos nada de él.

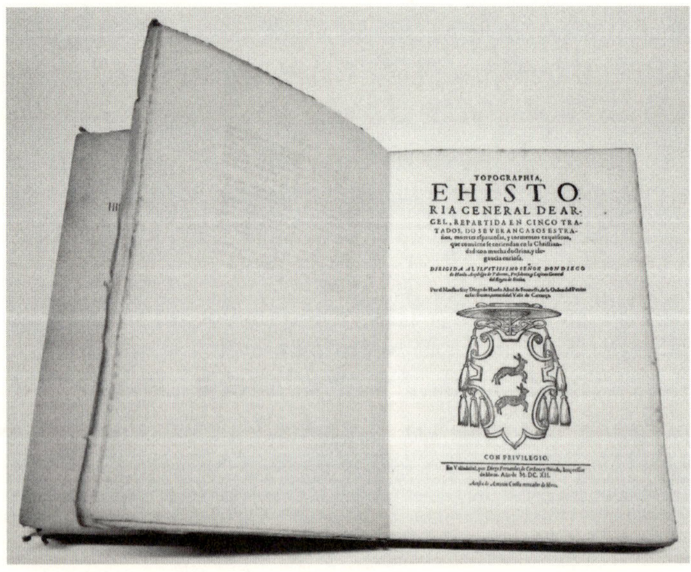

Diego de Haedo. Topografía de Argel.

El clan toledano (1584-1610)

Cuando Cervantes se casa en 1584 y llega a una aldea de Toledo, está en un momento de su vida en el que está intentando obtener una plaza de corregidor en América, necesita dinero y subsidiariamente destacar como poeta, novelista y dramaturgo. Acaba de llegar del cautiverio y de su encargo en Orán, y, por tanto, su entorno más cercano ha mejorado bastante, está mucho mejor conectado.

Pero eso no significa que las personas más próximas no guarden las mismas características que en las etapas anteriores y posteriores: son a la vez poetas y negociantes. Sólo que esta vez, por decirlo de una forma más sencilla, están más cerca de la Corte y son más ricas. Eso es lo que nos cuentan sus biografías.

Pedro Laínez. En un lugar destacado, casi en un pedestal, hay que colocar la amistad de Miguel de Cervantes con Pedro Laínez. A éste, sí que Cervantes le reservará un espacio en su primera novela, *La Galatea* (1585), pero no por su nombre, sino llamándole Damón, y luego para despedirlo en el *Viaje del Parnaso* (1614).

Sólo hace falta hojear la mayor parte de lo que se ha escrito sobre su relación, y machaconamente se insiste en que era poeta y que Cervantes conoció a su futura mujer en Esquivias (Toledo) porque fue a esta aldea para publicar el *Cancionero* de su amigo, llamado por su viuda Juana Gaitán. Al final no llegó a la imprenta. Se quedó inédito, cosa que casi le pasa a él mismo.

Esta es una vista parcial de un personaje muy especial que se nos queda muy corta para nuestros fines. Era hijo de Bernardino de Ugarte, aposentador mayor de Palacio y comendador de la Orden de Cristo de Portugal y él mismo fue ayuda de cámara del príncipe don Carlos (1556-1568), hijo de Felipe II, hasta que este falleció. Aquí tenemos la conexión con la Corte. Pero es que además era muy rico y casi todo lo que sabemos de él son cuentas y negocios, más que versos. Aquí la parte mercantil.

Pero aún podemos mejorarlo. Menos mal que el médico e investigador Emilio Maganto Pavón viene en nuestro auxilio y nos recuerda que compartían unas amistades muy especiales: los mismos banqueros genoveses. Los debió conocer en una estancia que tuvo en Italia. Debemos saber que nada menos que Lorenzo Espínola y Próspero Doria aparecen en muchos documentos con Laínez.

Fueron unos de los que pagaron la Armada que participó en la batalla de Lepanto (1571), donde Cervantes perdió la mano. Agustín Espínola, hermano del anterior, solicitó un justificante del fallecimiento de Pedro Laínez en 1584 porque estaban involucrados ambos para cobrar un juro en el Almojarifazgo Mayor de la Ciudad de Sevilla e Indias, justo pocos meses después de la batalla. Un juro es una especie de pensión perpetua que se cobraba de las rentas de la Monarquía por los servicios prestados.

Pero Laínez estaba casi arruinado cuando murió. Según Astrana Marín, entre 1581-1583 la madre falleció y los Ugarte sufrieron grandes pérdidas, que no mejoraron, puesto que siguieron invirtiendo en operaciones con escasos réditos. Queda claro que Laínez y Cervantes «pacían juntos» la misma hierba de las deudas y los negocios, como dice el refrán. El primero comía más, claro. De todos modos, ¿son éstas las amistades de un soldado raso?

<u>Juana Gaitán y Diego de Hondaro</u>. Su mujer, Juana Gaitán, mucho más joven que él, era de origen mozárabe, es decir, de las familias de más rancio abolengo de Toledo, descendiente de aquellos que habían resistido como cristianos entre los musulmanes sin convertirse. Fue siempre una amiga fiel y constante de Miguel de Cervantes. Tanto es así que le acompañó a la Corte de Valladolid y vivió con él y sus hermanas en la misma casa (1604).

Lo que más sorprende de este momento es que, estando todavía de luto por su marido, se casó inmediatamente, a los dos meses y medio, con Diego de Hondaro, el ayudante de su marido, veinteañero como ella. Y eso que prácticamente el mancebo vivía con ellos y fue uno de los testigos del testamento de su mentor. Algunos piensan que seguro que fue el mismo esposo agonizante el que le recomendó que se casara con ella cuando muriera. Por las prisas, decimos. No lo sabemos, dejémoslo así. De todos modos, no eran inusuales en Esquivias las bodas tan precipitadas.

Diego de Hondaro era rico. También venía del entorno del teatro y deberíamos haberlo incluido en el grupo anterior. Asimismo, como Laínez, realizaba préstamos a banqueros milaneses como Hortensio Roqui y Baltasar Lomelín. De nuevo los italianos. Los apellidos coinciden con Pirro Boqui, aquel que firmó a favor de Miguel de Cervantes. Tenía criados. Podemos deducir, por lo que veremos, que estaba muy considerado también en la Corte. Vamos, que era un clon de su mentor.

En la nueva boda entre Juana Gaitán y Diego de Hondaro, las promesas de dote entre ambos contrayentes fueron estratosféricas. Diego recibía de su esposa más de dos millones y medio de maravedíes y ella le devolvía mil quinientos ducados. Son cantidades de duques y marqueses. Miguel de Cervantes le había dado a su esposa Catalina cien ducados, diez veces menos. Muchos analistas piensan que todo es mentira, que es un farol para hacerse los importantes en el pueblo. El peso del Cervantes pobre y la aislada aldea son demasiado.

De todos modos, Juana Gaitán era una de las familias más importantes de Esquivias y actuaba por su cuenta. En el padrón de alcabalas de la aldea de 1590 aparece ella pagando en solitario, sin su marido, la nada despreciable cantidad de seiscientos diecisiete maravedíes, cuando la mayoría de los mortales pagaba la modesta cantidad de un real. También nos la hemos encontrado encargando cubas de vino para su cosecha a los maestros cuberos vizcaínos, junto a los personajes que aparecerán en el *Quijote* y otras novelas (Quijadas, Carriazos), y mostrando su mala leche y denunciando a algunos de ellos a la justicia por no haber cumplido a tiempo (1599).

El conde de Puñonrostro. Sobre el entorno toledano un dato final. En la novela *La ilustre fregona* (1613), todos los nombres que aparecen tienen de un modo u otro relación con personajes reales toledanos. Excepto uno. Aparentemente la mención al conde de Puñonrostro. Francisco Arias de Bobadilla fue asistente de Sevilla en el momento en que Cervantes estuvo en la cárcel en la ciudad por deudas (1597-1599). Esto cerraría cualquier debate, pues lo conoció allí y, por tanto, lo cita por este motivo. Nada que objetar. Pero ¿por qué aparece en un entorno toledano como es el de esta narración?

La verdad es que el Bobadilla no era sevillano, sino de Torrejón de Velasco (Toledo), un pueblo situado a veinte kilómetros de Esquivias, donde vivía el escritor. Además, los Salazar, la familia política del escritor, tenían la suficiente confianza con ellos como para pedirles que participaran como testigos en sus procesos de hidalguía. Todo cuadra, todo es coherente, todo está ordenado en la narrativa cervantina. ¿Recibió ayuda Cervantes de este amigo de su entorno para salir de la cárcel o ser mejor tratado? No lo podemos saber, pero ahí queda.

Escudo de los Salazar en Esquivias (Toledo).

Sus vecinos manchegos (1584-1610)

Es un gran descubrimiento que complementa otros anteriores. Alrededor de 1604 llega a Esquivias un noble andaluz llamado Pedro de Amaya y Mendoza, probablemente del ámbito de Vejer de la Frontera (Cádiz). Es en ese momento cuando compra la casa que Ana Dávalos de Ayala, mujer de Alonso Manuel de Ludeña, alférez mayor de Quintanar de la Orden, tenía en la aldea. Estos se marcharán a la Mancha y a partir de este momento vivirán allí. Tenemos escrituras firmadas por todos ellos, Alonso, su mujer Ana y su cuñada Isabel, tanto en Esquivias como en Quintanar. La posibilidad de que estas personas o muy cercanas a ellas sean los informantes del *Quijote* es muy real.

Es decir, existía un grupo de manchegos que vivía a dos calles de Cervantes, y que iba y venía hacia los mismos pueblos que aparecen citados tal cual en el *Quijote* y el *Persiles*. Quintanar de la Orden es citado tres veces y El Toboso, que está situado a una legua, patria de Dulcinea, lo es continuamente. Habría un intercambio de personas entre ambas localidades, lo que abundaría en la idea de que no era necesario que Cervantes hubiera vivido en la Mancha o hubiera sido cobrador de tributos allí. Mucho menos que se hubiera escrito el *Quijote* en una cueva. Es una teoría sin base histórica y que va perdiendo fuelle conforme llegan los hallazgos.

Resultó, además, que en su testamento (1612), Amaya reconocía que había hecho sus capitulaciones matrimoniales, con una cantidad de ducados prodigiosa, en Alcázar de Consuegra. Donde, desde el siglo XVIII, se dice que nació Miguel de Cervantes. Es un documento que interpretado de una determinada manera da alas a esta teoría.

No lo creo. Pero tampoco creo que sea casualidad que haya varios expatriados de Alcázar de San Juan y de Quintanar de la Orden tan cerca. Es obvio que se trata de un clan de *manchegos* que pudieron influir en la elección de la geografía del *Quijote*. De todos modos, es la primera vez que aparecen el nombre del poeta y de Alcázar fuera de la Mancha en un mismo documento relacionados con Esquivias. Este dato ya lo hace relevante.

Por lo demás, no sabíamos si Cervantes tuvo negocios y socios en Esquivias y en Toledo. Lo presumíamos, pero no había pruebas. En la siguiente manda testamentaria y línea del folio aparece Pedro de Amaya reconociendo varias deudas cruzadas entre ambos. Acabábamos de encontrar al socio comercial del escritor en Toledo:

> También digo y declaro que cuando me casé con la dicha doña María yo inventarié e hice información de los bienes que metí en el matrimonio, la cual información pasé ante Diego de Cañizares, escribano de la villa de Alcázar de Consuegra, y en ella no entraron ciertas deudas que yo pagué después del matrimonio, las cuales deudas montaron seiscientos ducados, los cuales se habían de rebatir todos enteros de la dicha cantidad que averigüé haber metido. Quiero y es mi voluntad que estos se rebatan y quiten de la dicha cantidad que yo probé haber metido en el dicho matrimonio y que respecto de esto se hayan las cuentas y particiones que se hubieren de hacer entre mis hijos y doña María y los suyos.
>
> También declaro que en unas cuentas que tuve con Miguel Servantes, me pareció que le fui a cargo de doscientos reales, para los cuales me debe una partida liquidar cincuenta. Y de otra cuenta en que hubo ciento y treinta y siete. Mando que se le den ciento y trece reales para salir de la dicha deuda y así gravar la conciencia.

Pedro de Amaya y Mendoza llegó a ser alcalde ordinario de Esquivias (1611) y era un noble muy rico, que estaba casado en segundas nupcias con María del Águila y Covarrubias. Su primer marido se llamó Martín Ochoa de Zárate. Como murió pronto, tenemos muy pocos datos sobre ellos, pero sí sobre su hijo Bartolomé de Amaya.

La amistad y negocios entre la familia de Cervantes y los Amaya se mantuvo incluso fallecido éste. Y ahí entra en juego el hijo de este matrimonio. Cuando Francisco de Palacios, sacerdote y comisario del Santo Oficio, decide presentar un memorial para evitar que los Quijada accedan al hábito de caballero de las Órdenes Militares, y los acusa de conversos e ilegítimos —dice que descienden de un cura, el canónigo Sorge—, la petición, ¿quién la firma? Efectivamente, Bartolomé de Amaya.

En la misma época, Juana Gaitán, la amiga íntima de Miguel de Cervantes, se encuentra mal y definitivamente firma su testamento. Reconoce también sus deudas y dice que debe ochocientos reales, ¿a quién? Efectivamente, a Bartolomé de Amaya. Sus albaceas que cumplirán sus deseos póstumos serán también Francisco de Salazar y Palacios, Gabriel Quijada de Salazar, Bernardo de Espínola y Catalina de Aguilera. Otra vez los Quijada, otra vez los genoveses. Era un grupo compacto que compartió espacio, amistad, intereses y por qué no reconocerlo, también negocios.

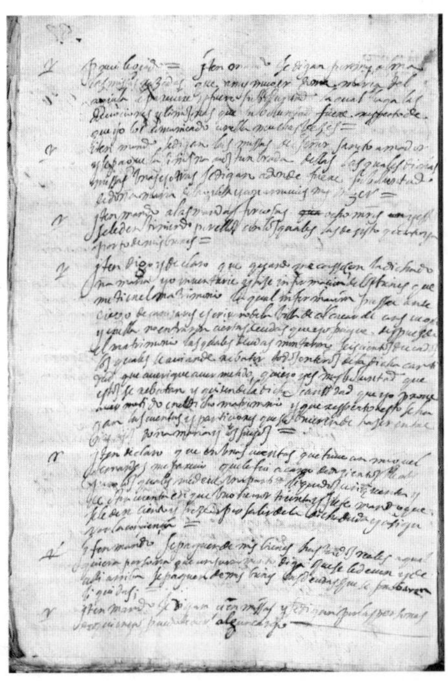

Testamento de Pedro de Amaya y Mendoza, socio de
Cervantes en Esquivias (Toledo) (1610).

<u>Pedro de Ludeña</u>. El interés sobre Pedro de Ludeña ha crecido muchísimo en los últimos años. Y todo se debe a múltiples aspectos de su contacto con nuestro protagonista. Aparece como testigo de la ceremonia de velaciones de Miguel de Cervantes y Catalina de Salazar en Madrid en 1586.

Desde allí se marchó a América a ser gobernador de Cartagena de Indias. Emilio Maganto no ve en esta invitación una coincidencia casual, así como en la petición de un préstamo en ese mismo año de mayor monto que la liberación del cautiverio, sino el deseo de marcharse de inmediato con él a América. La decepción de otro pasajero que se quedó en la orilla viendo otro barco partir, la pagará probablemente Cervantes, citando como gran estratega a su antecesor en el cargo, Pedro de Vique, en la novela *Las dos doncellas*, en vez de a Ludeña, su pretendido *amigo*. La cita es tan extraña que es difícil de explicar. Este marino fue masacrado por el pirata Francis Drake en el ataque a Cartagena de Indias (1585), perdió todas las galeras en el incendio de la ciudad, y fue condenado a muerte por cobardía, entre otros delitos.

Jesús Sánchez también lo ha estudiado y le da la posibilidad de que sea el informante de Miguel de Cervantes sobre la Mancha. No por nada su padre fue comendador de Mirabel-Miguel Esteban (Toledo) a cinco kilómetros de El Toboso. Con lo cual este personaje también tendría relación con la misma comarca protagonista del *Quijote*.

Firma de Alonso Manuel de Ludeña, posible informante de Cervantes.

Entorno sevillano y andaluz (1587-1597)

El entorno sevillano de Miguel de Cervantes es muy amplio. El gran número de años que pasó realizando comisiones y cobros de tributos y, por tanto, la abultada cantidad de relaciones comerciales y de proximidad que estableció desbordan cualquier tratamiento. En el listado de personas que estuvieron bajo su mando o similares, podemos llegar a una veintena que conozcamos por la documentación. Además de todas las extracciones sociales, desde el humilde oficial del peso hasta el ventero y el comisionista de la Corte. Un abanico de caracteres que luego se verá reflejado con acierto en su narrativa.

Por ejemplo, Alfredo Alvar nos habla del corregidor de Écija, Cristóbal Mosquera de Figueroa, que además de experto en derecho era escritor. ¿Si lo conocía y era su amigo? Lo alaba en unos versos en un libro de historia militar dedicado al marqués de Santa Cruz, y además en el «Canto de Calíope», incluido en su novela *La Galatea* (1585). Cada vez nos desconcierta más por qué con estas relaciones no fue capaz de conseguir sus sueños.

También podemos citar a Rodrigo de Cervantes —su primo—, Francisco Venegas —comisario—, el segoviano Miguel de Santa María, Pedro Gómez de la Hermosa, Asensio Guerrero… Los compañeros que aparecen con él en su comisión de Isunza: Gaspar de Salamanca Maldonado, Bartolomé de Arredondo, Diego de Ruy Sáenz.

Entre los curiosos, Simón de Salazar —sevillano, auxiliar de romana para pesar—, Diego López Delgadillo —de Cabra, el pueblo de su tío—, Diego Ruy Sáenz —de Osuna—, Juan Sáenz de la Torre —bizcochero—.

Y seguirían aumentando por todas las investigaciones del archivero José Cabello Núñez, como es el caso de la bizcochera y abastecedora de la Armada, Magdalena Enríquez, y su entorno, con el que el manco de Lepanto realizó abundantes actividades comerciales: Juan de Jódar, Juan Sáenz de la Torre, Pedro de Ribas, Damián de Ribas, etc. Tanto Enríquez como Jódar, al igual que su íntimo Tomás Gutiérrez, le fiaron operaciones (1593).

Pero no podemos dejar pasar la ocasión para citar a tres que consideramos más importantes por la repercusión que tuvieron en su vida y en su literatura. El primero, el malogrado Francisco Benito de Mena, proveedor de Su Majestad en El Puerto de Santa María

(Cádiz), que realizó varios encargos a Cervantes (1590), fue ajusticiado por corrupción el 22 de diciembre de 1592. Le anduvo a su pupilo muy cerca.

El segundo y el tercero, Juan de Gamboa y Pedro de Isunza. El primero, contador de la Real Hacienda. Ambos gozan de mayor prevalencia porque de ellos sí se acordó en su narrativa, en concreto los hace protagonistas de su novela *La señora Cornelia* (1613). Ambos vascos, ambos de su ámbito sevillano y andaluz y ambos sus jefes en la distancia. No dejo de pensar que el que sus subalternos no sean citados, mientras que los que le ayudaron por arriba que consideraba de su nivel sí, tenga algo que ver.

El nivel de realismo de estas menciones es bastante complejo de analizar, puesto que se les presenta como unos estudiantes que se marchan a Italia y se entretejen en una maraña de historias amorosas cruzadas. Además, se les llama caballeros, cuando nos consta que Juan de Gamboa tuvo un pleito en Extremadura por el que no se le reconoció esta condición, y no pudo obtener la alcaidía de Bienvenida (Badajoz) dentro de la Orden Militar de Santiago. Como con Cervantes todo hay que cogerlo con pinzas, por su constante ironía, habría que poner en cuarentena si estas menciones no son también una suerte de venganza por algún desaire.

El grupo de Valladolid (1604)

Una vez que llegamos al final del camino nos damos cuenta de que los llamados «tres amigos» de Cervantes en Valladolid no son tan extraños en su vida. De hecho, son la continuación más lógica.

La familia ha seguido persiguiendo a la Corte y sus mercedes allá donde esta vaya. Y en 1604 se encuentran en Valladolid, porque es donde se ha instalado la capital del reino. Habitan la casa de Juan de las Navas, el Mayor, otro personaje colateral a la familia cervantina, olvidado y rescatado por Anastasio Rojo Vega.

La teoría sobre la influencia de este Navas y la llegada de las *Cervantas* a Valladolid es sorprendente. Nos encontramos con otro perfil exacto al que hemos visto en el resto que pulula por esa casa. Pactos, pleitos, sobornos, para un facilitador que era alcaide de las casas del duque de Béjar (1583) y administrador de los mismos duques ante el Tribunal de la Real Chancillería de Valladolid.

Negocios, asuntos jurídicos, asuntos económicos, deudas, quiebras y un final adecuado al contexto. Miguel de Cervantes le dedica al duque de Béjar su primer *Quijote* (1604), y en ese mismo año se va a vivir a Valladolid, a las casas de su administrador y hombre para todo en la ciudad. ¿Casualidad? ¿O el pago por esta dedicatoria fue precisamente vivienda gratis?

Es allí donde sabemos que los amigos que entran en la casa de Miguel, justo cuando publica el *Quijote,* son (1605): Simón Méndez, portugués, probablemente judeoconverso, pero que tenía un importante cargo en la Corte; Fernando de Toledo, señor de Higares, y el banquero genovés Agustín Raggio. Ninguno de ellos aparecerá con nombres y apellidos en las obras crepusculares del autor, pero su espíritu y sus grupos de iguales desde luego que sí lo harán.

Javier Salazar Rincón incluirá uno más, que es una mención bastante desconocida. Se trata de Lope García de la Torre, un banquero y negociante rico donde un tal Cervantes visitaba su casa para jugar a las cartas junto a su mujer. Los Curiel de la Torre eran unos empresarios que tuvieron muchísimo peso en El Toboso y en la Mancha de la época, al igual que en Extremadura. ¿Sería el nuestro?

Casa de Cervantes en Valladolid.

SUS AMIGOS EN SU LITERATURA

Al igual que su familia, al igual que el cautiverio, al igual que tantos otros puntos, la gente más cercana a él al final se acabó infiltrando de forma natural en sus escritos. No es muy autobiográfico en sentido estricto. Es decir, que cuanto más cerca estabas en su día a día, más complicado era aparecer en una de sus novelas. Mientras en Lope de Vega es fácil seguir a Filis, Belisa, Lucinda o Amarilis, trasunto en la ficción de sus numerosas amantes: ¿qué sucede con Cervantes? ¿Seríamos capaces de saber si detrás de Dulcinea puede estar su mujer Catalina de Salazar u otra cualquiera? Evidentemente no.

Además, no hay ninguna mención expresa a López de Hoyos, a Tomás Gutiérrez, a Juana Gaitán, etc. Y cuanto más atrás en el tiempo, más complicado es. Hemos detectado que Cervantes suele tomar personajes, argumentos e influencias varias de sus experiencias más recientes, y como empezó a escribir tan tarde, casi todas son posteriores a 1585, cuando no a 1599.

Es cierto que su primera novela, *La Galatea* (1585), está plagada de poetas, pero nos referimos a los amigos, socios y colaboradores más estrechos. De esos apenas hay menciones literales aparte de las que hemos visto, como las sevillanas y las toledanas, éstas últimas más centradas en convecinos que estorban, como los Quijadas y Carriazos, que en los que le apreciaban. Queda claro que su forma de escribir, tan satírica, no se amoldaba a incluir a los que quería.

No hay que objetar que, sobre todo, dos obras suyas, *La Galatea* (1585) y *Viaje del Parnaso* (1613), están trufadas de menciones a ellos. Tantas, como ciento cincuenta. Por otro lado, algunos de los personajes del libro han sido identificados con escritores conocidos desde la edición clásica y canónica de Rodolfo Schevill y Adolfo Bonilla (1914), que ha influenciado a todas los que vienen después.

Y eso que oculta los nombres hábilmente poniéndoles a todos pseudónimos. Como resume Isabel Colón, el personaje de Tirsi podría ser Francisco de Figueroa, Damón debería tratarse de Pedro Laínez, Meliso, Diego Hurtado de Mendoza, etc., incluso Lauso podría ser el mismo Cervantes autorreferenciándose. Pero ¿no decíamos que nadie creía en los «modelos vivos» y en el realismo en Cervantes?

Otra cuestión sería la influencia que pudieron tener en su literatura. Al igual que su mujer, su suegra y su cuñado pudieron contarle todas esas historias truculentas de los linajes toledanos, que pudieron dar lugar a los protagonistas incluso al *Quijote*, *La ilustre fregona* o *La fuerza de la sangre* (1613), también sus amigos, como los Ludeña, pudieron dar lugar a la aparición de la Mancha como protagonista del *Quijote*. Nada menos.

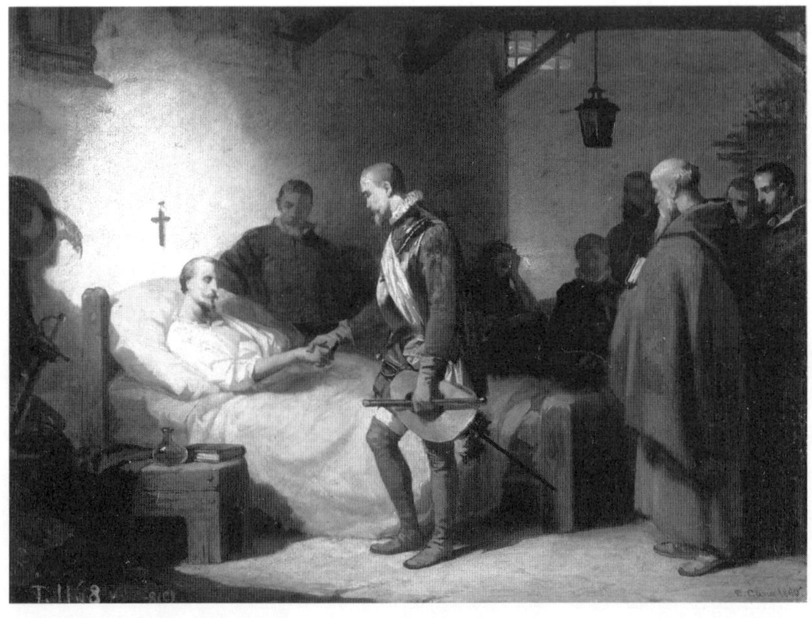
Cano de la Peña. Cervantes y don Juan de Austria (1860).

Pero en este momento nos vamos a centrar en un ejemplo muy claro que son los banqueros y comerciantes genoveses. Su insistencia en incluirlos como menciones secundarias, en cada momento en que tuvo oportunidad, lo hace un *leitmotiv* de su obra. Nos recuerda a directores como Alfred Hitchcock, M. Night Shyamalan, Tarantino, David Lynch u otros que siempre tienen un *cameo* en sus filmes. En este caso son los italianos, con los que compartió más mantel que con los caballeros en el cautiverio.

En un resumen rápido estarían Vivaldo en el *Quijote*, Rótulo en *El amante liberal*, Roqui y Cifuentes en la Sevilla de *La española inglesa*. Adorno en *Las dos doncellas*, y un mercader rico innominado en la última obra de la colección de *Novelas ejemplares* (1613), *El coloquio de los perros*. No son pocos. Los tenía constantemente en mente, presentes tanto como en su día a día.

Y antes de despedirnos un apunte muy interesante. Como hemos apuntado, personajes reales, tramas y geografía suelen ir de la mano. Si es posible. Por ejemplo, en el caso de Vivaldo en el *Quijote*, que tiene un encuentro con el caballero de la Triste Figura cuando marchan por los caminos hacia el encuentro del desgraciado Grisóstomo, el estudiante enamorado de la pastora Marcela, y se ponen a hablar. Parece ser que se trata del poeta Adán de Vivaldo. Una pregunta, ¿por qué ahora en la Mancha del Campo de Calatrava? Los archivos dictan que resulta que sus antepasados tuvieron comisiones y cobros en la comarca.

Las similitudes con Mateo Alemán

Se dice que el *Quijote* le debe mucho al *Guzmán de Alfarache* (1599). Se trata de una novela picaresca que en su argumento trata sobre un pillo sevillano, hijo de un comerciante genovés, con tintes autobiográficos de su autor, Mateo Alemán, y que bebe mucho de la tradición del *Lazarillo de Tormes*. Américo Castro hasta llegó a decir que, sin este libro, no existiría el otro. La pelea literaria, desdén e influencia mutua de ambos fue épica.

En el *Quijote*, el famoso episodio de Ginés de Pasamonte y los galeotes, en que salen encadenados y el caballero de la Triste Figura los libera, dicen que se basa en la visita secreta que hizo el propio Mateo Alemán a las minas de Almadén, en las que entrevistó a muchos esclavos y trabajadores forzados (1593). Es bastante probable. Teniendo en cuenta que el personaje de Alonso Quijano, junto con Sancho Panza, se cruza con estos presos justo en el Campo de Calatrava, exactamente en las cercanías de Almagro, su capital, donde precisamente pasaban habitualmente estas cuerdas de condenados desde las minas hacia las galeras de Cartagena. ¿Casualidad o verosimilitud histórica?

Pero también Mateo Alemán le debe mucho al *Quijote*. Francisco Márquez Villanueva cuenta la anécdota de cómo, cuando el escritor sevillano desembarcó en México en 1607, los inquisidores revisaron su equipaje y encontraron un libro profano y se lo requisaron. Como tenía mano con el arzobispo fray García Guerra, se lo devolvieron. Era el *Quijote* en su primera edición. Sólo dos años después de ser editado ya estaba en América.

Lo curioso es que la forma de escribir entre ambos no tiene paralelos, pero como dice Gonzalo Sobejano, su vida sí: ambos nacieron en 1547, sus padres eran cirujanos, fueron recaudadores de impuestos, visitadores reales, negociaron con banqueros italianos, sufrieron cárcel por no justificar bien las cuentas, matrimonios inadecuados, emigración a América, escritores conocidos, les copiaron su libro más exitoso, descendientes de conversos, hasta coinciden en la fecha de su muerte. Demasiado: ¿no pensábamos que la vida de Cervantes era tan especial y única? Lo cierto es que, si fuéramos más observadores, veríamos a un Cervantes reflejado en el espejo de los demás, en el espejo de los que le rodean.

LOS INSULTOS Y VEJACIONES

Despotricar sobre Cervantes ya es una tradición como otra cualquiera. Se hizo ya con él en vida y no ha parado. Muchos de los que vinieron después dicen leerle y amarle, acaban por caer en la tentación de ponerle a los pies de los caballos. Decía César González-Ruano sobre este tema: «Si no tiene difamadores, haga por tenerlos. Si no tiene una leyenda, no será nunca nada». Por supuesto se hizo una buena fama a costa del pobre Cervantes, insultándolo en una charla en el Ateneo en 1922 diciendo que «era manco, debe de ser verdad porque escribía con los pies». De aquí he tomado mi símil, claro.

También es muy conocida la frase de Borges, muy de su época: «Siempre se dice que Cervantes escribía mal, que Dostoievski escribía mal, sin embargo, dejaron obras como el *Quijote* y *Crimen y castigo*. Quevedo hubiese podido corregir una página de Cervantes, pero no hubiese podido escribirla». Ludovic Osterc y Javier Salazar tienen una verdadera relación de insultos contemporáneos, que comienzan por llamarle «ingenio lego».

Es muy sencillo caer en ello, porque, en el *Quijote* apócrifo de Alonso Fernández de Avellaneda (1614), sus enemigos, del entorno de Lope de Vega, claro, les dejaron a los críticos posteriores una munición muy sabrosa. Es el pase al pie, solo para empujar la pelota:

«Y, pues Miguel de Cervantes es ya de viejo como el castillo de San Cervantes, y por los años tan mal contentadizo, que todo y todos le enfadan, y por ello está tan falto de amigos, que cuando quisiera adornar sus libros con sonetos campanudos, había de ahijarlos como él dice al Preste Juan de las Indias o al Emperador de Trapisonda, por no hallar título quizás en España que no se ofendiera de que tomara su nombre en la boca».

¿Qué quieren decir con que está falto de amigos? Esto hay que matizarlo. Porque ya hemos visto que sí los tenía. Lo que le echan en cara es que no tiene mecenas de importancia. Es cierto. Y que tampoco tenía poetas que le hicieran versos laudatorios al principio de sus obras. Entonces, lo que quieren contar de él es que no es que no tenga apoyos, sino que no los tiene ni donde debe tenerlos si quiere triunfar como escritor: en las academias, en la Corte y en la alta nobleza. Ya se encargarían ellos de impedirle que los tuviera.

Miguel de Cervantes tenía *haters* muy enconados y hasta recibió un anónimo difamándole. Fue en Valladolid (1604), lo recogió su hermana, y en torno sarcástico, dijo que leer ese mal soneto no le dolió, lo que le fastidió más es pagar el real de los portes por tan negativa lectura. Seguro que se parecería mucho al que luego fue publicado, donde se le vuelve a llamar manco, cornudo, prepotente, converso, envidioso, necio, homosexual y todo lo que se le pudo pasar por la cabeza al autor.

Según Abraham Madroñal, todo debió comenzar en Toledo en 1604. Hasta entonces eran amigos. Lope de Vega ha estado varios años viviendo en esta ciudad en diferentes etapas, al igual que su amienemigo. Cuando ambos estuvieron juntos paseando por las mismas calles, el acordarse el uno del otro era inevitable, pues frecuentaban los mismos círculos. La cercanía física, tanto como la indiferencia personal, debió provocar lo que vino después.

Resulta incómodo descubrir cuánto influenció la pelea entre ambos en la obra cervantina. Parecen dos niños en un patio de colegio peleando por quién mete primero la bola en el gua. Parte de la obra de Cervantes, y no tiene mucha y la mayor parte tardía, podría ser una respuesta a una edición anterior de Lope. Se dice incluso que *El peregrino en su patria* (1604) puede ser una de las razones de esta enemistad. Nuestro biografiado le contestará con un texto del mismo género bizantino de aventuras, el *Persiles* (1617).

Pero no es el único caso. La novela *La ilustre fregona* (1613) tiene dos antecedentes en Lope; también hay referencias muy poco conocidas en *La gitanilla* (1613). El padre del protagonista es un Cárcamo; parece una clara referencia al corregidor Alonso de Cárcamo en Toledo, para más inri cordobés, y que había apoyado a Lope en detrimento de Cervantes. Pero no es lo único, resulta que esta novela no es solamente una reflexión sobre el mundo de los gitanos, sino que está basada en un hecho real que le sucedió a Fernando de Vera, corregidor de Murcia (1595), quien fue acusado de pecado nefando, es decir, de ser homosexual, por su mujer, que escondió a su hija, Teresa de Figueroa. Este poeta era del entorno de Lope en Sevilla, donde se conocerían.

Los «sinónomos voluntarios» del Quijote

El argumento del *Quijote* está basado en una obrita muy desconocida y mala llamada *Entremés de los romances*. Así lo creen Ramón Menéndez Pidal, Antonio Rey Hazas y Martín de Riquer frente a otros que piensan que es posterior. Desde luego la relación entre ambas es incuestionable porque se parecen un montón. En ella un labrador, llamado Bartolo, enferma leyendo los romances, se monta en un rocín y va a luchar contra la reina de Inglaterra. No es ningún secreto que Lope se vanagloriaba de haber participado en la Armada Invencible, aunque no está demostrado. Desde luego un argumento tan paródico como éste sí que pudo interesarle a su enemigo Cervantes aprovechar y reírse de él. Hasta aquí podemos saber.

Pero no es lo único que molestó al entorno lopesco del *Quijote*. Parece que el alcalaíno se arrepintió del prólogo del *Quijote*, pero una vez comenzado el camino a andar, ya no pudo mirar atrás. La teoría que habla sobre las molestias que Lope y su entorno detectaron en el *Quijote* la solemos llamar los «sinónomos voluntarios».

Esto merece una explicación breve porque es otra frase que ha hecho correr mucha tinta y que los apasionados lectores deberían conocer. En el prólogo del *Quijote* apócrifo del desconocido Alonso Fernández de Avellaneda suelta esta frase: «Huyendo de ofender a nadie ni hacer ostentación de sinónimos voluntarios, si bien supiera hacer lo segundo, y mal lo primero».

Enrique Suárez Figaredo, citando a Francisco Rodríguez Marín, hace mención de que esta frase puede significar la inclusión de apodos, alias o motes de otros poetas rivales. La ocultación de nombres para el no iniciado surte efecto, pero no para el ofendido, que sabe perfectamente que se están refiriendo a él. ¿A quién estaba ofendiendo Cervantes? Esto es muy importante porque nos puede dar luz para saber quién es el autor de esta obra crítica y satírica contra el genio.

Félix Lope de Vega y Carpio.

Aunque no sabemos si se referían a personas reales, queda claro que los aludidos pensaban que sí. Entonces comenzó la caza de cuáles pueden ser estos. Y aquí se produjo un hecho curioso, y es que, como apenas se admite la identificación de nombres verídicos en el

Quijote, la llamada teoría de los «modelos vivos», pues el cervantista y académico Martín de Riquer dedujo que el más importante de estos «sinónomos», probablemente el único en la primera parte del *Quijote* (1605), debía ser la mención al preso Ginés de Pasamonte en el episodio de la «Cuerda de galeotes», donde van a servir a las galeras de Cartagena, que se referiría al también poeta crepuscular Jerónimo de Pasamonte.

Entonces, como Pasamonte es el único mencionado con nombres y apellidos, necesariamente es el ofendido, por tanto, es el autor del *Quijote* apócrifo, la copia del auténtico, el llamado de Alonso Fernández de Avellaneda por el nombre falso que utilizó su autor oculto (1614), y que se empleó para atacar sin piedad a Cervantes. Es cierto que este soldado fue aragonés, escritor, luchó en Lepanto, cautivo, quizás monje, y escribió un libro con su vida (1603), que no se publicó en vida de Cervantes. Debió correr en forma manuscrita. Pero el salto de un personaje real a esta teoría es muy arriesgado, porque es difícil que fuera lo suficientemente culto como para hacer un libro tan elaborado como éste. Esto ha llegado tan lejos que hasta la película *Cervantes contra Lope* lo admite (2016).

El problema es que parte de un presupuesto que sabemos que no es cierto. Ginés de Pasamonte no es el único «sinónimo voluntario» del *Quijote*. Hay muchos más personajes reales en la primera parte, comenzando por los nombres del protagonista y del primer malvado: Alonso Quijada y Juan Haldudo. Por tanto, hay que buscar más en el entorno toledano de Lope de Vega y así lo han hecho los que han propuesto que, detrás del nombre ficticio de Alonso Fernández de Avellaneda, se esconde, entre otros, el también aragonés Pedro Liñán de Riaza.

¿Viajero o vagabundo?

UN POETA ERRANTE

El que Miguel de Cervantes no pasó más de tres o cuatro años en ninguna de las ciudades o pueblos en los que vivió no es ningún secreto. Y eso siendo benevolentes. Tampoco lo es esto, al igual que sus trabajos y relaciones los debe en gran medida a su educación y herencia familiar. Tres generaciones de Cervantes, desde su abuelo y su padre, llevaron la misma forma de vida errante.

El atribuir este carácter exclusivamente a su falta de dinero y su búsqueda de oportunidades, porque tenía necesidad y no le quedaba más remedio, quizás es una visión muy parcial. Simplemente eran así en su entorno y lo entendían como algo normal. En cierto modo, su pasado le predestinó mucho más de lo que hubiera deseado.

Su carácter era tan inquieto que no reparamos en que, cuando llegó a Esquivias (Toledo), conoció a su futura mujer, Catalina de Salazar, se casó en 1584 y en 1585 ya estaba preparando las maletas para marcharse a América, adonde fuera. Le daba casi igual. Cuando ella, una muchacha de diecinueve años, no había nunca salido de la aldea, y el único río que había cruzado es el canal que llevaba a la parroquia donde perdió la soltería, en su mismo pueblo. ¿Se lo avisó con anticipación? Suponemos que su familia política debía saber de sus intenciones, cuando insistió tanto en ellas.

¿Se la llevaría al otro lado del océano? Probablemente al principio no, pero estos viajes de las nobles villanas no eran tan extraños en Esquivias. Sabemos que su vecina Ana Dávalos y Ayala acabó yendo a La Paz (Bolivia) en 1607 para solucionar asuntos americanos de su hermano. Volvió y se fue a vivir a Quintanar de la Orden (Toledo), al lado de El Toboso, con su marido. Tenía espejos cercanos donde mirarse.

No nos olvidemos tampoco que, teniendo ya sesenta y cinco años y estando enfermo (1612), quería marcharse a Nápoles a formar parte del grupo de poetas de la Corte con su mecenas, el conde de Lemos. Se enfadó muchísimo cuando fue rechazado y respondió con su poema irónico *Viaje del Parnaso*, nominando a ciento treinta y dos poetas, como dice Rivers. ¿Tantos escritores buenos había y no quedaba un asiento para él? Viajero impenitente, impenetrable y que nunca arrojó la toalla. Importaba más el objetivo que la situación real o el esfuerzo a llevar a cabo.

¿Nómada o vagabundo? ¿Qué adjetivo le viene mejor? La reflexión del profesor Enrique Villalba nos parece acertada y sobre todo nos pone delante de los ojos la pantalla de la importancia de las palabras con las que definimos una actitud. Nosotros hemos preferido llamarle viajero, pero también se puede pensar que era un nómada, hasta un vagabundo.

Este último término tiene una connotación clarísima que ha pesado siempre a la hora de ver y analizar la biografía cervantina, porque presupone que era tremendamente pobre y lo hacía solamente para sobrevivir, cosa que no siempre fue así. En su ánimo había algo más que simplemente comer: ascensión social y sobre todo ambición.

> «Se movieron también por fronteras físicas: entre la estabilidad de un domicilio familiar y el nomadismo o casi vagabundaje, practicado por tres generaciones de varones Cervantes, quedando las mujeres casi abandonadas. Entre el mundo rural y el urbano, representados fundamentalmente por Esquivias y la Corte —en Madrid y Valladolid—; la movilidad de la familia que pasó de un lugar a otro (Alcalá, Madrid, Esquivias, Valladolid, Madrid) y habitó en varias viviendas (por ejemplo, al menos tres en los últimos años madrileños del escritor)».

LOS TRES LIBROS DE VIAJES

El que Cervantes fuera un viajero o un nómada no es algo trivial. Si no hubiera sido así, no hubiera existido el *Quijote*. Pero no sólo éste. Ignoramos que las tres narraciones más largas de toda su biografía son libros de viajes. Esto no es ni mucho menos casualidad.

Pensamos que están reflejando su personalidad, le están descri-biendo a él mismo: el *Quijote* (1605-1615), el *Viaje del Parnaso* (1614) y el *Persiles* (1617).

Recapitulemos que, si Cervantes hubiera aceptado ser un pro-pietario comodón encerrado entre cuatro paredes y andando por cuatro calles insulsas, su narrativa sería completamente dife-rente, o directamente no existiría. Tuvo la oportunidad de serlo en Esquivias (Toledo). Desde este punto de vista limitar lo autobiográ-fico en Cervantes al soldado y el cautivo, con ser importante, no es lo único y es una visión tremendamente estrecha de lo que le inte-resó en vida.

Una ruta del Quijote (1605)

Que el *Quijote* es un libro de viajes, casi un libro en que el antihéroe realiza su viaje antiiniciático para no poder encontrarse a sí mismo en un paraje tan antiaventurero como es la Mancha, no es ninguna novedad ni ninguna sorpresa.

Sí que puede serlo que los puntos concretos que aparecen descri-tos en el libro pueden no ser escogidos al azar y pueden deberse al carácter viajero de su autor. Vamos, que están ahí porque Cervantes pasó, estuvo y se paró en ellos, con lo que se le quedaron graba-dos en la memoria. Sabemos de lo polémico de estas afirmaciones, teniendo en cuenta que, para muchos, ni siquiera está claro que la novela esté situada en la Mancha, y si fuera así, de qué Mancha esta-ríamos hablando.

Pero partiendo de la base de que existe un cierto realismo geo-gráfico, si hacemos un mínimo pespunte de puntos geográficos por donde el caballero don Quijote pudo pasar y pararse, dentro de los más probables, lo cierto es que podemos reducirlos a una categoría desconocida: son portazgos y puertos secos.

¿Qué eran estos puertos, puentes y estrechamientos de caminos? En estos lugares, la Orden Militar de Santiago y la de San Juan en Puerto Lápice, que eran las nudas propietarias de los mismos, tenían establecidos un puente, una torre de vigilancia y una dehesa o coto donde se cobraba el derecho de paso de los caminantes y ganaderos que pasaban con sus bestias. Ahí todos los caminantes tenían que parar y pagar.

Echando un vistazo a la Mancha y a la descripción de las andan-
zas de Alonso Quijano, resulta que nos encontramos que Campo
de Criptana (molinos de viento), Manjavacas (Mota del Cuervo,
venta del Camino de Toledo a Murcia), Ossa de Montiel (cueva
de Montesinos), Lagunas de Ruidera (venta), El Toboso (patria de
Dulcinea) y Puerto Lápice (venta y puerto), pueblos que expresa o
implícitamente aparecen en el *Quijote*, son todos paradas tributarias
en los caminos polvorientos de la comarca: ¿casualidad?

Pensamos que no. A la hora de proponer un plan de obra, en el
esquema básico inicial van apareciendo los lugares que has visitado,
los más comunes. Y, ¿cuáles mejor que las paradas donde has pasado
más tiempo porque te han conminado a ello? Y, por cierto, quizás los
únicos que conoces. En un libro de viajes como éste es casi una obligación poner las paradas, las estaciones del camino.

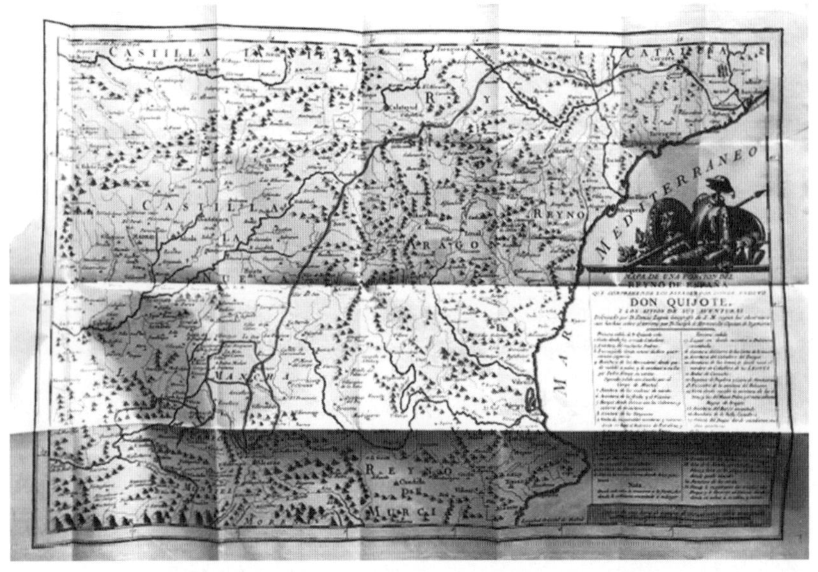

Mapa de la Ruta del Quijote de Tomás López (1780).

Viaje del Parnaso (1614)

Viaje del Parnaso es un poema extenso muy desconocido, opacado
para los lectores por la sombra del *Quijote*. El que se trata de un testamento autobiográfico de su factor ya ha sido puesto de relieve por

Rivers, Canavaggio, Gracia, Jerez-Gómez y Schmidt. Está basado en el *Viaggio in Parnaso* y *Avvisi di Parnaso* de Caporali (1582), pero no tiene nada que ver con él, porque éste es tan burlesco que a veces es hasta ofensivo con la poesía de la época. Por ejemplo, en un episodio la mula del poeta italiano entra al jardín del *Parnaso* rebuznando y soltando ventosidades. Un tono que no le gustaría a Cervantes, quien siempre apeló a su buen estilo y falta de bajeza.

Describe una salida alegórica donde los buenos poetas partirán en un barco recorriendo el Mediterráneo peleando contra los malos hasta llegar al monte del Parnaso. Aparte de su autoreivindicación como mal y buen poeta, ya que nadie la hacía por él, la ironía quijotesca también está presente en un momento aparentemente serio. Por ejemplo, en medio, ofrecen en sacrificio a los dioses al poeta Antonio de Lofraso, como se hacía en las novelas bizantinas griegas de aventuras.

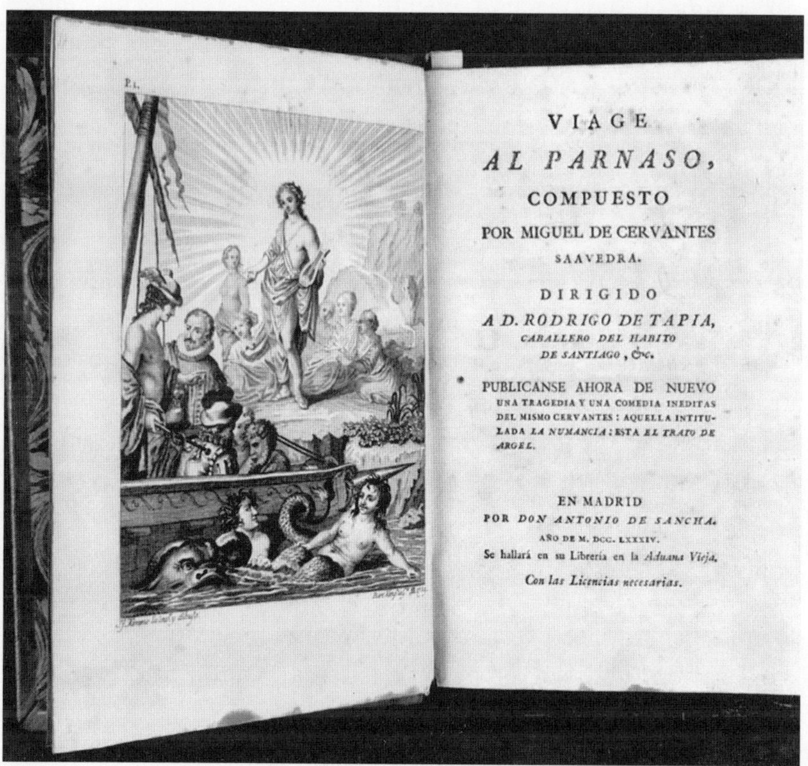

Viaje al Parnaso, edición de Antonio de Sancha (1784).

Lo importante en este momento es que pasan por Cartagena, Valencia, golfo de Narbona, Génova, Nápoles, estrecho de Mesina, costa de Epiro, Corfú (isla griega) y el *Parnaso*. No hace falta ser muy ducho para darse cuenta de que son casi los lugares de su periplo vital como soldado y cautivo. Los expertos lo consideran la representación del Mediterráneo y el mar como símbolo: Cartagena, donde subir a las galeras y bajar de ellas; Valencia, donde volvió del cautiverio; Mesina, donde estuvo convaleciente en el hospital después de la batalla de Lepanto, que tuvo lugar en las cercanas costas de Grecia.

Además de los lugares, es un diálogo con los lectores a tumba abierta sobre su situación personal en ese momento de su vida. Como dicen Jerez-Gómez y Schmidt: «Soledad, pobreza y ostracismo de los círculos poéticos cortesanos» se manifiestan desde el primer verso.

En el capítulo cuarto repasa toda su obra, su apertura de un nuevo camino para la novela española, sus comedias no feas, su *Quijote* divertido y se muestra frustrado de no haber tenido ningún árbol al que arrimarse. Lo dice literalmente con el refrán que todos conocemos. Afirma que su nuevo libro, el *Persiles*, callará bocas. Son pasajes que, por su sinceridad, atraen nuestra empatía y también nuestra pena por tanto esfuerzo sin recompensa.

El *Persiles* (1617)

El último libro de Cervantes, más desconocido que el anterior si cabe, no parece hecho por la misma mano que el *Quijote*, por la falta total de realismo. Es un libro del género de aventuras que los expertos llaman novela bizantina. Tiene raíces clásicas, en las *Etiópicas* de Heliodoro, pero se hizo muy famosa en España con las versiones de Alonso Núñez de Reinoso (1552) y Lope de Vega en *El peregrino en su patria* (1604).

Cervantes quería en su última obra poner los puntos sobre las íes, demostrando que podía ser un escritor serio y profundo, alejado de los que habían interpretado su literatura como una bufonada graciosa sin profundidad. Se pasó de frenada. Es un libro complejo e ininteligible para el no iniciado.

Por definición, si hablamos de aventuras, nos referimos a viajes y de eso estamos hablando en este momento. Sobre el recorrido que hacen los peregrinos desde Islandia hasta Roma hay incontables artículos y monografías. El comienzo es completamente inesperado, porque parten de Escandinavia, que entonces era muy desconocida.

Cuando los protagonistas llegan a España, entonces los lugares se hacen muy familiares. Se ha dicho que las ciudades por donde pasan son las lógicas para llegar desde Lisboa a Roma. Pero no es totalmente así. Se desvían para ir a Quintanar de la Orden (Toledo), después a otro Lugar de la Mancha, ni muy grande ni muy pequeño, según dice la propia novela, y siguen hasta Valencia y Cartagena. Sí, hay dos Lugares de la Mancha en dos obras diferentes.

¿Por qué lo hacen? Si echamos la vista atrás hacia los sitios por donde circulan: Lisboa, Badajoz, Trujillo, Cáceres, Plasencia, Talavera, Toledo, Ocaña, Quintanar de la Orden, Valencia y Barcelona, ¿qué tienen todos estos sitios en común?

Efectivamente, para los iniciados en el amor al conocimiento cervantino, se trata de lugares muy vinculados a su periplo personal, pero no solamente al suyo, sino al de su familia, sobre todo a su abuelo Juan de Cervantes, el corregidor, su referente. Éste tuvo servicios legales tanto en Plasencia (1538) como en Ocaña (1519) y vivió en Toledo como su nieto.

De Trujillo son sus familiares los Gaete de Cervantes, con los que firma un documento en Madrid y se dice que estuvo allí en su palacio con los Pizarro y Orellana, que luego cita en la novela el *Persiles*. Pero pocos saben que los Cervantes eran una de las familias citadas en primer lugar en el llamado «Manuscrito de Hinojosa» como linaje fundador de la ciudad.

El mismo caso es el de Talavera de la Reina (Toledo), otro de los solares originarios de la familia hidalga del escritor. Así lo declara Álvaro de Cervantes y Loaisa cuando se marcha a Antequera (Málaga) y quiere ser reconocido como hidalgo (1560). De todas formas, no nos consta ningún contacto de Miguel con su familia talaverana. A pesar de todo, describe a la ciudad en boca de su personaje Luisa como: «La mejor tierra de Castilla».

En cierto modo, lo que está haciendo en sus últimos momentos es echar la vista atrás, en ese experimento ya probado de que cuando vas a morir ves la vida pasar. Pero ¿qué sentido tiene cambiar todo el plan de la obra para volver a hablar de la Mancha y del Quintanar de la Orden (Toledo)? Aquí estamos hablando de lo que Rey Hazas llamaba reescrituras o podríamos decir, mejor, revisitas.

Vamos al contenido y nos olvidamos de las ciudades y los pueblos. Si nos damos cuenta del recorrido que hacen los personajes de Miguel de Cervantes en su novela, las tramas son sospechosamente similares a toda su trayectoria como escritor, cambiando nombres de protagonistas y similares.

Efectivamente, su última novela es una vuelta a sus escenarios más icónicos y queridos. Un repaso muy similar al que hace en el *Viaje del Parnaso* (1614), pero esta vez de una forma tan sibilina que no se había entendido hasta ahora: Extremadura (*La Galatea*, 1585), Toledo (*Novelas ejemplares* y *Entremeses*, 1613), Quintanar de la Orden (*Quijote*, 1605-1615), Valencia-Barcelona (*Las dos doncellas*, 1613), Francia y las guerras de religión (*La española inglesa*, 1613). La geografía es un elemento fundamental a tener en cuenta para entender su obra.

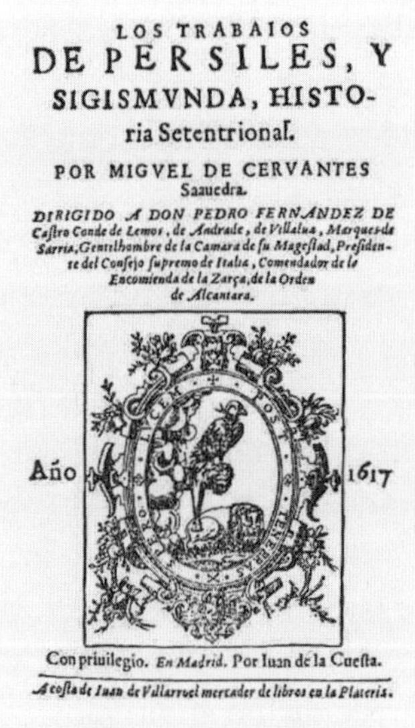

Portada de los Trabajos de Persiles y Sigismunda (1617).

LA GEOGRAFÍA Y LOS PERSONAJES REALES

Identificando los personajes de ficción con los históricos y haciendo grupos según su procedencia, vuelven a aparecer patrones. Tanto es así que, según este criterio, podemos hacer una clasificación en la que muchos cuentos de Cervantes se pueden organizar por criterios geográficos.

Esto nos sirve para ver cómo, al igual que otros autores, su periplo vital, sus lugares de residencia y de paso le influyeron a la hora de crear sus obras, así como las personas que conoció en ellos. No son amigos, a veces simplemente vecinos, transeúntes, gente de la que oye historias, el pulso de la calle y la taberna. Lo personal y lo autobiográfico trasciende más allá de unos pocos episodios aislados y alcanza a lo que ve, siente y escucha mientras está de paso y sus pies caminan.

Es un punto de vista poco transitado, y valga la redundancia. La biografía sobre Cervantes del profesor Teijeiro Fuentes es una de las pocas volcadas exclusivamente en este punto de vista. Vamos a seguir este camino cronológico y espacial para ver cómo integra este autor algunas de sus experiencias personales en su obra.

Miguel Ángel Teijeiro se sorprende, como nosotros, de las escasas menciones a Guadalajara, Alcalá de Henares, Madrid y Córdoba en la literatura cervantina. En teoría son sus lugares de origen, pero su presencia es muy testimonial, por mucho que todos empujen para que esto no sea así. ¿Por qué es tan importante? Porque puede rondar la idea de que Cervantes no naciera en Alcalá, si es que no quería acordarse de ella. Nosotros pensamos que pudo pesar más la distancia temporal desde que empezó a escribir sus novelas. Habían pasado cincuenta años desde su niñez cuando redactó la mayor parte de su obra y da la impresión de que sus tramas tienen que ver con sus experiencias más recientes. Tampoco se puede descartar el sencillo hecho de que era muy poco autobiográfico como tal. Personal, sí, pero autobiográfico, no.

Aun así, podemos ver que Alcalá de Henares tiene una relación tangencial con el *Entremés de los alcaldes de Daganzo*. No por nada, está en su tierra y físicamente al lado. Está basado en un hecho real de un pleito entre los villanos y el conde de Coruña en la Chancillería de Valladolid, quien les quiso imponer sus alcaldes (1589-1592). Como este conde es un Mendoza, de la misma familia a la que sirvió el corregidor Juan de Cervantes, su abuelo, pues todo nos coincide. También aquí hay una leyenda que dice que Cervantes llegó a Daganzo de Abajo, acabó en la cárcel y en venganza escribió esta pieza teatral.

También podemos ver un punto más familiar en *La gitanilla*, donde se percibe la historia real de la gitana María Cabrera, madre de la prima carnal de Cervantes, y que tuvo una relación con el duque del Infantado en Guadalajara. Como dice Teijeiro, poco más:

«De hecho, como el inolvidable héroe caballeresco que hizo inmortal a su autor, también Cervantes parece haber nacido en un lugar de cuyo nombre apenas si procura acordarse en las páginas de su extensa obra literaria».

Casa de Cervantes en Alcalá de Henares.

Hay otros lugares bastante olvidados. Como repasa este autor, el norte se trata muy de pasada. Incluida Galicia, por mucho que haya teorías que digan que es su patria. Tenemos al vizcaíno Alonso de Azpeitia en el *Quijote* y su singular batalla cerca de la venta de Puerto Lápice. Y si nos vamos a los personajes de otros textos, no es tanto así. De los protagonistas de la novela *El casamiento engañoso* (1613), llamados el alférez Campuzano y el capitán Pedro de Herrera, se puede comprobar que ambos se casaron y proceden de Logroño (La Rioja) y que estuvieron destinados como soldados en la fortaleza de Pamplona (Navarra). También tenemos a los vascos de *La señora Cornelia*, que eran los mandamases que contrataron a Cervantes para sus comisiones andaluzas. Pero a estos los conoció en Sevilla, por lo que probablemente no deban contar como norteños. Aquí también debemos decir que poco más.

Lo mismo le sucede a Córdoba, que apenas está representada en unas cuantas menciones muy esporádicas. Dos de las inéditas que traemos aquí serían las del gorrero Triguillos, de la novela *La gitanilla*, que correspondería a un familiar y vecino lejano tanto de Cervantes como del poeta Juan Rufo. Y otra muy curiosa que es la del pintor Orbaneja de Úbeda.

Sí, es cierto, en el *Quijote* aparece el dicho que existía sobre este artista inexistente en Úbeda, que decía que dibujaba «lo que saliere». Lo que no lo dejaba en buen lugar. Nosotros hemos buscado en el entorno cervantino, y muy cerca de donde vivía su familia en Córdoba sí que había a finales del siglo xvi un guadamacilero, que también sabemos que dibujaban sus diseños en el cuero, llamado Antón de Orbaneja, de donde creemos que sacó el cuento. Si Cervantes, como se dice, hubiera nacido y estudiado en Córdoba, probablemente la historia sería otra.

Extremadura (1581)

La presencia de la geografía y los habitantes extremeños reales en la narrativa cervantina nunca ha sido ponderada. Hay que tener en cuenta que la familia de Cervantes tenía lazos familiares y afectivos muy importantes con esta tierra. Los Cervantes eran una de las familias fundadoras de Trujillo (Cáceres), su abuelo Juan de Cervantes estuvo de corregidor en Plasencia (Badajoz) y mantuvo una corriente amistad con sus parientes Gaete de Cervantes, familiares del cardenal, que según se dice fue el que le consiguió el empleo de camarero del cardenal Giulio Acquaviva en Roma (1569).

En el *Quijote*, las menciones al militar y héroe Diego García de Paredes, llamado el Sansón de Extremadura (1468-1533), son constantes. Por eso, cuando comenzamos a releer su novela *El celoso extremeño* (1613) enseguida nos dimos cuenta de que pudo tener referencias a este personaje real, puesto que, al igual que en la ficción, este militar fue conocido por haber dejado encerrada a su mujer en su fortaleza.

Esta novela de *El celoso extremeño* se trata de una suerte de mezcla de diferentes fuentes donde el cuento tradicional del *Viejo celoso*, que hunde sus raíces en la tradición oriental, se inserta en la Extremadura y la Sevilla barrocas. Sus protagonistas, los Carrizales, hacen mención de un grupo de hidalgos de Almendralejo (Badajoz), muy cerca de Mérida.

Cervantes hace aquí una especie de burla, como casi siempre, a estos Carrizales, que fueron secretarios del duque de Béjar, al que le dedicó el primer *Quijote* (1605). A estos, que, aunque rurales, no dejaban de tener su cierto caché, los hace pasar por celosos y brutos, burlándose de ellos probablemente por el escaso apoyo y caso que le hicieron a la hora de publicar su obra. Cómo sería la cosa, que el prólogo del *Quijote* es un plagio.

En la novela de *El casamiento engañoso* se hace mención a una tal Clementa Bueso, que viene de Plasencia, para servir de tapadera y darle su casa a la mujer que acaba engañando al protagonista, el alférez Campuzano. Estos Bueso, por supuesto, son personajes reales de Plasencia, muy importantes a nivel local, tanto como alcaides de fortaleza, regidores y con negocios. Lo curioso del caso es que en época de Cervantes ya habían perdido su peso. Aquí el autor está rememorando mitos y leyendas de sus antepasados. No es la única mención a Plasencia, también la hay en *La tía fingida*.

En el *Persiles*, su obra póstuma, hay un capítulo completo dedicado a Trujillo y a las llamadas «banderías trujillanas» del siglo xv. En esa época, los Cervantes eran una de las familias de la villa más importantes, y fueron los que, con su actuación, provocaron un reguero de muertes entre los hidalgos y las mujeres por celos profesionales y amorosos. El escritor rememora aquí en este episodio esta época, con sus muertes y sus desdichas, incluyendo el asesinato de un tal Diego de Parraces.

A las mujeres de la familia Pizarro y Orellana, conquistadores del Perú, les hace un homenaje como amigos incluyendo sus leyendas y mitos familiares. El personaje de Feliciana de la Voz, una mujer que es obligada a casarse, pero que tiene un hijo natural con su amante y, por ello, es perseguida por la familia para matarla, tiene su origen en las leyendas extremeñas medievales de Isabel de Mercado y Juana de Solís, ambas las matriarcas de los clanes de los Pizarro y los Hinojosa.

De hecho, la desconocida historia de Juana de Solís, la que podríamos llamar la «Helena de Troya» extremeña, es calcada a esta descripción, puesto que, cuando sus hermanos decidieron romper su compromiso matrimonial anterior con su prometido y casarla con otro de mejor postín, decidió tomarse la justicia por su mano y tener un hijo con él, obligándoles a repudiarla o a aceptarlo. E hicieron lo segundo y dieron lugar a los Pizarro. Un perdón que también aparece en la ficción cervantina, al igual que otras referencias literarias.

Palacio de Juan Pizarro de Orellana en Trujillo (Cáceres).

El Mediterráneo: Valencia, Aragón y Barcelona

El desembarco en Valencia fue accidentado. Nada más pisar tierra, le llamaron para ser testigo en un extraño proceso por asesinato en el que resultó que el muerto estaba muy vivo y era cautivo en Argel. Valencia, como lugar de paso y de los varios meses que vivió en ella, está más presente en la narrativa cervantina, sobre todo en relación con el tema de la expulsión de los moriscos y su conexión con los ataques turcos.

En la novela de *Las dos doncellas* aparecen dos personajes valencianos. Pedro de Vique y Sancho de Cardona, a los que en la ficción trata muy bien. El primero ya vimos que es muy polémico. En principio porque era un enemigo de la Monarquía condenado a muerte.

Pero es que, desde el punto de vista personal, era el antecesor en el cargo de su en teoría amigo Pedro de Ludeña. ¿Por qué alaba al que sustituye a su colega y no lo cita a él directamente?

El segundo también tiene miga, puesto que era el virrey de Valencia cuando comenzó el problema morisco. No sólo los protegió, sino que les consintió hasta construir una mezquita en sus tierras y les daba salvoconductos para emigrar a África. Fue acusado por la Inquisición (1563) y acabó encerrado en un convento en Cuenca. ¿Por qué Cervantes menciona y alaba a un protector de los moriscos? En la época no debió pasar desapercibida esta cita tan política y tan contraria a la política real de Felipe II y su sucesor.

Por eso tampoco es extraño que, en el *Persiles* (1617), se hicieran dos citas muy discutibles también a la integración. Ambas son nombres de mujeres tomados de dos localidades llenas de moriscas e incluso levantiscas. El primero es Ricla, que aparece dentro de la historia de amor de Antonio de Villaseñor en Escandinavia. Aunque aparezca reflejada como pagana, evidentemente como bien dice William Childers, se trata de una historia «morisca». Ricla es un pueblo de Zaragoza que, en una época tan llena de moriscos, cuando se enteraban de las derrotas españolas ante los turcos, las celebraban bailando por las calles y hubo persecuciones inquisitoriales abundantes.

El segundo epíteto es el de Rafala, que también corresponde a un pueblo de Valencia con raíces moriscas. Este es otro personaje de los que llamamos de «frontera», pues aun siendo conversa, es cristiana verdadera y avisa a todos del ataque de los turcos. Y como dice Ana Baquero, no es apresada en la ficción. Cosa que no se acaba de comprender bien. Cervantes además de muy profundo y es también muy difícil de entender.

¿Estuvo Miguel de Cervantes en Barcelona? El interés por demostrarlo es máximo, pero hasta ahora sólo tenemos sus obras. Se dice que pudo ser en 1569, 1571 o ya más tarde, en 1610. Desde luego, como dice Jordi Aladro, es la ciudad española —junto a Talavera de la Reina— más elogiada por su pluma: «Archivo de la cortesía, albergue de los extranjeros, hospital de los pobres, patria de los valientes, venganza de los ofendidos y correspondencia grata de firmes amistades, y en sitio y en belleza, única».

Martín de Riquer, que tiene un libro dedicado específicamente a este tema, dice que Perot Rocaguinarda es el único personaje real que existe en el *Quijote*. Se sorprende de esta cuestión y dice que Cervantes debió de pegar un giro en su narrativa para adoptar el realismo que no había empleado hasta entonces. No hace falta decir, leyendo este mismo estudio que tienes en las manos, que son muchos los personajes reales anteriores. No cambió, es que no se reconocían los personajes ni manchegos ni toledanos.

La omnipresencia del *Quijote* hace que tengamos que citar la polémica de si los duques que se burlan de don Quijote y Sancho con multitud de perrerías, y el caballo de madera Clavileño, podrían ser reales y serían los de Villahermosa en Pedrola (Zaragoza), otros o ninguno.

Teijeiro ha detectado un episodio en *La Galatea* que puede hablar de las ideas políticas de Cervantes y de cómo le afectaron los hechos convulsos de Aragón y la huida de Antonio Pérez, secretario del rey Felipe II, personaje omitido, por otra parte, en otra obra. Se trata de la pastora del Henares, llamada Rosaura, raptada por el caballero aragonés llamado Artandro. Aquí se ve cómo el autor podía estar en desacuerdo con los privilegios del reino aragonés (1585).

Nosotros, por otra parte, también hemos detectado la importancia que para Cervantes tiene el contexto histórico de la rebelión aragonesa de 1591, que es realmente la protagonista de los episodios de la novela *Las dos doncellas* (1613) y el *Persiles* (1617). Si lo unimos a la anterior mención, estaríamos hablando de tres. En el primer caso, aparece la mención a los Granollach de Barcelona, lo que nos lleva directamente a la persecución del diputado militar Joan Granollach, que estaba huido precisamente desde la revuelta de 1591. En el segundo caso, tenemos la aparición del personaje del cuatralbo de galeras Bernardo de Agustín. Resulta que se trata de un caballero real de la Orden de San Juan (1574) que no tiene una línea en ningún tratado sobre el tema, pero que era familiar directo de Juan Agustín, otro de los nobles que participó en la revuelta.

Nosotros lo achacamos a un motivo personal muy cercano. La relación amorosa que tuvo Constanza de Ovando, sobrina del escritor, con Pedro de Lanuza, hermano del justicia de Aragón que fomentó la rebelión de la que hablamos, y que fue ajusticiado por las tropas de Felipe II, solamente cuatro años después de los hechos y antes de su rehabilitación (1595). Esta proximidad también podría indicar aceptación o empatía ideológica, o al menos interés.

El ciclo toledano (1584-1612)

En 1584 Miguel de Cervantes llegaba a Esquivias para encontrarse con su amiga Juana Gaitán. De paso, acabó casado en pocos meses. Luis Astrana Marín, uno de los más importantes biógrafos cervantinos del siglo xx, comenzó a interesarse por buscar documentos en los archivos.

Seguro que encontró las referencias a múltiples personajes que aparecían en el *Quijote* y que habían pisado las calles de Esquivias. La coincidencia de nombres así lo delataba, incluido un Alonso Quijada clérigo que vivió a principios del siglo xvi. Un antiguo alcalde del pueblo ya lo había descubierto cien años antes. Astrana, que no era ni siquiera toledano, sino conquense, se vio prendado y hasta abducido por esta idea. Hasta propuso que Esquivias, sin estar en la Mancha, era el «Lugar» que aparece en el *Quijote*.

Eclosionó entonces una teoría, que ya tenía adeptos en Argamasilla de Alba y otros lugares, que se llamó de los «modelos vivos». Según ella, el manco de Lepanto se basó en personas reales que conoció para construir sus personajes. La cuestión es que el bueno de Astrana se quedó corto. En realidad, Toledo y Esquivias aportan nombres y tramas, que no modelos, al menos a seis obras cervantinas, no sólo al *Quijote*. Al darnos cuenta de este hecho, decidimos denominar como ciclos a todos estos grupos, pues en cierto modo lo son.

Se han dicho muchas cosas sobre los personajes reales del *Quijote*, y es demasiado prolijo. Solamente hay que entender que los Quijada eran los máximos enemigos del cuñado de Miguel y que éste lideró el grupo que evitó durante veinticinco años que éstos consiguieran ser caballeros. Pero hay un hecho totalmente desconocido que involucró a todas estas familias y que no parece ser casualidad.

En 1615 estaban reunidos en la Iglesia Parroquial de Esquivias celebrando una fiesta. Lope García de Salazar y Juan de Guevara Carriazo se pelearon por cuál de los dos era el primero en besar el manípulo del cura. Aunque ahora esto nos parezca absurdo, y que de todos modos era un pueblo y una cuestión sin importancia, para ellos significaba quién tenía la precedencia en todas las celebraciones, en cierto modo qué familia era la más importante.

Carriazo se encendió y sacó la espada, y empezaron primero a mojicones y luego a espadazos dentro de la Iglesia. El que impidió que la cosa acabara con muertes fue Francisco de Palacios, el cuñado de Miguel de Cervantes, que sacó y escondió a Carriazo. Esto nos indica que no había solamente roces entre los Salazar, la familia política de Cervantes, y los Quijada, sino también con los Carriazo. Esto nos podría dar la clave de por qué éstos aparecen en las obras cervantinas y no otros: eran el motivo de conversación en las reuniones familiares, y no para bien.

En *La ilustre fregona*, una novela que ya en su título destripa el final, una niña es abandonada en una posada, siendo hija de nobles. A pesar de ser criada en ese ambiente, su comportamiento la delata y un caballero de Burgos llamado Diego de Carriazo se enamora de ella hasta que se descubre la verdad. Se trata de una versión del cuento folklórico de la *Cenicienta* y de varias obras de Lope de Vega anteriores, como *El mesón de la Corte*, con las que pretendía competir, desde luego, con realismo.

Diego de Carriazo era el nombre del patriarca del clan de los Carriazo de Esquivias, donde Cervantes vivía. Tanto es así que su nieto, Juan de Guevara Carriazo, era el alcalde del pueblo en 1601, al mismo tiempo que era alcalde Pedro del Rincón en el pueblo de al lado. Todo quedaba en casa. Lo que novela Cervantes era el mito fundacional de la familia, mofándose de nuevo de él. Resulta que eran bastardos y descendientes de un cura, nada menos que el capellán mozárabe de la Catedral de Toledo, que se llamaba como el protagonista cervantino. Básicamente, lo mismo que hizo en el *Quijote* y en *Rinconete y Cortadillo*.

¿Por qué este encono con los caballeros villanos que le rodeaban? Pues es un momento complicado para el anciano autor. Resulta que esta gente, conversos, bastardos, incumplían la limpieza de sangre tanto o más que él. Pero sí obtenían hábitos de caballero y puestos en la Corte. Sólo a cambio del señor don dinero. Era un juego de envidia, venganza y fastidio unidos.

Resulta también curioso cómo en un entorno en que nunca aparece el nombre de la ciudad de Toledo, Cervantes se acuerde de Alonso de Cárcamo para ponerle el nombre a uno de los principales de la novela *La gitanilla*. Como el padre del pretendiente, por supuesto para burlarse de él rebajando el linaje de caballero a gitano bailarín y lo refleja como un enamorado que pierde los papeles persiguiendo a una mujer, que luego resulta ser también noble. ¿Qué sentido tiene esta parodia caballeresca? Pues que Alonso de Cárcamo era el corregidor de Toledo cuando Lope de Vega y él estaban juntos en Toledo (1593-1607) y, según Abraham Madroñal, apoyó más al primero como dramaturgo y desdeñó al segundo: si fue así, ¡entonces se lo tenía merecido!

La novela de ambiente sevillano *Rinconete y Cortadillo* también guarda una sorpresa con el nombre de uno de los protagonistas: Pedro del Rincón. Se dice de él que es hijo de un vendedor de bulas que se queda con ellas y acaba preso en la Corte de Madrid. Es un nombre muy común, por lo que es difícil estar seguro, pero en Borox, el pueblo de al lado de Esquivias, los Rincón eran los capos de la comarca. En Toledo capital, regidores e hidalgos falsos que habían comprado su ejecutoria por miles de ducados con el dinero que habían obtenido vendiendo toros de lidia que criaban en las dehesas toledanas.

Estatua de Cervantes en Toledo.

Tanto es así que, examinando los libros de la época, eran desde alcaldes de la hermandad a detentadores de la taberna del pueblo. Localizamos a un Pablo del Rincón que en 1601 fue detenido y metido en la cárcel de la Corte en Madrid, como se dice en la novela en las fechas en que Cervantes rondaba por allá. Mentiras y más mentiras, personajes fronterizos con la falsedad por bandera. Objetivo claro número uno de la pluma cervantina.

La huella jerezana (1563-1593)

No consta que el bueno de Miguel estuviera en Jerez de la Frontera, pero sí en Villamartín, a cincuenta kilómetros, para sacar trigo y así fabricar bizcocho para las armadas. Nos cuesta creer que no pasara por allí alguna vez, pero lo que sí sabemos es que tuvo una deuda literaria con esta ciudad muy importante, más allá de las cifras y de las huellas físicas.

Son tres las obras en que aparecen tanto personajes reales como historias de la ciudad, por lo que nos encontramos aquí ante otro ciclo hasta ahora desconocido. Casi todos los nombres que rememora son caballeros jerezanos medievales, con heroicidades diversas, por lo que podemos entenderlos como leyendas de tradición oral. Pudo escuchar estos cuentos allí o perfectamente fuera. Los dichos recorren distancias temporales y espaciales inimaginables por el aire y las conciencias: *La Galatea* (1585), *Las dos doncellas* (1613) y *El gallardo español* (1615).

En la primera, su primera incursión en la ficción, ya se acuerda de Jerez. Realiza una versión del cuento tradicional de *Los dos amigos* y lo convierte en la historia de los jerezanos Timbrio y Silerio, que se enamoran de la misma mujer y ponen a prueba su amistad, salvándose de múltiples vicisitudes entre ellos, incluso de la muerte.

Otra versión del mismo cuento, pero mucho más elaborada porque está basada en una historia real, es la de *Las dos doncellas*. Si somos justos, es la historia de *las dos amigas*, porque al final son dos mujeres peleándose por el mismo hombre en un cuadrángulo amoroso. El nombre de los protagonistas, Marco Antonio Adorno y Rafael de Villavicencio, nos dio la clave para buscar la historia real en que está basada la ficción en el Archivo General de Simancas (Valladolid). Sólo en esta ciudad coinciden los Adorno y los Villavicencio, no era Osuna (Sevilla) como se pensaba antes.

Ocurrió en Jerez en el año 1562, la historia real, no la literaria. Dos amigos, llamados Francisco de Adorno Hinojosa y Pablo Núñez de Villavicencio, pasan mucho tiempo juntos, incluso cabalgan a la vista de todos. Pablo le deja su caballo castaño a Francisco. Ambos son caballeros y de los dos linajes más antiguos. El Alcázar y palacio de la ciudad todavía lleva el nombre de Villavicencio. Tanta confianza tiene el uno en el otro que se casa con su hermana y emparentan.

Fallecida ésta, pelean por la misma mujer, quizás casada. A pesar de que María Blanca, su esclava liberada, avisa a Francisco de que Pablo ha jurado vengarse, no atiende a sus súplicas y la amistad termina en una noche bañada en sangre, curiosamente de su suegro anciano. Cervantes toma de esta historia de celos algunos rasgos y otros muchos los cambia, pero la genética entre ambos relatos puede darnos una idea de que la conocía.

Estatua de Miguel de Cervantes en Jerez de la Frontera (Cádiz).

En la obra de teatro de *El gallardo español* aparecen dos personajes llamados Fernando de Saavedra y Juan de Valderrama. El primero es muy repetido a lo largo de la historia de la villa gaditana. El más conocido es el Fernando corregidor de Jerez que tuvo un hijo hecho cautivo llamado Juan en plena Edad Media andaluza (1448), por lo que supone un juego de espejos con la propia vida del escritor.

El apellido Valderrama también es muy común en la historia de la ciudad y están muy relacionados con los Adorno, con lo cual la fuente de estas novelas es común y está conectada. Por ejemplo, Juan de Valderrama es procurador de Beatriz Adorno (1545). Lo importante de esta idea es que no es un nombre conocido. ¿Por qué utilizarlo? ¿Tan bien conocía el escritor a la ciudad?

El ciclo sevillano (1597-1600)

El paso de Cervantes por Sevilla le dejó una huella indeleble. En su colección de *Novelas ejemplares* (1613) son casi todas las que tienen como epicentro la capital hispalense: la picaresca *Rinconete y Cortadillo*; la folklórica *El celoso extremeño*; los personajes principales de *La señora Cornelia*; los jesuitas de *El coloquio de los perros*; el comienzo de *Las dos doncellas*; el final de *La española inglesa* y hasta *La gitanilla*, que sin citar a la capital, pudo cocerse allí, puesto que Cervantes y su oculto protagonista compartieron en sus calles academia literaria.

Todas ellas trufadas de menciones reales como Monipodio y su *cofradía* de ladrones, la venta de Castilblanco y la famosa mención a la *posible* cárcel donde se comenzó a escribir el *Quijote* (1597) o el colegio de los jesuitas donde pudo estudiar de pequeño.

Por ser lo menos escuchado y repetido, nos centraremos en *La española inglesa* y sus personajes reales crepusculares. Sobre todo, en el final de la narración, que tiene tintes autobiográficos. Ahí termina el mito de María Núñez, la judeoconversa portuguesa que está detrás del nombre de Isabela, con el que se le denomina en la novela. También se cita al convento de Santa Paula, donde la abadesa era Juana de Cervantes y Saavedra, familiar del escritor (1590), y para rematar la faena a unos desconocidos descendientes de un tal Hernando de Cifuentes, hidalgo burgalés.

Resultó que es cierto, estos Cifuentes, según Julio Mayo, eran familia de los Titón Cervantes, y desde luego eran sus vecinos, pues Francisco y su hermano Hernando de Cifuentes vivían en la colación de San Isidro. Rizando el rizo, en vez de citarlos a ellos, lo hace de su antepasado, como se hacía en la época. Es una forma de demostrar que los conocía, y muy bien. Esta es una manera de acordarse de Sevilla, rememorar un recuerdo vivido, de una forma indirecta, como si no fuera con él ni con los lectores, no familiarizados con estas menciones.

¿Fracaso o ascenso social?

UNA HISTORIA DE SUPERACIÓN

La biografía que hemos visto hasta ahora es una historia de superación desde la miseria, que tanto puede gustar en tiempos modernos, pero demasiado trufada de tropiezos para considerarla propia de una persona preparada y con un plan vital ordenado. Y eso nos arrastraba a la idea del «ingenio lego» que crea una obra maestra por pura suerte o casualidad, en la que ni mucho menos creemos.

Una lectura más amable e inteligente de su periplo vital nos daría la idea de un hidalgo que intenta reverdecer viejos laureles de su casa y que, por tanto, desde muy joven se prepara en leyes y cuentas, para ser secretario o corregidor como su abuelo. Es la decisión profesional que tomó, por él mismo o por otros, pensamos que desde muy temprano.

Esto nos da una imagen sensiblemente distinta de la que tenemos del mito. Es un hombre ilustrado, pero que fracasa porque quizás lo que él siente de sí mismo no es lo que ven los demás. Es demasiado ambicioso para el punto familiar, social y económico desde el que partía, lo que nos explica muchas cosas que le sucedieron después. Tuvo otras oportunidades. Podría haberse quedado en Esquivias como rentista local. Pero es que nos da la impresión de que ni su carácter viajero ni su proyecto vital casaban con este tipo de vida. No es una cuestión simplemente económica o de supervivencia, porque tenía otras alternativas.

Entonces tomó el ascensor hacia la cumbre más compleja para él. Según Mauro Hernández, existía un motor social aparte de medrar en los entes locales que denomina «redes de sociabilidad de las élites», que resume en los siguientes cinco puntos: «(1) El trato frecuente con los altos funcionarios, (2) el acceso a cofradías o (3) a tertulias distinguidas, (4) las ceremonias conjuntas con las Órdenes Militares o (5) los juegos de cañas, toros o sortijas, donde participan cuadrillas nobles y municipales en pie de igualdad».

Todos nos hemos dado cuenta. Sigue la receta ingrediente a ingrediente: aprende la letra de letrado, se hace soldado, intenta ascender a capitán —o alférez como su hermano—, realiza hazañas heroicas para ganar puntos. Se introduce en el círculo de los caballeros y religiosos en su cautiverio en África. Fomenta el contacto con la Corte, redacta los poemas y novelas loando a sus futuros jefes, accede inmediatamente a academias literarias distinguidas. Es un intento de ascensión social de libro.

No hace falta decir que esto es lo que llevaban haciendo los Cervantes de Córdoba, Guadalajara y Alcalá desde hacía generaciones. Miguel, el alumno más aventajado, tomó estos caminos punto por punto. Y a fe que estuvo a punto de conseguirlo. Pero la falta de contactos, dinero y, al final, de herederos adecuados frustró que si no él, al menos sus descendientes lo hubieran conseguido.

Vamos a subir la apuesta. La elección de los lugares de residencia tanto por su padre como por él mismo y su influencia en su forma de pensar. Nos referimos a los primeros: Córdoba, Guadalajara y Alcalá de Henares. Lorenzo Cadarso y Soria Mesa han investigado la oligarquía y las élites de estas ciudades, y el funcionamiento del ascenso social en ellos. En Guadalajara los Duques del Infantado habían creado un sistema en el que solo sus afines accedían a los puestos del concejo, entre ellos Juan de Cervantes, su abuelo. En Córdoba y Alcalá sucedió tres cuartos de lo mismo. Nos tememos que la familia Cervantes bebió desde muy temprana edad de las costumbres de estos hidalgos y nobles locales, aceptaron estas redes de fidelidad como algo normal, en su casa y su ciudad donde se habían criado la vida funcionaba así, y por tanto repitieron estos patrones que habían experimentado a lo largo de su vida. No es casualidad.

Después de ordenar las ideas, podemos pensar que el plan vital de Miguel daba un vuelco cada diez años. Las seis décadas de su vida se pueden describir como un panorama diferente: (1) formación (1548-1569); (2) soldado y líder (1571-1580); (3) el sueño americano (1581-1591) —dividido a su vez en cuatro etapas: espía (1581), la incertidumbre (1582-1585), rentista local y matrimonio (1582-1585), comisario de Abastos y comerciante (1587-1591)—; (4) cobrador de impuestos (1591-1597); (5) un bróker que escribe; —el mecenazgo frustrado (1599-1610); la Corte de Valladolid (1605)—, y (6) escritor de vocación tardía (1610-1617).

LA MILICIA (1571-1575)

La frase que marca el punto de partida vuelve a ser la del licenciado Márquez Torres en la aprobación de la publicación de la segunda parte del *Quijote*, a un año de la muerte del escritor (1615). Este sacerdote cuenta al embajador francés: «Hálleme obligado a decir que era viejo, soldado, hidalgo y pobre».

La construcción del mito de Cervantes ya había comenzado. Vender esta imagen es algo interesado dado el sistema de valores de la época. Lo que no iba a decir es que cuando se pronunciaron esas palabras, ya anciano, mientras editaba su *Quijote*, se dedicaba a negocios de cobros y la milicia le quedaba ya a cuatro décadas.

Siempre he tenido la intuición de que la trascendencia del cautiverio en Argel, su paso por Lepanto y su experiencia militar en su narrativa se ha sobredimensionado. Parece que no hay otra cosa en su vida que reseñar y son toneladas de artículos y libros los que la tratan. Y esta tendencia tiene muchos padres.

En principio no podemos desdeñar el halo de aventura, de heroísmo, la libertad, el exotismo, el enfrentamiento de civilizaciones que tiene todo este relato. Pero es que, además, con el paso del tiempo he percibido que ha tomado más cuerpo la idea de que estos episodios son de los pocos autobiográficos que podemos encontrar en sus novelas. Y esto ya sí que es mucho más dudoso, por lo que estamos comprobando.

Es más realista entender que el Cervantes que estudió para ser letrado y que ya había sido camarero de un cardenal difícilmente tendría como objetivo pasar toda su vida durmiendo en el suelo o en las tablas de un barco y comiendo el rancho del humilde soldado de base.

El problema mayúsculo que se nos plantea para saber el dónde y el cuándo del Cervantes militar es el mismo que en todo su periplo.

Casi lo único de lo que disponemos es de sus propias declaraciones o de los familiares y amigos más cercanos que se presentaban a modo de relación de méritos para obtener prebendas. Y no son muchas. Por ende, dado el contexto tan interesado, no nos las creemos y nos hemos empeñado a lo largo de los siglos en intentar demostrar que mentía sistemáticamente para engordar méritos.

Dice Arturo Pérez-Reverte que «el único orgullo de Miguel de Cervantes es haber sido soldado». Es cierto que lo repite hasta la saciedad en su obra, lo reiteran en el segundo *Quijote* (1615), en su censura. Pero también lo es que había dos cuestiones evidentes para todo el que se cruzara con él: su propia imagen ya era un símbolo que no necesitaba mayor explicación; en cuanto atravesaba la puerta, lo primero que se hacía evidente a todos era su mano izquierda en garra fruto de un arcabuzazo en la batalla de Lepanto.

En el momento en que nos metemos en harina de archivos, el paso de Cervantes por la milicia actualmente es un mar de dudas. En primer lugar, en el hecho de que su padre, cuando hace un memorial con testigos para justificar los méritos de su hijo, dice que ha estado sirviendo durante diez años, es decir, desde 1569, que es la fecha en que se marchó a Italia. Entonces aquí tenemos la disyuntiva, de nuevo el péndulo que va de acá para allá, de creerle o no. Si le creemos: ¿dónde estuvo destinado hasta que participó en Lepanto dos años después si no tenemos papeles?

Aquí los expertos difieren. Hay quienes dicen, como José Luis Sánchez Martín, que estuvo hasta sirviendo en las galeras papales, con sede en Civitavecchia (Roma), bajo el mando de Marco Antonio Colonna. Esto parte de nuevo de su literatura, no de ningún documento. Dado que el escritor dedica el prólogo de su primera novela, *La Galatea* (1585), a su hijo Ascanio Colonna, futuro cardenal, dice que siguió las banderas vencedoras de su padre. Pues ya está la asociación hecha y tenemos el problema resuelto.

No del todo. La cuestión es que Marco Antonio Colonna también fue capitán general en Lepanto, por lo que esos estandartes a los que seguía Cervantes también pudieron ser los del rey en la batalla y no los del papa. Esta noción se mezcla con la idea de que fue camarero de un cardenal el año anterior. Creo que es un intento de cuadrar ambos hechos para que tengan sentido. No ha cuajado esta línea tampoco.

Más apoyos tiene la idea de que estuvo sirviendo a Álvaro de Sande en su tercio. Carlos Belloso, uno de los mejores especialistas en el tema, así lo corrobora. ¿De dónde proviene esta propuesta? Otra vez de un documento de Rodrigo de Cervantes, el padre de Miguel. Cuando le van a meter en la cárcel por deudas, alega que no debe entrar porque es hidalgo y llama al bachiller Juan de Ribera, clérigo, vecino de Ocaña, para que lo corrobore. Aparte de ser sacerdote, es que nos consta que los conocía bien, puesto que el abuelo fue un controvertido juez de comisión allí (1519). Su declaración es una bomba para todos los que amamos al genio. Rodrigo no sólo era noble, sino que se rodeaba de lo más granado de la sociedad de Alcalá de Henares: «Y que, al dicho Rodrigo de Cervantes, litigante le vio este testigo tratar y acompañarse con don Álvaro de Sande, Maestre de Campo, que está al presente en Italia» (1553).

El que nos habían vendido como un pobre cirujano, que prácticamente se arrastraba por el suelo pidiendo limosna, en realidad era amigo y confidente en Alcalá de Henares nada menos que de Álvaro de Sande. Algo no termina de encajar en esta escena. No tiene sentido. Aquí tenemos que hacer un pequeño receso para explicar por qué debemos saltar de la silla oyendo este nombre relacionado con los pretendidos donnadie Cervantes.

Extremeño, marqués de la Piovera, gobernador de Milán, maestre de campo de todo el ejército imperial en Italia, héroe de Mühlberg, Malta, Túnez y tantos otros lugares. El señor de Sande es tan importante en la historia española, y el dato es un golpe tan fuerte a lo que hemos leído, que cuesta reponerse y recuperar el resuello. Quizás nos tocaría reescribir un poco la memoria cervantina desde el principio. Nosotros creemos que la recomendación de este general tuvo algo que ver con la entrada de los dos hermanos Cervantes en la milicia.

Para complicar aún más la cosa, además de las declaraciones de su padre, están las suyas propias. En la relación de méritos que envía a la Corte en 1590, un poco hastiado por el desinterés que han mostrado, dice que lleva veintidós años sirviendo a Su Majestad. Es decir, desde 1568 nada menos y que estuvo en Navarino y en Túnez, donde volviendo fue cautivado. Para emponzoñar aún más el asunto, mezcla sus servicios con los de su hermano en Portugal y el combate naval de Terceira con el marqués de Santa Cruz, como si los méritos de uno fueran de los dos.

Desde muy temprano, ya José Toribio Medina (1926) descartaba que el autor del *Quijote* estuviera en la conquista de la isla Terceira por parte de Álvaro de Bazán, marqués de Santa Cruz, porque sucedió en 1583, y estaba notoriamente en otra parte. Su hermano Rodrigo sí que desembarcó entre los tres primeros, junto a un alférez y un capitán. Está claro que el arrojo les venía de familia. Lo único que hizo es apuntarse el mérito familiar de su hermano.

En cuanto a participar en el ataque al castillo de Navarino y Modona (Methoni), defendido por los turcos (1572), en la península de Morea (Peloponeso, Grecia), junto a Juan de Austria, hijo bastardo de Felipe II, tanto Bartolomé Bennassar como Carlos Belloso y Juan Luis Sánchez opinan que esto fue así. Es decir, la mayoría.

Pero no olvidemos que se basan en la declaración del mismo Miguel, y sobre todo en el cuento «Historia del cautivo» del *Quijote* (*DQ* I, XXXIX). Las descripciones tan vivas y directas parecen indicar un episodio autobiográfico: «Hálleme el segundo año, que fue el de setenta y dos, en Navarino, bogando en la capitana de los tres fanales».

Tampoco ignoramos que esto es literatura, y la declaración no es del autor, sino de un personaje, llamado el capitán Ruy Pérez de Viedma. Así lo piensa Adalid Nievas Rojas, que sostiene que la compañía de Miguel se quedó en Sicilia y no participó en estas batallas. La cosa se queda así entonces: ¿auténtico, exagerado o directamente mentiroso? De nuevo el péndulo que vuela de un lado a otro sin control.

De lo que sí no hay duda es de que participó en la batalla de Lepanto en Grecia contra los turcos (1571). Y no, no fue manco como lo podemos entender hoy, es decir, que no le cortaron la mano izquierda, sino que se le quedó inutilizada, como en forma de garra.

Sobre Lepanto se acordará varias veces en su narrativa. Las citas a este evento son insospechadas, se encuentran en los rincones más ocultos dentro del *Persiles* (1617). Cuando el grupo de peregrinos protagonistas entra en la ficción a España por Extremadura, se encuentran el homicidio de un tal Diego de Parraces. Su asesino es su pariente Sebastián Soranzo. Sí, es cierto, el episodio en sus nombres y personajes no tiene ni pies ni cabeza. Pero este es el apellido de uno de los generales que mandó un ala en la batalla de Lepanto, aunque también el de un mercader medieval italiano.

La siguiente mención en la misma novela es espectacular. Hay una cita expresa a un personaje llamado Juan Bautista Marulo. Michael Nerlich dice que se trata de Marko Marulic, del entorno de Erasmo de Rotterdam. Pero ¿por qué este croata? Existió efectivamente un Giovanni Battista Marullo, conde de Condojanni, que resulta que fue factor del puerto de Messina en Italia, donde Cervantes estuvo convaleciente después de Lepanto. El problema es que en las biografías le definen como mediocre y acabó con todo su linaje (1585). ¿Por qué acordarse de este personaje pueril y anónimo en vez de otros héroes? No lo acabamos de entender. Por eso nos gusta Cervantes.

Como todo al final se examina al milímetro y se acaba poniendo en duda, hay cuatro puntos candentes que la siembran. El primero es que es cierto que existieron dos Miguel de Cervantes en Lepanto, diferentes. El segundo son las cartas de recomendación que le firmaron, probablemente en Mesina, don Juan de Austria y el duque de Sesa. Se les achaca a estas cartas que por ellas pidieron tanto rescate por el cautivo, porque pensaron que era un caballero, cuando ¿no lo era?

El tercero es el nombre de su capitán, Diego de Urbina, de Guadalajara. Él lo cita en el *Quijote* como si fuera conocidísimo, pero casi únicamente sabemos de él por la ficción, y las fechas de la creación de la compañía tampoco coinciden. Ni está ni se le espera. ¿Mala memoria o simplemente literatura?

EL CAUTIVERIO (1575-1580)

Sobre el cautiverio se ha escrito tanto, entrando directamente al olimpo del mito y de los dioses, que es difícil aportar algo diferente. María Antonia Garcés insiste en el trastorno de estrés que le produjo y que se reflejó en el *Quijote*. Pero poco se piensa en que también fue una época de todo lo contrario, de crecimiento personal y de reafirmación para el ascenso que pretendía. Esto puede parecer contradictorio pero posible.

Es cierto que hubo mucho miedo, pero también mucha esperanza en un futuro mejor y un ambiente en el que por primera vez él por sí mismo era considerado parte de la élite. En Argel pudo haber un trauma, pero la frustración posterior por todo ese sufrimiento, esfuerzo en vano, también lo fue. Probablemente mayor porque para él no tenía sentido. Aquí era un esclavo y su vida pendía siempre de un hilo. Pero ¿por qué ese recibimiento frío en España? Creo que nunca lo entendió del todo.

Estuvo a punto de no salir de allí porque los frailes trinitarios llevaban décadas sin liberar cautivos. Fue casi el azar, una casualidad. ¿Hubiera soltado amarras de todos modos? Pues es probable, con sus medios, pero hubiera pasado muchos más años allí o hubiera acabado en Constantinopla (Estambul, Turquía).

Los cuatro intentos de fuga

El primer intento de fuga ocurrió pocos meses después de su llegada a Argel, en 1575. Lo hizo por tierra, atravesando el desierto intentando llegar a Orán, a cuatrocientos kilómetros de distancia, a pie. Es obvio que, sin víveres, con las fieras y los bereberes esperándoles, tuvieron que volverse.

El segundo fue en 1577 y viene reflejado en una obra literaria de Antonio de Sosa, amigo de Cervantes en el cautiverio, que se denomina *Diálogo de los mártires de Argel*. Como en un argumento novelesco, Miguel liberó primero a su hermano Rodrigo para que se dirigiera a Valencia con el dinero necesario y así conseguir una fragata para que volviera a rescatarles con un cautivo recientemente liberado llamado Viana. También tenían el apoyo de dos caballeros de San Juan, Antonio de Toledo y Francisco de Valencia, que enviaron sus cartas. Este intento fue conocido porque los que iban a huir se escondieron durante mucho tiempo en una cueva, que es la que todavía se visita en Argel como reclamo turístico y que Cervantes rememora probablemente en el *Persiles* (1617). ¿No los echaron de menos?

El tercer intento fue pocos meses después, en cuanto fue liberado (1578). De todos modos, aquí fue una fuga fracasada desde el principio. Lo único que pudo hacerse es enviar una carta al gobernador de Orán, el marqués Martín de Córdoba, quien también había sido cautivo en la anterior batalla de Mostagán (1588), donde lo fue también uno de los personajes de Cervantes, Antonio de Villaseñor, vecino del Quintanar de la Orden. Y decimos que no tuvo consecuencias porque el musulmán que llevaba la misiva fue detectado nada más salir por la puerta, y como traidor, empalado sin declarar quiénes estaban implicados. De todos modos, a Miguel le cayó una pena de dos mil palos. Suponemos que esta vez se libró porque tampoco pudo demostrarse su participación y no pudo salir ni de los baños-cárceles.

El último intento, ya cercana la liberación, fue en 1579. Miguel de Cervantes convenció a un mercader valenciano, Onofre Ejarque, para que diera mil trescientas doblas para comprar un barco. Lo conduciría un renegado de Osuna llamado Girón, que era noble como Cervantes y seguro que, como paisanos andaluces, tenían referencias el uno del otro. Pero con tantos implicados, era imposible. Al final alguien delataría. Y debían saberlo.

Esta es la famosa ocasión en que el religioso doctor Juan Blanco de Paz, celoso con el trato que recibían otros, los denunció ante Hasán Pachá, según la tradición a cambio de un escudo de oro y una jarra de manteca. Símbolo del insulto que hacía a Cervantes y que se volvió contra él, nos referimos a lo de la manteca. Queda claro que le llamaron converso, pues lo era, y muchas cosas más. El soldado, a pesar de autoinculparse de nuevo, no fue castigado. Curiosamente, cuando fue liberado, Blanco de Paz acabó como cura de Baeza en Jaén. Desapareció de las fuentes tal y como vino.

El caballero y el líder

Han corrido ríos de tinta sobre las razones de por qué su hermano Rodrigo fue liberado primero y por mucho menos dinero. Lo cierto es que parece ser que era toda una celebridad en Argel. Además, era considerado caballero, probablemente porque él mismo se consideraba así y los demás como tal lo reconocían.

El profesor Aurelio Vargas recuerda que el libro *Topografía e historia general de Argel*, que realmente escribió su amigo de cautiverio y escritor portugués Antonio de Sosa, es una alabanza —hagiografía se dice— de las hazañas de su íntimo.

Según se describe, Miguel de Cervantes es un líder, que obliga a Hazán Bajá a comprarlo a Dali Mamí para controlarlo y evitar que subleve a todo Argel y lo convierta en cristiano. El mismo tono se utiliza en la descripción del segundo intento de fuga (1577), que según el biógrafo merecería un libro aparte:

«De las cosas que en aquella cueva sucedieron, en el discurso de los siete meses que estos cristianos estuvieron en ella, y del cautiverio y hazañas de Miguel de Cervantes, se pudiera hacer una particular historia».

Podemos entender que es exagerado, y probablemente lo sea, pero es que el mismo Antonio de Sosa (1580) y otros lo corroboran ante los escribanos sin titubear, y el mismo Miguel también lo decía de sí mismo:

«Sé que es verdad lo contenido en él porque [escuché] además de quejárseme el dicho Miguel de Cervantes muchas veces de que su patrón le hubiese tenido en tan grande opinión que pensaba ser de los más principales caballeros de España, y que por eso lo maltrataba con más trabajos y cadenas y encerramiento».

Que Cervantes era nieto de un hidalgo y caballero de cuantía, su abuelo Juan de Cervantes, ya lo sabemos. Es decir, que, por sangre, que tanto contaba en la época, lo era y debieron reconocérselo. Pero es que luego las declaraciones de los testigos de la época corroboran esta idea. Hasta un cautivo que era de Osuna (Sevilla) recuerda perfectamente cómo su antepasado fue corregidor en esa ciudad por nombramiento del conde de Ureña, y que, si fue caballero, su descendiente también lo sería. Era público entre toda la comunidad cristiana de Argel porque era una sociedad que vivía de la apariencia. Y en una comunidad pequeña y cerrada como ésta, más aún. Se conocían todos al detalle.

Por cierto, el tema de que Miguel de Cervantes tuviera intención de ser capitán del ejército antes de decidir ser corregidor también es candente. Así lo parece por la declaración del alférez Gabriel de Castañeda (1578) en Madrid, que confirma que el bueno de Miguel quería obtener con sus cartas de recomendación una capitanía en Italia. De todas formas, una cosa no quitaba la otra. Podían ser compatibles y sucesivas. Si lo hubiera hecho o conseguido, difícil con sus problemas físicos, creo que hubiera tenido más posibilidades de medrar y ser corregidor en América.

La vuelta a la realidad de la Península, de la Corte, de las recomendaciones y los sobornos debió ser muy dura. Una cosa es un entorno cerrado y otra es el campo libre donde hay muchas más manos. Fue una estocada de realidad de los que pensó compatriotas, que, probablemente, dolió más en el alma que unos azotes físicos y unas cadenas previsibles de unos extraños, dada su situación. Esto no es lo que solemos escuchar.

Hay una que especialmente me llamó la atención, por lo sincera, emotiva y cruda para el mismo testigo. Y no suele ser habitual. No era un programa del corazón, era un hombre delante de un escribano que no tenía que ponerse sentimental… Y lo hizo. Domingo Lopino, que dice de él mismo que fue capitán y pesquisidor del reino de Cerdeña, lleva cuatro años en Argel después de haber estado esclavizado en Constantinopla (Estambul).

En cuanto cayó en su nuevo destino, intentó introducirse en los círculos de poder e influencia… Y no pudo. Aquí cuenta a quien quiera escucharle que: «Le daba cierta especie de envidia, en ver cuan bien procedía y sabía proceder el dicho Miguel de Cervantes». Y es que Miguel trataba con caballeros, capitanes, comendadores, letrados y religiosos. Entre ellos, los padres redentores trinitarios fray Jorge del Olivar y fray Juan Gil, que lo habían sentado a su mesa. Eran los jefes de la misión, los responsables de decir quién era rescatado y quién no.

Un momento. Leamos más despacio. ¿Un capitán y pesquisidor tenía envidia del futuro escritor? ¿Con esos cargos no tenía más caché que el alcalaíno? ¿Pero no era un soldado raso y pobre que estaba bajo cubierta enfermo en el barco? Hay algo que no coincide. También declaran que sustenta a todos los cautivos que se lo piden, ricos y más míseros. ¿De dónde saca el dinero?

El coyote

Los profesores Bartolomé Bennassar y Lucía Megías lo llaman primero «passeur», es decir, que lo que hacía era tener un negocio de liberación de cautivos con riqueza. Que la ayuda que prestaba no era tan liberal, ni desinteresada como parecía, sino que conllevaba una contraprestación económica con la que pudo mantenerse y ayudarle a salir después. De ahí que estuviera tan relacionado. Carroll B. Johnson, norteamericano, utiliza el término más impactante de «coyote», que es como llaman a las mafias que ayudan a cruzar la frontera desde México.

La realidad es que intentó fugarse cuatro veces y las cuatro veces fracasó. Las explicaciones por lo que no fue condenado a muerte y empalado son variopintas. ¿Valiente, como dicen sus amigos y los libros, o un mito como dice Johnson? Se ha sostenido que todo esto puede ser mentira. Que es la construcción de un héroe por su propia declaración.

Pero los descubrimientos de Jesús Villalmanzo en el archivo del reino de Valencia parecen demostrar lo contrario (1580). Los testigos de un proceso en esa ciudad, donde aparece él también declarando nada más ser liberado, parecen afirmar que, tanto a él como a su compañero, Diego de Benavides, se les llama «caballeros del estamento militar» y pasados unos meses todavía se recuerda su paso por allí. Es cierto que no fue un hombre común. Y esto ya no es una declaración propia para conseguir méritos, sino un proceso por un asesinato que debió quedarse siempre guardado.

Ferrer Dalmau. Cervantes en Lepanto (2016).

Ahora bien, aquí tenemos de nuevo el péndulo. Porque sabemos cómo terminó esto al final, en un fracaso en varios frentes cuando volvió a España. ¿A qué se debió? ¿Era de verdad un caballero noble y mentía y por eso no le aceptaron en la Corte, porque iba de farol? O, por el contrario, ¿decía la verdad y fueron injustos con él? La pelota está en el tejado del lector.

¿Constructor de una mezquita en Constantinopla?

¿Y si Cervantes no hubiera vuelto a España y hubiera sido enviado a construir una mezquita en Estambul? Esta teoría, por irrealizable que parezca, fue propuesta por el político socialista turco, diplomático y escritor fallecido Rasih Nuri Ileri. Tuvo repercusión mediática en su momento y ha sido acogida por algunos cronistas de forma entusiasta, sumándola a las dudas de la existencia de dos Miguel de Cervantes en Lepanto.

Queda claro que una propuesta como ésta tenía que nacer tarde o temprano, puesto que, buscando rastros autobiográficos en su teatro, tenemos la obra denominada *La gran sultana doña Catalina de Oviedo* (1615), cuya acción se sitúa en Constantinopla (Estambul). Está basada en una historia real de la época del sultán Amurates III (1595+) y probablemente en referencias bíblicas del libro de Esther. Entonces entremos de lleno en el universo onírico cervantino. Si escribió una obra de la ciudad, ¿no pudo ser porque estuvo preso allí?

También sabemos que su compañero de cautiverio en Argel, llamado Antonio de Sosa, dijo que cuando el fraile trinitario fray Juan Gil fue a rescatarle, ya estaba montado en un barco camino a Constantinopla (1580). Lo que suponemos aceleraría los trámites burocráticos de la época.

Esto creemos que es más o menos el punto de partida lógico de esta idea. Pero Rasih aumenta muchísimo más la apuesta. Según él, examinando los archivos de la construcción de la mezquita de Kiliç Ali Pachá en el barrio de Tophane, en el borde del estrecho del Bósforo, le apareció una mención a Cervantes. Entonces él deduce que su amo, el famoso Uchalí del *Quijote*, le envió a Constantinopla como esclavo durante su cautiverio (1575-1580) para que, junto al mejor arquitecto de la época, Mimar Sinan, participara en su construcción.

No ha habido ninguna publicación científica que corrobore este hallazgo. Es posible que entre la lista de esclavos encontrara algún Saavedra, no hay que descartarlo, y entonces uniera las historias de su amo, su cautiverio y su teatro para crear una leyenda paralela que nos sigue cautivando.

Mezquita de Dilic Alí Pachá en Estambul.

Esclavo en Montenegro y Dulcinea

Existe otra leyenda negando que estuviera cautivo en Argel, porque fue llevado a Ulcinj, en Montenegro, cerca de Albania. Independiente de que la creamos o no, el mito es precioso y merece la pena escucharlo.

Hay que tener en cuenta que las relaciones históricas de los tercios españoles con Montenegro son intensas. En nuestra retina todavía está grabado el asedio de Castelnuovo (Herceg Novi, Montenegro) contra los turcos (1539), que pasó como un acto heroico a muchos poemas y epopeyas de la época.

El rumor parece que comenzó en el discurso de recepción del Premio Príncipe de Asturias de 2009, concedido al poeta albanés Ismaíl Kadaré. Así lo informa el profesor Dr. Ertuğrul Önalp de la Universidad de Ankara. En él hizo mención de una creencia popular que existe en la ciudad de que Cervantes estuvo cautivo allí, se enamoró de la hija del gobernador, y como en italiano se llama a la ciudad Dulcigno, tomó el nombre para nombrar a la enamorada de don Quijote en su inmortal novela: Dulcinea del Toboso sería un lugar en Montenegro.

Tal éxito ha tenido allí, que ya hay una estatua de Miguel de Cervantes, un bar dedicado a su memoria y otro a Dulcinea. Aquí en España, en 2016, con los fastos del centenario, la periodista Ángela Rodicio realizó un libro sobre esta leyenda, entre la investigación y la ficción. Curiosamente, oyó estos relatos en el propio Montenegro, cuando cubría la guerra de la OTAN contra Serbia en 1999.

El cautiverio y la literatura

El cautiverio ha sido sobredimensionado y mitificado por su fondo legendario y por considerarse los únicos hechos autobiográficos en su narrativa. Cosa que no es así. De todos modos, la influencia del tema de la libertad en Cervantes es incuestionable. ¿Quién puede discutir esta frase?: «La libertad, amigo Sancho, es uno de los más preciosos dones que a los hombres dieron los cielos» (*DQ* II, LVIII). Además, el *Persiles* (1617), su obra más personal, comienza con el protagonista encerrado en una cueva con cuerdas y es sacado para ser sacrificado. ¿Episodio autobiográfico ignorado?

Pero seamos sinceros. En el teatro de Cervantes sí que existe un grupo de cuatro comedias denominadas moriscas o de cautivos, muy propias del Barroco. ¡Faltaría más! Como contestación a la que había hecho Lope, que no había estado cautivo y, por tanto, hablaba de oídas y no sabía del tema. Y esto ha hecho pensar que esta situación se puede extrapolar a toda su obra: *El trato de Argel* (1581), *Los baños de Argel*, *El gallardo español* y *La gran sultana doña Catalina de Oviedo*.

Pero en su novelística no hay ninguna obra que se dedique por completo al tema de su paso personal por el Mediterráneo. Quizás podríamos pensar en *El amante liberal* (1613), pero no es autobiográfica. Y eso les importa mucho a los estudiosos. Aunque habla de la conquista de Chipre por los otomanos (1571), no nos consta que el escritor estuviera allí, ni en Constantinopla, por mucho que cite a su padre en una anécdota dentro de la novela —no sabemos si la oyó de su padre o de un amigo—.

En realidad, en *El amante liberal* novela las historias reales de cinco mujeres, principalmente de Julia Gonzaga, la protestante llamada la «mujer más bella del mundo», Cristina de Castro, hija del gobernador de Chipre, al que mataron arrancándole la piel a tiras por resistir en la isla, y de Victoria Sultana (1595), esclava cristiana, esposa a la fuerza precisamente del virrey de Argel, que después de estar décadas prisionera y haber tenido hijos, los abandona y se fuga a Valencia en una galeota.

De lo que siempre se habla y no se para de hacer es del cuento «El capitán cautivo» del *Quijote* (1605), como si fuera otro testamento vital. Pero el protagonista es el capitán Ruy Pérez de Viedma, un nombre tomado probablemente de un cautivo o militar andaluz de la Reconquista. Y según María Sánchez-Pérez, estaría basado precisamente en la historia de Victoria de Miguel o Victoria Sultana que hemos contado.

Además, es sólo una de las llamadas «historias interpoladas» o añadidas al final de la primera parte de la novela, un pastiche mezclado entre otros cuatro, que incluye porque se le acaban los argumentos. Parece que se nos olvida que el protagonista sigue siendo un caballero manchego loco y que esto no deja de ser un texto breve que tenía guardado en el cajón y que llegado el momento le vino muy bien. Vamos, que, puestos a elucubrar, pudo entrar en el metraje final o no. Como este cuento, en el *Persiles* también hay otro, el de los falsos cautivos en un Lugar de la Mancha.

Para elementos personales del autor en sus obras, son tan importantes como éstas las menciones que hace con cariño en *El trato de Argel* a sus frailes libertadores: fray Juan Gil y fray Jorge del Olivar. Es un detalle muy raro en él en esta época, anterior a su llegada a España. Recordemos que ni siquiera se acuerda de su maestro López de Hoyos o de Tomás Gutiérrez, el cordobés. Los versos son una verdadera muestra de agradecimiento: «Fray Jorge de Olivar, que es de la Orden de la Merced, que aquí también ha estado, de no menos bondad y humano pecho; tanto, que ya después que hubo esplendido bien veinte mil ducados que traía, en otros siete mil quedó empeñado. ¡Oh caridad extraña! ¡Oh santo pecho!».

EL SUEÑO AMERICANO (1581-1591)

Desde el mismo momento en que se baja del barco en Valencia está ya pensando en ejecutar su plan, que no es otro que ser corregidor, y no en España, que la Corte y las puertas estaban muy cerradas. Tanto, que cuando escribe su última obra se burla de ello, hace que sus personajes pasen al lado y no entren por sus calles, y dice que en Toledo y sobre todo en Madrid hay «hombres muy pequeños que se creen muy grandes por los árboles a los que se arriman». Fue lo que llamamos «el sueño americano». Nunca cumplido y que persiguió durante diez años, nada menos.

La verdad es que, como reconoció en su poema crepuscular *Viaje del Parnaso* (1614), era humilde, pero nunca dejó de ser ambicioso. Otros dirían que temerario. Dado que sabe que las posibilidades en la Península son escasas, decide que su futuro debe estar en América. No es algo ni pasajero ni flor de un día. Según Krzysztof Sliwa, lo pidió dos veces; Emilio Maganto dice que fueron cuatro veces seguidas (1581, 1582, 1585 y 1590) y pasó toda una década intentándolo sin desfallecer y prácticamente sin trabajo conocido, obsesionado con conseguirlo.

Quijote traducido al quéchua.

Aquí se nos plantean tres preguntas básicas, que vamos a intentar responder: ¿estaba preparado en derecho y gobierno? ¿Estaba lo suficientemente ducho en contabilidad? ¿Tenía los contactos y las posibilidades reales de que pasara?

El derecho en el *Quijote*

Aquí las cuestiones se amontonan y al escritor podemos subirle a un altar o patearlo directamente según sean las respuestas. Ser corregidor o contador en la administración de la Casa de Austria no es ninguna tontería. En América, un gobernador es el cargo político y de gobierno que va inmediatamente debajo del virrey, que es el *alter ego* del rey en cada reino. Casi nada. Probablemente, podría haber conseguido una plaza de secretario de algún tribunal o escribano en un municipio, pero ni se lo planteó, que sepamos, ni lo intentó, desde luego.

Según se dice, había sesenta mil cargos para repartir en la época de la Monarquía Hispánica, pero en el período activo de Cervantes pudieron quedar vacantes y estar disponibles algo más de mil: ¿no habría alguno para mi hijo? Lo cierto es que los elegidos duraban solamente tres o cuatro años, había mucha movilidad, pero era muy complicado acceder, por los contactos necesarios.

Para ser corregidor había dos vías de entrada: o tenías que ser letrado o tenías que ser de capa y espada, es decir, militar. Al no haber estudiado en la universidad, a Cervantes y a la familia que le sustentaba sólo le quedó la posibilidad de ser lo segundo. Y entonces escogieron la carrera militar, donde iba muy bien encaminado. Quizás le hubiera hecho falta ser durante un tiempo capitán. El de su compañía sí que llegó a ser corregidor.

¿Conocía suficiente el derecho el escritor para defender este puesto y no estar perdido entre la burocracia y la maraña de papeles? Desde luego no tenía estudios reglados, ni había tenido un puesto de gobierno efectivo, como sí otros que conocía en Esquivias, como los Ludeña manchegos. Solamente la experiencia de las Comisiones de Abastos de la Armada Invencible en Andalucía.

Tampoco nosotros le hemos hecho el examen de entrada, por lo que no sabemos hasta qué punto estaba preparado. Pero evidentemente había leído sobre el tema. No sólo es que su abuelo ya fuera corregidor y rondaran por ahí sus libros y sus anécdotas orales. Nos referimos al episodio del Sancho gobernador en la ínsula Barataria del *Quijote* (*DQ* II, XLV).

El que haya sido Sancho y no don Quijote nos ha desviado de la idea de que en realidad es una parodia que hace Cervantes del trabajo que había deseado durante tanto tiempo. Y entre burlas y veras, el escudero dicta unas ordenanzas, que en realidad jurídicamente en la época se llamaban Autos de Buen Gobierno. Alonso de Villadiego publicó en 1612 una *Instrucción política y práctica judicial* donde se establecía el contenido canónico de estas normas locales en dieciséis puntos. Comparando unas con otras, hay muchas similitudes, salvando la burla. Podemos concluir que Cervantes lo conocía, habiéndolo leído o por la práctica.

Lo paradójico también es que de haberle sido concedido alguno de estos puestos, hubieran sido muchos los Autos de Buen Gobierno serios los que hubiera tenido que dictar y firmar en su circunscripción. El destino le deparó que el único que sepamos que redactó fue éste: literario y burlón, pero digno. Esta socarronería final también esconde la amargura del rechazo.

La contabilidad dudosa

En cuanto a si tenía conocimientos contables para ser contador en Nueva Granada (Colombia), se viene a la mente la actuación que tuvo como juez de alzada en las Comisiones de Abastos en Andalucía (1587). Porque sabemos perfectamente que fue preso en Sevilla, en 1597 por presuntos impagos y errores en los libros y eso no es una buena carta de presentación para ser contratado de nuevo.

Esteban Hernández Esteve lo ha comprobado punto por punto y sumado las liquidaciones que a lo largo del tiempo presentó Cervantes y que se han conservado en los archivos. Ha descubierto que, en 1597, hasta llegó a entregar dinero de más a los contadores y en el mismo año, en otra cuenta, diez mil maravedíes de menos. Entre eso y la quiebra del banco del portugués al que entregó el dinero, pues supuso que acabó en la cárcel de Sevilla. Todavía le reclamaban dinero en 1608. Este libro se perdió también hace un siglo del archivo.

En conclusión, según este profesor: «Otra cosa fue la relativa al establecimiento y rendición de cuentas, que contenían errores, tachaduras, imprecisiones y falta de los oportunos justificantes, siendo presentadas con serios retrasos. No asemeja que éste fuera uno de los puntos fuertes de Cervantes».

Con todo lo objetivos que podemos ser, sabemos que hubo varios errores contables, tanto de un lado como de otro. Ahora ya sabemos que no sólo tenía el impedimento de la falta de contactos y de dinero, sino las dudas de que no hubiera problemas siendo el responsable máximo y llevando la contabilidad de todo un reino. Como ciertamente les sucedió a muchos otros.

Los contactos en la Corte

Además de su preparación específica en estas materias, la última cuestión que nos queda es plantearnos si tenía contactos y posibilidades reales de obtener un cargo del calibre a los que aspiraba. Si pensáramos que no hacía más que mandar memoriales a los despachos, tanto él como sus familiares, sin ton ni son, sin ninguna posibilidad de éxito: ¿era un ingenuo o algo peor? ¿De verdad alguien así pudo escribir el *Quijote*?

En sus primeros dos intentos, si leemos entre líneas, lo que se desprende de sus cartas es que tanto sus padres como él tenían acceso a la Corte. En concreto al secretario Valmaseda (1582). Este hombre era Francisco de Sopando Valmaseda, primer escribano de la Cámara de Justicia del Consejo de Indias, que era el órgano encargado de los asuntos americanos. Y que éste, si le informaba de las plazas que venían desde América, es que le estaba dando esperanzas de que alguna podía ser para él. No era un iluso del todo, le estuvieron entreteniendo y quizás engañando desde las altas esferas.

Su segundo intento en 1585 parece que fue mucho más preparado. De momento, como dice Emilio Maganto, invitó a Pedro de Ludeña como su testigo de boda en Madrid porque se marchaba como corregidor de Cartagena de Indias (Colombia), y puede ser que incluso ya estuviera preparando su propio viaje para acompañarle. Así parece indicarlo el que pidió un préstamo de doscientos cuatro mil maravedíes a un tal Gómez de Carrión a devolver en seis meses en esas fechas. Era más dinero que lo que pagó para su rescate en Argel. ¿Para qué lo quería? ¿Pagar el soborno para comprar el cargo americano? ¿Pagar el barco para marcharse? ¿Pagar la dote y gastos de su reciente matrimonio? No descartemos que aceptara la comisión de 1587 en Sevilla para estar cerca de la Casa de Contratación y poder marcharse. Todo son incertidumbres.

En la última intentona de 1590 llegó a obtener información precisa de los puestos vacantes, y los solicitó con nombres y apellidos. Emilio Maganto y Lucía Megías han intentado estudiar las posibilidades reales que tuvo de acceder a los puestos que solicitó estudiando la vida de los que al final los obtuvieron.

Como corregidor de La Paz fue nombrado Alonso Vázquez de Arce (1591), hijo de un consejero del Consejo Real y de la Inquisición, perteneciente al partido castellano. La vacante de gobernador de Soconusco (Guatemala) fue para el capitán Gonzalo Meléndez de Valdés; el de contador del Nuevo Reino de Granada a Juan Beltrán de Lasarte, quien pagó una suma importante.

Y la última, la única en que tenía posibilidades por su amistad con Pedro de Ludeña, testigo de su boda, es la de contador de las galeras de Cartagena. Pero también se la dieron a un caballero de Santiago procedente de Navarra. Todos tenían más dinero, más contactos, pero también reconozcamos que más currículum, incluso experiencia, pues muchos vivían allí.

Otra cuestión es que leyendo entre líneas su petición de 1590 se entiende una idea de fondo que no se suele destacar: «Y después ha asistido sirviendo en Sevilla en negocios de la Armada, por orden de Antonio de Guevara, como consta por las informaciones que tiene; y en todo este tiempo no se le ha hecho merced ninguna».

Solemos entender que vino del cautiverio de Argel, estuvo pidiendo y pidiendo una plaza en América, no se la dieron y en compensación recibió la Comisión de Abastos en Andalucía (1587).

Pero esto no es lo que cree, ni admite, ni dice Cervantes a sus homólogos cortesanos: lo que se lee en esta frase es que no me habéis dado nada; al revés, yo os he hecho el favor aceptando lo de Sevilla. Ahora quiero mi compensación. Suena altivo. Es obvio que no es lo que pensaban en los despachos donde le conformaban con lo que para él eran migajas.

La decepción de Miguel de Cervantes con su fracaso americano es profunda. Lo que un día fue su sueño, se convierte en una pesadilla. Al final de su vida, en la novela *El celoso extremeño*, muerde la mano de los que un día le iban a dar de comer, hablando de las

Indias como el refugio de los desesperados: «Las Indias, refugio y amparo de los desesperados de España, iglesia de los alzados, salvoconducto de los homicidas, pala y cubierta de los jugadores (a quien llaman ciertos los peritos en el arte), añagaza general de mujeres libres, engaño común de muchos y remedio particular de pocos».

El corregidor peruano según el cronista Felipe Guamán Poma de Ayala (1615).

Espía

¿Fue Cervantes un espía al servicio de la Monarquía nada más verse libre? Como nos sucede con otros muchos aspectos de su biografía, sobre lo que estaba haciendo cuando volvió de su esclavitud sólo tenemos una frase, y punto. Y no es exagerar. En el memorial que presentó solicitando mercedes por sus veintidós años de servicios, dice: «Y el Miguel de Cervantes fue el que trajo las cartas y avisos del Alcaide de Mostagán, y fue a Orán por orden de V. M.». Nada más.

A partir de aquí no nos queda más que especular sobre lo que estaba haciendo en la costa de África de nuevo y con quién. ¿Después de cinco años cautivo volvería cualquiera de nosotros a la boca del lobo otra vez, aunque fuera por todas las promesas de oro del mundo? Pues él lo hizo.

Es más, si conociéramos la historia de Mostagán o Mostaganem (Argelia), la ciudad adonde enviaron a Cervantes, nos quedaríamos de piedra pensando cómo pudo aceptar tal encargo. En 1558 las tropas españolas habían intentado conquistar la plaza argelina, en manos de los turcos, pero fueron descubiertos y huyeron desordenadamente, escondiéndose dentro de las murallas. El general, el conde de Alcaudete, murió, y por su cadáver pidieron dos mil ducados, cuatro veces lo que por Cervantes. El siguiente, Martín de Córdoba, fue cautivado junto a cinco mil soldados más.

¿Que si sabía Miguel de Cervantes adonde iba? El desastre fue tan impactante que lo recuerda al menos en dos de sus obras. En el drama *El gallardo español*, dos de los protagonistas son estos generales muertos y apresados. Además, en su novela el *Persiles* (1617), otro de los personajes principales, llamado Antonio de Villaseñor, puede remitir a un capitán de caballos manchego que fue también hecho cautivo en esa jornada.

El profesor Emilio Sola ha reconstruido todas las relaciones internacionales que tuvo España en esos años y qué pudo ser ese encargo y quién era ese alcaide de Mostagán al que fue a ver. Resulta que era otro renegado, pero esta vez de musulmán a cristiano, y había tomado por nuevo nombre el de Felipe Hernández de Córdoba.

Por lo que parece, la urgencia de ir a Lisboa, tomar instrucciones y embarcar para Orán navegando a toda prisa tendría que ver con la presencia del Uchalí en la zona. Llamado el calabrés tiñoso, por supuesto otro renegado o apóstata cuyo nombre verdadero era Dionisio Galeno, se creía que realizaría un ataque inminente a los cristianos en berbería.

Era tan temido que don *Quijote* habla de él en la novela relatando su historia al completo (*DQ* I, XL). Según la ficción, pasó catorce años al remo y sólo se convirtió con treinta y cuatro para vengarse de una afrenta de un turco. Estuvo en Lepanto y fue el único que se salvó. Llegó a ser rey de Argel, cuando en su origen era un marinero pobre italiano que se había metido en el seminario para ser cura. Sorprendentes los caminos que nos depara el destino.

¿Cuáles eran sus planes? Lo cierto es que Cervantes tomó las cartas, probablemente cifradas, las trajo de nuevo y ahí se terminó su misión. Un 007 muy breve, de un único disparo. Además, fue una falsa alarma, puesto que el enemigo volvió a Estambul en 1581. La condición de Cervantes como espía o miembro de los servicios secretos ocasional ha dado material hasta para ser novelada. Es obvio que se arriesgó, porque favor con favor se paga. Pero ya sabemos que de poco le sirvió.

EL CRUDO DESPERTAR: COMISARIO Y COBRADOR (1587-1610)

Probablemente, como favor para poder conseguir algún puesto de más relumbre, aceptó lo único que le ofrecieron, negro sobre blanco, en estos años: ser comisario de Abastos de la futura Gran Armada contra Inglaterra, la mal llamada «Armada Invencible». Estas ocasiones hay que aprovecharlas, porque suelen ser un tren que nunca vuelve.

De esta larga estancia en Andalucía se han comentado múltiples cuestiones. Tantas, que es imposible resumirlas. Un resumen de lo que piensa la crítica es lo que Alfredo Alvar comenta del comienzo de esta nueva etapa en su vida: Cervantes sale detrás de las reliquias de Santa Leocadia en Toledo, aprovechando la convocatoria de un certamen literario (1587), casi huyendo de la infidelidad de su mujer, y se refugia en Écija, donde el corregidor es poeta y amigo. Lo importante es que allí es excomulgado dos veces, una precisamente en Écija por quedarse con el trigo del clero, y la segunda en Castro del Río, donde acabará en su famosa cárcel. La segunda será en Sevilla, donde se dice que comenzará a escribir el *Quijote* (1597).

La segunda cuestión que hay que tener en cuenta es que sus dos jefes de la primera comisión han muerto. El primero ajusticiado en El Puerto de Santa María (1592) y el segundo murió del disgusto al año siguiente sin llegar a ser juzgado (1593). Obviamente, tuvo que recibir otro nombramiento sensiblemente distinto de los nuevos mandamases que aterrizaron, que, por lo que parece, mantuvieron la confianza en él. Esto es importante para entender su personalidad. La Gran Armada ha fracasado y ya no va a ser comisario de Abastos, sino directamente cobrador de Tributos atrasados, que no es lo mismo.

La tercera cuestión es que, como ha demostrado José Cabello y ya presumía Alfredo Alvar, a la vez que, a su función pública, se dedicaba al comercio de bizcocho, de otras mercancías y al tráfico mercantil de capitales: «Negar que Cervantes se dedicó a trapichear con dinero es negar una evidencia: ya aparecerán los documentos mercantiles que lo demuestren».

La ruta de su paso por las diferentes localidades es uno de los principales atractivos de estos descubrimientos. Por ejemplo, en la comisión de 1593 se le dirige por Carmona, Utrera, Arahal, Morón de la Frontera, La Puebla de Cazalla, Marchena, Paradas, Osuna y Villamartín. La prueba documental de la llegada a Osuna es un hito del cervantismo, puesto que Francisco Rodríguez Marín, director de la Biblioteca Nacional, que era natural de allí, pasó años y desvelos, y por montones de archivos, intentando demostrarlo. No lo consiguió.

Primer billete de banco dedicado a Cervantes (1878).

Luego son tantos los documentos que aparecen sobre Miguel de Cervantes en un centenario que algunos pasan desapercibidos e incluso no llegan a tener una publicación académica. Nos referimos, por ejemplo, a la visita a Lora del Río (Sevilla) en 1610, descubierta por Juan Prieto Gordillo, archivero de Castilleja de la Cuesta.

Se trata del Monte Fideicomiso que fundó el conde-duque de Olivares, y en él se habla de unos tributos pagados a un Miguel de Cervantes en una época en que se dedicaba a estos fines. Es importante porque sabemos por este insignificante asiento y apunte que nunca dejó de ser quien fue: «Recíbesele más en cuenta sesenta y ocho mil que se pagaron en Lora a Don Miguel de Cervantes de bienes de Su Excelencia, a cuenta de corridos de un tributo del año seiscientos y diez, que debía al dicho monte, a doscientas y seis».

El último de hecho ha aparecido en 2024. Bartolomé Miranda Díaz descubrió en el Archivo Histórico de Protocolos de Sanlúcar la Mayor (Sevilla) que visitó Pilas (Sevilla) el 7 de julio de 1593 para recoger doce fanegas de trigo y ocho de cebada para las galeras del rey.

Según Montero Reguera, esta etapa, junto con Italia y el cautiverio de Argel, es una de las de mayor influencia en su literatura y la más larga junto con Madrid. Lo que hemos hecho en este repaso es ampliar miras hacia la influencia de su familia, sus amigos y la geografía por extenso mucho más allá de lo que se suele hacer habitualmente. Sigamos entonces por nuestra propia senda.

Un bróker que escribe (1599-1616)

Al final de su vida, en la última década, es un bróker, un comisionista, gestionador de cobros a tiempo completo. Como bien dice Javier Salazar Rincón: «Lo correcto hubiera sido decir que Cervantes era un hombre dedicado a los negocios y aficionado a escribir». En el mismo sentido, Carroll B. Johnson: «Un miembro activo de la comunidad empresarial y financiera». Si nos lo hubiéramos encontrado por la calle, se parecería más al director de la oficina del banco de la esquina que a un artista multimedia. Esto pensamos que se acerca más a la realidad de su día a día.

Banqueros medievales.

Sus bisabuelos hacían negocios, sus padres hacían negocios. Cuando estuvo en Argel también contactaba con mercaderes, alquilaba naves y contraía préstamos. Su madre también contrató un barco hacia Berbería para poder pagar el rescate de su hijo. Cuando volvió, mientras trabajaba para el rey, compraba bizcocho y tenía contactos con banqueros en Sevilla; en Valladolid jugaba con un importante banquero, según se cuenta. Sus hermanas hacían costura a gran escala: toda la familia de Cervantes se dedicaba a los negocios desde que tenían uso de razón.

Ahora bien, cuando llega esta última etapa en que el barco para América ya ha zarpado y no hay ningún empleo público entre medias, ni soldado, ni juez, ni comisionista, sus negocios privados lo son a tiempo completo. En este contexto es donde hay que situar y entender la frase que su hermana Andrea de Cervantes dice sobre él en Valladolid cuando es detenido y encarcelado su hermano por la muerte del caballero de Santiago Gaspar de Ezpeleta: es un hombre que escribe, tiene negocios y amigos.

ESCRITOR DE VOCACIÓN TARDÍA

Un hombre que había pasado por encima de tres arcabuzazos, un cautiverio, el ajusticiamiento de sus jefes, y seguía impertérrito, al fin su ánimo se resquebraja. Como gestor, decide abandonar lo público y dedicarse al completo al mundo privado. ¿No le ofrecen nada o está desencantado?

¿Qué ha pasado? Con tanto destacar la esclavitud de Argel, nos hemos olvidado de la cárcel de Sevilla como elemento desestabilizador de su vida. El definitivo. Pensamos que las continuas referencias a la libertad en sus novelas pueden tener varios padres. Recordemos que el cuento de «Historia del cautivo» en el *Quijote* está interpolado al final de la primera parte y que es en el prólogo donde hace referencia a la cárcel. Que, por otra parte, es mucho más reciente en su vida.

No somos conscientes de lo cerca que pudo estar de la muerte durante su vida. Tres veces. La primera en la batalla de Lepanto, cuando recibió tres arcabuzazos (1571), la segunda en el cautiverio (1575-1580) y la tercera la más desconocida: en 1592, Francisco Benito de Mena, que le había hecho encargos de cobros muchas veces, es colgado por corrupción y traición en El Puerto de Santa María (1592). Que quede claro que, si hubiera habido alguna duda sobre Cervantes, hubiera corrido la misma suerte.

Pero luego, más allá de lo físico, están las muertes del espíritu, de la ilusión. Como escritor ha fracasado en terminar y representar sus obras de teatro (1592). Cuando intentó volver, la comedia nueva había cambiado, los gustos del público también. La irrupción de Lope con su gusto por lo popular y chabacano había acabado con una de las salidas del escritor. Esto nos suena mucho a la modernidad actual. La última puñalada es la del último mecenazgo frustrado (1610), el de Pedro Fernández de Castro, conde de Lemos, que se marcha como virrey de Nápoles, dejando a Cervantes saludando a la nave cuando parte con un pañuelo.

Sobre el Cervantes escritor tenemos miles de tratados. No es el momento ni el lugar. Nos interesa mucho más, en su crepúsculo vital, conocer su pulso y sus motivaciones más personales, y en este punto también es muy especial. Publica el *Quijote* con cincuenta y ocho años de la época, no los de ahora. No es que fuera anciano, es que le llamaban viejo hasta los que le querían. Podríamos pensar que se trata de un escritor de vocación tardía, como por ejemplo José Saramago, Premio Nobel de Literatura en 1998, con el que comparte muchas similitudes a pesar de los siglos transcurridos.

No tenemos otro nombre, otra categoría para denominar lo que es en esta etapa de su vida. Pero se queda corta. Aquí hay algo más. Como él mismo nos dice en su poema *Viaje del Parnaso* (1614), ha escrito desde pequeñito, desde siempre ha sentido pasión por las letras. Sin embargo, su carrera es irregular, por decirlo de algún modo. Publica su primera novela con treinta y ocho años (1585), no tiene éxito alguno y tarda veinte años en publicar otra (el *Quijote*, 1605). Pero es que después de esto, pasa diez años hasta que publica la segunda parte y lo hace por el empujón del falso Alonso Fernández de Avellaneda, que publica el *Quijote* apócrifo (1614).

Mientras estuvo intentando hacerse un hueco como autor teatral, pero la irrupción estelar de su otrora amigo, Lope de Vega, y su entrada a *trabajar* a tiempo completo en 1587 le impiden seguir representando. Aun así, en 1592 firma un contrato para escribir varias comedias que no llega a cumplir. Sigue trabajando como cobrador de tributos. En conclusión, el alcalaíno de 1613 tiene sesenta y seis años del siglo xvii y sólo ha publicado dos novelas y representado unas obras, hace casi treinta años. Lleva ocho años sin publicar nada, desde que lo hizo con el *Quijote* (1605). Esto no es un escritor de vocación tardía, ni siquiera intermitente.

Es que en realidad Miguel de Cervantes no tuvo en su juventud y cuando tenía que hacerlo una carrera pública como novelista frente al público. Es cierto que sus obras *La Galatea* y el *Quijote* fueron muy conocidas fuera de nuestras fronteras, pero dentro seguía siendo un completo desconocido para los lectores de la calle, fuera de los círculos académicos y de ciertos desfiles carnavalescos de don Quijote y Sancho. Así lo demuestra que muriera solo.

¿Para qué quería ser entonces autor de teatro y autor? Desde fuera parece que la escritura tenía para él, cuando era joven, un carácter instrumental, una función: ganar dinero, prestigio social, conseguir entrar en círculos distinguidos y obtener un cargo respetable en la Corte. Y dado que entró en las academias, no ganó posibles y no le sirvió para obtener puestos, perdió el interés. Se conformó con leer sus poemas ante la élite de la época que sí le conocía, lo suficiente como para vilipendiarle en toda ocasión.

Su carrera pública no es tal. No la hay fuera de esos pequeños destellos y fogonazos muy escasos y tardíos. En este carácter se parece mucho más a su maestro, el poeta Pedro Laínez, que, enfrascado en sus fracasados negocios, no publicó nunca casi nada en vida, salvo cuatro poemas loatorios en libros de amigos. No fue el único. Hubo muchos más como él.

Miguel de Cervantes, sin embargo, cuando le quedan tres o cuatro años de vida, es consciente de que todos estos cuentos, novelas y comedias que tiene guardados a medio terminar se perderán si no los publica. Entonces, entre 1613 y 1616, en que muere, se produce una vorágine en que publica más que en toda su vida junta anterior: cinco libros frente a dos. Y como dice el profesor Lucía Megías, si hubiera vivido otro poco más, no sabemos qué nos tendría reservado y qué hemos perdido.

Es decir, que ya no piensa en una carrera, sino en un legado, en salvar su obra para los lectores futuros. Y eso es lo que nos ha dejado en este corto período: *Novelas ejemplares* (1613), *Viaje del Parnaso* (1614), *Ocho comedias y ocho entremeses nuevos, nunca representados* (1615), el *Quijote* (II, 1615), *Los trabajos de Persiles y Sigismunda* (1617).

De nuevo, si pensamos en un Cervantes arruinado y pobre: ¿cómo pudo publicar tantos libros ahora que en teoría era cuando menos dinero tenía? ¿Por qué no lo hizo antes? Él mismo lo explica: tuvo otras cosas en que entretenerse. Traduciéndolo al román paladino, que tenía que ganar dinero para mantenerse él y a su familia.

Lleva tanto tiempo preparar los manuscritos, los pliegos de papel son tan caros, y supone perder tanto tiempo y coste, que, si somos observadores, nos daremos cuenta de que los escasos momentos en que puede publicar sus escritos son tres etapas en las que no está trabajando por cuenta ajena: de 1582 a 1587, de 1599 hasta 1605 y de 1613 hasta que muere en 1616.

De ahí su interés mayúsculo en tener un puesto bien relevante, un mecenas que le pagara los gastos, lo que nunca llegó. Menos mal, porque su literatura sería diferente, menos libre, y hubiera tenido que pagar el peaje de sus señores escribiendo lo que ellos desearan, no su voluntad. Es lógico todo esto: saltando de un lado a otro, montando en una mula de venta en venta, era imposible cargar el instrumental, concentrarse y tener a mano las lecturas necesarias para rematar sus obras.

Estatua de Cervantes en el Museo de Cera de Madrid.

INGENIO LEGO O LETRADO

Lo queramos o no, el mayor dilema sobre Miguel de Cervantes no es si fue judeoconverso, homosexual, hidalgo o pobre, sino su educación, su cultura, o más bien si hubo falta de ellas. Porque si estamos leyendo ahora mismo estas líneas es porque, además de tener una vida más o menos corriente o excepcional en su época, es un escritor superlativo. ¿De dónde le vino esa inspiración? ¿Era formación o solamente genialidad?

Esta es la pregunta clave y para contestarla tenemos que hacer primero un poco de historia. Muy breve. En el momento en que muere en Madrid, es enterrado con un hábito franciscano muy humilde, prácticamente una sábana o un sudario. Es recogido y llevado casi en soledad hasta su tumba. Nada parecido a las multitudes que despidieron a Lope de Vega en Madrid.

Pronto su obra cayó en el olvido o podríamos decir que desinterés. Entonces, aquí hay que poner en su sitio un fenómeno que no sucede con todos los autores: se revisita y se reinterpreta una obra maestra, que pasa de ser un divertimento y una bufonada a un compendio de sabiduría con múltiples capas y niveles, y a través de ella nace el interés por saber más del autor: ¿quién pudo escribir esta maravilla, la llamada primera novela moderna?

El embajador francés en España lo conocía perfectamente en 1615. Sin embargo, durante la segunda mitad del siglo XVII se fue apagando su recuerdo y se fue olvidando su legado. Como suele suceder con todos los próceres españoles, tuvo que ser un inglés el que lo redescubriera y encumbrara más tarde. Se propuso hacerlo encargando una biografía a Gregorio Mayans y Siscar en el año 1737, porque no existía ninguna. Pero ya habían pasado ciento veinte años, y esta primera revisión sólo contaba con lo que decía Cervantes de sí mismo en sus propias obras. No se sabía absolutamente nada de él, ni siquiera su lugar de nacimiento.

Entonces se dio el pistoletazo de salida para que todos los estudiosos y académicos escrutaran archivos, consultaran a párrocos, a secretarios, buscando quién pudo ser el genio que escribió el *Quijote*: ¿un alto noble? ¿Un humanista letrado de Salamanca, quizás?

Llegó otra decepción y el bajón subsiguiente. No puede ser. Resultó que en el poema *Viaje del Parnaso* se definía a sí mismo como «ingenio lego» (1614). Diez años después de su muerte, un escritor llamado Tomás Tamayo de Vargas le llamó de nuevo así en un opúsculo denominado *Junta de libros* (1624). Tuvo mucho éxito porque la definición ha llegado hasta hoy tal cual. Su pobreza, su vida tan errante, extraña y desordenada no hacían más que dar razones y argumentos para pensar así.

Pero ¿qué significa exactamente eso de «ingenio lego»? ¿Es lo que nos tememos que quieren decir? Santiago Madrigal, citando a Andrés Amorós, lo expresa de una forma muy sencilla:

> «A los cuatrocientos años de su muerte, Miguel de Cervantes sigue siendo un enigma. Unamuno, amigo de esquinadas paradojas, sostenía que el personaje (don Quijote) era superior a su creador (Cervantes), una hipótesis que se ajusta mal al sentido común. En cualquier caso, los eruditos constatan la distancia inmensa entre la obra literaria y lo que conocemos de la biografía del autor: ¿cómo pudo aquel soldado de Lepanto y recaudador de impuestos escribir el *Quijote*?».

Efectivamente, ¿cómo va a escribir un militar raso, pobre, judeconverso, villano, tal obra maestra y más en aquella época? Con la inestabilidad y dificultades de acceso a los libros que se le presuponen a un indocto que se pasó media vida en las ventas. Hay algo que no cuadra. Quizás no era alguna de las cosas que se le atribuyen.

Para resolver la ecuación se dan, como el péndulo de Foucault, las explicaciones más extremas, de un lado a otro, con alguna intermedia, pero pocas. O una de dos, o estudió más de lo que sabemos, ni para ti ni para mí, quizás tuvo suerte y dando brochazos le salió la Mona Lisa, o en el otro extremo del bamboleo, siendo muy audaces, directamente éste no puede ser el autor de la novela.

La cuestión es que, además, parece que parte de la crítica cervantina es esa persona que tiene un ángel y un diablo hablándole cada uno a un oído. Da la impresión de que, la opinión mayoritaria es que fue pobre de solemnidad y no pudo estudiar y luego, por otra parte, se le atribuyen unas lecturas y unas obras a las que sólo puede acceder y escribir un humanista de un nivel superlativo, con unos medios que se suponen mucho mayores.

¿En qué quedamos? Ambas tendencias tiran de la misma cuerda, y al final la acaban rompiendo, porque ponerse de acuerdo, como esos dos angelitos, el uno blanco y el otro rojo, es imposible. O cede uno o cede el otro. Y parece obvio que nos hemos equivocado al juzgar su vida. Sí que tuvo acceso a ciertos círculos y a ciertas lecturas porque quizás no era tan donnadie como se ha contado. Hoy sucedería igual. Tampoco hemos cambiado tanto.

Estatua de Miguel de Cervantes en la Biblioteca Nacional de España.

Lo que no sabemos de la educación de Cervantes

Lo que sabemos de la educación de Cervantes, sin acudir a sus libros, se resume en una única frase, siendo benévolo. Son a lo sumo dos o tres palabras. Su maestro Juan López de Hoyos dice de él: «Nuestro caro y amado discípulo». Es decir, que de algún modo tuvo que estudiar en Madrid con este humanista. Punto final. Aquí lo podríamos dejar porque el resto son todo menciones indirectas e interpretaciones de lo que pudo leer, saber y dónde pudo estudiar, sacadas fuera de contexto de sus propias novelas. No sabemos nada. Esto es así de triste.

La siguiente idea que ha tenido más predicamento entre los expertos es que pudo acudir al estudio de Gramática de los jesuitas. Se basa en su novela *El coloquio de los perros* (1613), donde dos canes, llamados Cipión y Berganza, dialogan sobre lo divino y lo humano. Es cierto, no parece de Cervantes.

En una de estas conversaciones, hablan de un mercader que tiene dos hijos que van al estudio de la Compañía de Jesús. No dice de qué ciudad. Pues bien, muchos han entendido que, si lo sabe, es porque estudió allí, vamos, que es una mención autobiográfica. Y según la mayoría, debió ser con diecisiete años en Córdoba y Sevilla (1554-1564). Pero también otros dicen que fue en Valladolid. José Martínez-Escalera apunta un dato muy interesante, y es que, en el momento de la fundación de las escuelas jesuíticas en Córdoba (1554), uno de los testigos es el licenciado Juan de Cervantes, abuelo de Miguel. Hasta aquí podemos llegar.

Un detalle que había pasado desapercibido, y que es muy importante, es el aportado por el profesor Lucía Megías: la letra con la que escribía. Como tenemos tan poco donde agarrarnos, estos detalles devienen en fundamentales. Sus trazos eran de bastarda canónica, que era la adecuada para notarios y juristas. En un momento en que había que pagar a los maestros para que te enseñaran, hubiera sido más barato aprender con letra redondilla. La más económica. Es obvio que esto prueba que sí que había tenido una educación más esmerada de la normal. Pero seguimos sin saber exactamente ni dónde ni cuándo.

Estamos de acuerdo con este profesor en que desde este momento se le ha preparado para ser secretario de una casa nobiliario o letrado en la Corte, que es su mejor opción. De hecho, su primer *trabajo* fue ser camarero del cardenal Aquaviva en Italia (1569?). El que escogiera después enfocar su carrera a ser corregidor o contador estaba en consonancia con su familia, sus antecedentes y lo que le habían enseñado tanto en casa como fuera de ella. Otra cuestión es que fuera demasiado ambicioso y se pasara de frenada.

Lápida conmemorativa academia de humanidades
de Juan López de Hoyos en Madrid.

Lector voraz

A este lado del río tenemos a los que piensan que fue un «lector voraz», como lo describe la cervantista mexicana María Stoopen Galán. Esta escritora nos detalla el número de lecturas que tuvo que tener, desde la Biblia, Erasmo, poesía, romancero, la *Celestina*, vidas de santos, novela bizantina, pastoril, refraneros, tratados históricos. Daniel Eisenberg cuenta al menos doscientos diez libros que pudo leer. Cotarelo y Valedor la aumenta y la sube a cuatrocientos treinta y al menos el doble de libros. Elucubra que debió tener biblioteca y hasta libros prestados o remitidos por sus amigos. No es descartable, ni lo uno ni lo otro, parece razonable. Tenemos constancia de los libros de medicina de su bisabuelo y de los pocos de su padre Rodrigo de Cervantes en Valladolid.

Martín de Riquer dice que en Italia sacó tiempo para leer a Petrarca, Sannazaro, Boccaccio, Bandello, Boiardo, Ariosto, Pulci,

Tasso, Bembo, Tansillo, Equicola, León Hebreo. Otros estudiosos aumentan la apuesta y hablan de Cinthio, Guarini, Bembo y decenas más. Si nos vamos a lo que pudo visitar, Martín Fernández de Navarrete (1819), caballero, marino y político, uno de los biógrafos más importantes del siglo XIX, se vino arriba y dibujó a un hombre que «había navegado los mares Mediterráneo, Adriático, Jónico, Tirreno, y Ligur, con las costas de Grecia, Albania y África; de todos esos lugares dejó exactas y por qué no decirlo, bellas descripciones salpicadas de anécdotas». Ideas que han seguido punto por punto muchos expertos actuales fascinados por el *Quijote*.

Miguel Ángel Domínguez Rubio da una clave con la que básicamente estamos de acuerdo, una vez que nosotros también hemos sido soldados, de pueblo, nos hemos montado en una mula y trillado en la era: «Difícilmente un soldado podía haber visto tanto mundo y de forma tan precisa». Probablemente, muchas cuestiones que damos por autobiográficas, que vivió en persona, son relatos escuchados de compañeros de fatigas, cuentos, leyendas, mitos, refranes y poemas recitados a la luz de las velas y delante de un buen vaso de vino en una taberna de Esquivias, Sevilla o Madrid.

Desde nuestra experiencia, quizás también desde el desconocimiento más profundo, cuando hemos descubierto al Cervantes ilustrado, no ha sido en el *Quijote*, sino en su obra crepuscular: el *Persiles*. Hermética, compleja, árida, un verdadero galimatías inexplicable. Cien personajes, cincuenta tramas, que resumen toda la historia escandinava y europea de los últimos siglos, desde la Edad Media a la Modernidad. Eso no lo puede conocer, y menos escribir, alguien que no sea un humanista culto auténtico: ¿cuándo lo escuchó y lo aprendió? Quizás en los lugares y momentos más inesperados.

Ignorante y genial

En la otra orilla, los insultos que recibió Cervantes en vida, que veremos cuando estudiemos a sus enemigos, no le van a la zaga a los que recibió después, además por muchos críticos que presumían de admirarle. La expresión del «ignorante» la acuña el escritor esloveno-mexicano Ludovik Osterc: «Desde entonces ha hecho carrera el concepto de que el gran novelista fue apenas hombre de escasa cultura y, cuando mucho, un genio inconsciente. Dicho en otros términos:

Cervantes era un ignorante, Cervantes era un hombre de su tiempo y Cervantes era un hombre inconscientemente genial».

Entre las *perlas* que le dedicaron varios de los más importantes cervantistas de los siglos xix y xx se encuentran estas: por ejemplo, Diego Clemencín dijo que era un «ignorante en el arte de escribir»; Francisco Rodríguez Marín, director de la Biblioteca Nacional, dijo que, como Colón, no fue totalmente consciente de lo que inventó.

Marcelino Menéndez y Pelayo, refiriéndose a la cultura literaria del gran novelista, escribía: «Que Cervantes fue hombre de mucha lectura no podrá negarlo quien haya tenido trato familiar con sus obras [...]. Pudo Cervantes no cursar escuelas universitarias [...], pero el espíritu de la antigüedad había penetrado en lo más hondo de su alma».

Antes de que cualquiera lo vuelva a desempolvar, diciendo que acaba de encontrar otro documento escondido que los cervantistas han ocultado, con quién sabe qué intenciones, debemos reconocer que existe un documento que habla de un licenciado Cervantes Saavedra.

Estatuas de Quijote y Sancho en Alcalá de Henares (Madrid).

Se trata de un manuscrito de 1599 por el que sé que entrega la curaduría de Isabel de Saavedra, hija de Alonso Rodríguez y Ana Franca, a Magdalena de Sotomayor, hija del licenciado Cervantes de Saavedra, difunto. Se trata, ya lo hemos deducido, de la hija bastarda de Miguel de Cervantes, que se queda al cuidado de su tía.

El sacerdote Cristóbal Pérez Pastor, quien lo encontró, dedujo que, efectivamente, acababa de encontrar la prueba de que el autor del *Quijote* estudió en la universidad. Pero una lectura superficial nos da ya la idea de que lo que sucedió es un error del escribano que mezcló los datos y nombres del abuelo y del padre putativo de la niña.

Recientemente, Alfonso Dávila Oliveda ha vuelto a insistir en que Miguel de Cervantes estudió en la Universidad de Alcalá de Henares. Archivero de profesión, incluso ha aportado una serie de reproducciones de los libros de matriculaciones de la Universidad de Alcalá, donde aparecen un Micaelis Cervantes y otro Miguel de Cervantes como socio de la universidad. Sería un descubrimiento fundamental por todo lo que hemos comentado. Pero comprobadas las referencias, éstas no aparecen. Tendremos que seguir esperando.

CERVANTES NO ESCRIBIÓ EL *QUIJOTE*

Seguimos con la vista en el péndulo y se ha marchado hacia el otro lado. Tenemos que escoger entre un «ingenio lego», que es un superdotado o ha tenido suerte o directamente derribar el castillo de naipes pensando que no puede ser que una persona con la desconocida o nula formación de Miguel de Cervantes hubiera escrito una obra maestra como el *Quijote*.

Según Francisco Calero es imposible. En la presentación de su idea dice expresamente: «El *Quijote* no puede seguir teniendo un padrastro. Ha de tener un padre digno de tal maravilla salida de la mente humana [...]. No pudo ser el padre del *Quijote* porque no se lo permitió su formación, ni el desarrollo de su vida [...]. Para poder escribir el *Quijote* era necesaria una vida dedicada al estudio, a la reflexión, a la asimilación de las lecturas, una vida no perturbada por continuos viajes, por guerras, por prisiones».

Es una propuesta con un punto de partida interesante. La cuestión es lo que viene después. Y es que el autor del *Quijote* debe ser un intelectual de mucha más altura: Luis Vives. Perfecto, ¿qué problema hay? Que a pesar de todas las referencias a la obra de este autor que puede haber en la narración, que pueden ser muchas y muy interesantes, Luis Vives murió en 1540 y el *Quijote* se publicó en 1605. Añade que también es el autor del *Quijote* apócrifo (1614).

La primera pregunta que nos surge es: ¿en qué cajón estuvo guardado el manuscrito y quién lo tuvo durante sesenta años? ¿Por qué lo publicó en 1605 y en 1615, y no antes o después? Y lo segundo: ¿qué hacemos con las referencias al cautiverio, a Lepanto, a la expulsión de los moriscos, a la segunda parte, a Lope de Vega, todos hechos posteriores a la muerte de Luis Vives? ¿Hubo un corrector que lo rehízo después con hechos contemporáneos? Lo dicho, a tumba abierta.

Primera página de la primera edición del Quijote (1605).

No es la única propuesta de este tipo. Otra de ellas es todavía, si cabe, más audaz. Es el intento de robo por parte de los ingleses del *Quijote*. En cierto modo lo descubrieron ellos primero, por lo que no irían muy desencaminados. Las propuestas son varias, tan desternillantes y disparatadas como la propia mente del protagonista, y con su propia intrahistoria.

Me refiero a Christopher Marlowe (1540-1593), parece ser que uno de los nombres que estaría detrás de varias comedias del ignoto Shakespeare. El problema es que, como en el caso de Luis Vives, estaba muerto cuando se escribió la narración. Fue asesinado. Parece que no hay problema alguno en teorizarlo. Se dice que sobrevivió y era un espía que se ocultó con nombre falso. Otro que se ha propuesto con fuerza es Philip Sidney. Tampoco puede ser, porque también se murió antes. Entonces sólo queda Thomas Shelton, traductor del *Quijote* al inglés en 1612. El problema es que, si fue el redactor, hubo que traducir del inglés al español.

Lo dicho, una verdadera locura lo que produce este libro. Tanta, que el actor cordobés Rafael Álvarez *El Brujo*, en su obra «El ingenioso caballero de la palabra» (2016), sostiene que Cervantes no sólo no escribió el *Quijote,* sino que ni siquiera existió y fue un colectivo el responsable de tal hazaña. Obviamente esto también es ficción dramática.

Las etapas de su formación

Personalmente, me parece muy interesante la reflexión de Eduardo Álvarez: «Uno de los rasgos que informan la cultura del quinientos es su carácter elitista y cortesano. La nobleza, el rey, las altas dignidades eclesiásticas monopolizan las manifestaciones plásticas, literarias y científicas, encerrándolas en una jaula dorada y separándolas del despreciado vulgo».

Si examinamos el periplo de Miguel de Cervantes de una forma más amable, con menos estridencias, tenemos que admitir que, al principio, en su juventud, ni era tan pobre ni estaba tan excluido. La alta cultura siempre fue de élites. Es impensable que un pobre del estado llano, incluso un hidalgo de aldea que no llegaba a fin de mes, pudiera acceder a una educación de calidad, entrar en círculos cortesanos y literarios y publicar libros de esta profundidad, pasando censuras eclesiásticas y palaciegas. No nos equivoquemos, es imposible.

A su amigo Tomás Gutiérrez, extraordinariamente rico, por ser comediante y tener una posada, no le permitían entrar en una cofradía en Sevilla. A Cervantes, con que le hubieran olido de lejos que era converso o pechero, es decir, no hidalgo, y un poetastro de mala muerte, no hubiera entrado en ningún círculo académico de este nivel. Por mucho menos le querían echar.

Es más, ni tampoco una noble de aldea como era su suegra, ni un futuro comisario del Santo Oficio, como sería su cuñado, el cura Francisco de Palacios, le hubieran permitido acceder a su casa a conversar, y menos entrar en su familia. Al menos tuvo que tener credenciales, la apariencia económica, de linaje y el porte de que era uno de ellos. Que los de ciudad no hemos inventado la rueda. Lo más sencillo es pensar que no mentía ni imitaba, que lo era de cuna. No nos equivoquemos con esto.

Miguel de Cervantes: *Retratos de españoles ilustres.*

La conclusión que puede sacarse es que la formación la tuvo que obtener en su juventud, antes de 1569, año en el que se fue a Italia, y por supuesto antes de 1571, cuando se subió a un barco. Y sólo tenía veintitrés años. O justo en esos cinco años intermedios en Esquivias (Toledo, 1582-1587) o ya en los otros cinco que van desde 1599-1604. Diez años con cierta tranquilidad para leer y volcar lo leído en negro sobre blanco. Quitémosles las ocupaciones inherentes a todos, familia, trabajo, papeleo, tardeo, nos podemos quedar con la mitad.

Por supuesto es un fuera de serie, absolutamente inteligente, fue a más encuentros intelectuales de los que suponemos y aprovechó todos los tiempos muertos para comprar, incluso pedir y escuchar recitados a viva voz libros, como dice Margit Frenk. Pero su literatura tiene mucho más de calle, de historias orales, de taberna, de lo que se le ha supuesto, erróneamente según mi criterio. Siguiendo a André Jolles, las fuentes que utiliza son: (1) sucesos, (2) leyendas-mitos, (3) mitología clásica-bíblica-oral, (4) hechos reales y (5) literarias. Todas tienen su espacio, todas tienen su peso y no deberíamos privilegiar unas sobre otras porque perdemos la perspectiva global.

Las lecturas tienen más peso en la genología, el género de las obras, es decir, si es picaresca, aventuras, italianizante, en el estilo y en la forma de escribir. Pero la influencia es mucho menor en los elementos más visibles de las novelas. Nos referimos a muchos personajes, las tramas y la geografía, que es en lo que solemos fijarnos los legos.

Y por supuesto en ningún modo pudo haber tenido acceso, ni por tiempo, ni por dinero, ni por oportunidad, a todas las lecturas que se le presuponen. No fue solo un ratón de biblioteca, sino más bien carne de camino y de posada. Eso no es lo que nos cuenta la historia y los documentos. Hay que darle un nuevo repaso e intentar entender quién fue Miguel de Cervantes realmente en su contexto.

¿Quién es Miguel de Cervantes?

¿Qué es lo que pensaba en su interior Miguel de Cervantes? Aunque parezca mentira, hemos avanzado mucho a la hora de conocer a una persona que vivió hace cuatrocientos años. De todos modos, siempre hay que ir con cautela. Michel Moner dice: «Sabido es que investigar las posturas ideológicas de Cervantes y tratar de dar cuenta de su pensamiento religioso ha sido uno de los rompecabezas contra los que se estrelló la crítica cervantina, sin conseguir aportar interpretaciones decisivas».

En el mismo sentido, Felipe Pedraza advierte de lo que se encuentran los curiosos que intentan escudriñar al Cervantes más secreto, y es que podemos pensar tanto lo uno como lo otro. El famoso péndulo que va de acá para allá: «Algo falla en los métodos de análisis de las humanidades, en el rigor científico del que tanto nos preciamos, cuando un mismo autor puede ser según la moda de cada momento, librepensador o reaccionario, fervoroso católico postridentino o agnóstico declarado, dogmático o escéptico, representante de los valores del cristianismo militante contra judíos y herejes o converso e incluso criptojudío, castísimo y varonil poeta o desenfrenado perverso».

De nuevo nos preguntamos, ¿en qué creía Miguel de Cervantes? Por supuesto no disponemos de ninguna carta o escrito suyo que expresamente responda a esta pregunta. Entonces la respuesta en la práctica vendrá de interpretar lo que quiso decir en algunos pasajes de sus obras y de sus actos: sabemos lo arriesgado que es interpretar algo que por definición es ficción.

Como esta es una aproximación al Cervantes personal, sin ánimo de predisponer por completo al lector, hay que tener en cuenta que Miguel de Cervantes tenía un abuelo, un padre y un cuñado que eran familiares del Santo Oficio, su mentor también lo era (el inquisidor Sandoval y Rojas) y entró en dos órdenes religiosas y fue enterrado con el hábito de una de ellas. Es la opinión de Moreno Báez: «Todo lo que sabemos de Cervantes prueba que profesaba sinceramente el catolicismo. Desde que a los veinticuatro años combate en Lepanto hasta que pocos días antes de su muerte hace sus votos solemnes en la Venerable Orden Tercera de San Francisco, no hay en su vida nada que permita dudar de la solidez de sus convicciones».

Es decir, que por mucho que queramos rebuscar, en sus formas externas y en sus conversaciones cuerpo a cuerpo debió ser completamente ortodoxo. La cuestión es si de lo que escribía podemos deducir que pensaba diferente. Américo Castro le considera erasmista, casi hereje, y, por tanto, si de cara al exterior es pulcro y por dentro piensa otra cosa, se trataba de un «hipócrita» ortodoxo.

Es obvio que Cervantes era una persona con un apetito intelectual voraz y que estaba interesado por múltiples temas, básicamente, en todo lo que le podía ofrecer la religión, la cultura, la ciencia de su época y que caía en sus manos. Pero es que esta volubilidad también la reflejó en sus obras: ¿era sólo interés mundano o había algo más detrás?

CREENCIAS RELIGIOSAS

Devoto católico y contrarreformista

Si nos dejamos llevar por la apariencia, como tantas veces sucede en nuestras vidas, como decimos este hombre debió ser un devoto católico. Vivió en una época en que se producía el cambio religioso en Europa, con la Reforma protestante, a lo que los países católicos, como España, respondieron con la llamada Contrarreforma y el Concilio de Trento. Por tanto, siguiendo la ideología imperante, debía ser contrarreformista, que era lo que le tocaba.

Este silogismo ha sido seguido por múltiples autores, tantos que no ha lugar. Podemos recordar a varios de los más relevantes. El primero es González de Amezúa, el segundo es Helmut Hatzfeld. Para este estudioso, los religiosos que aparecen en el *Quijote* son las figuras más amables, las que por todos los medios buscan volver a la razón al loco: Pedro Pérez, el cura, el bachiller Sansón Carrasco, el canónigo de Toledo y el capellán de los duques en la segunda parte. Mención especial para don Diego de Miranda, el Caballero del Verde Gabán, quien muestra la piedad de las buenas obras, que es la de la Contrarreforma. Sin embargo, otros críticos interpretan estas mismas frases como parodias.

Las interpretaciones sobre la ortodoxia de su última obra, el *Persiles* (1617), son épicas: las hay realistas, tropológicas, alegóricas… Debemos tener en cuenta que se trata de una trama de habla de dos peregrinos, a los que se suman más, que van desde Escandinavia a Roma en peregrinación. El peso del catolicismo y de la religión es patente y penetra por todos los poros, tanto en personajes como en circunstancias. Sin profundizar demasiado, como dice Armstrong-Roche, las lealtades religiosas de los castos enamorados en peregrinación a Roma, con rezos y visitas a santuarios, parece que son muy claras.

Para Paul Descouzis, don Quijote es un «catedrático de Teología Moral» y Cervantes un fiel «plagiador» de los mandatos del Concilio de Trento, que aparecen reflejados en la novela. Recientemente, el catedrático estadounidense Michael McGrath ha insistido en que no podemos separar a Cervantes de sus raíces católicas: «Sin embargo, si tenemos en cuenta los acontecimientos de la vida de Cervantes, el entorno sociopolítico de la España del Siglo de Oro, especialmente la diversidad del catolicismo moderno temprano, y las inclinaciones literarias de Cervantes, creo que el tono burlón e irónico de la espiritualidad cervantina en Don Quijote no define a Cervantes ni como un autor que subvierte el catolicismo ni lo afirma».

En otro orden de cosas, entre las derivaciones filosóficas y místicas más desconcertantes se encuentra ésta: don Quijote es Jesucristo. Estaba en un congreso internacional muy importante, justo el profesor que estaba sentado a mi lado comenzó a disertar con una ponencia precisamente sobre la idea de comparar al personaje de don Quijote con Jesucristo. Era de las primeras veces que lo escuchaba y se me quedó grabado. Y a todos los oyentes, porque estaba enfrente y alguno que otro hizo alguna mueca de desaprobación. Igual que cuando leí que la última frase de Simón Bolívar fue: «Los tres mayores majaderos de la historia somos Jesucristo, don Quijote y yo».

El punto de partida de esta idea tuvo que ser Miguel de Unamuno. Su interpretación del *Quijote* es apasionada, filosófica y profunda, pero no puede entenderse que, como dice Blanca Santos de la Morena, estemos hablando realmente del Cervantes histórico y de su pensamiento religioso.

Como dice Luis Iglesias Ortega en su tesis doctoral: «Además de una filosofía, el quijotismo es sobre todo una religión, católica, española, quijotista, laica e independiente». Deviene en mito, y se difumina en mística, ya que «no es de este mundo». Para Unamuno, don Quijote es el «Cristo español».

Erasmismo e Inquisición

¿Qué es el erasmismo? Es la doctrina que difundió un sacerdote católico, teólogo y filósofo holandés llamado Erasmo de Rotterdam. Cuando llegó el protestantismo y la Reforma a Europa, se mostró equidistante y no quiso firmar por ningún bando. De hecho, se carteaba con Martín Lutero y parecía que estaba de acuerdo con él en lo esencial y éste le admiraba por su traducción de la Biblia. Pero no era así, porque publicó un libro sobre la doctrina del libre albedrío que los contradecía.

Al morir acabó enterrado en una catedral protestante, la Catedral de Basilea, y sus libros fueron incluidos en el *Índice de libros prohibidos por la Inquisición* (1559). Su influencia, muy grande a principios de siglo, se fue diluyendo, y en la época de nuestro biografiado, como dice Jorge García López, puede que Cervantes sólo lo considerara un hereje. Pero no todo el mundo piensa así. De hecho, esta es una idea que ha calado muchísimo en la doctrina española.

El primer gran impulso a la idea de que Cervantes era erasmista es que conocemos muy pocos maestros del autor del *Quijote*. Cuando murió uno de ellos, Juan López de Hoyos, se descubrió que en su biblioteca había varios libros de Erasmo. De ahí a que los había leído Cervantes cuando fue a sus clases, y desde este segundo escalón, que era casi un hereje en sus escritos, sólo bastaba chasquear los dedos.

El segundo empujón fueron los grandes nombres que se sumaron, como Marcelino Menéndez Pelayo y sobre todo Américo Castro. Para este último, el pensamiento cervantino era esencialmente erasmista. Teniendo en cuenta la crítica que hacían sus seguidores a los libros de caballerías, que el principal libro de Erasmo fue *Elogio de la locura*: ¿cuál es el mayor loco de la literatura universal? Y luego el episodio que se dice más erasmiano es el de la cueva de Montesinos, que se trata de una catábasis, o descenso a los infiernos, en el que el héroe realiza su propio viaje iniciático, puesto que Erasmo ya había tratado el tema de la Cueva de Platón en sus obras.

Antonio Vilanova dice: «Creo poder afirmar de manera precisa que la verdadera inspiración del *Quijote* de Cervantes procede del *Elogio de la locura*, y que la génesis de la novela cervantina adquiere su verdadera intención y sentido si se tiene en cuenta que Cervantes se propuso desarrollar en forma novelesca la sátira erasmista en elogio de la locura humana».

Erasmo de Rotterdam.

Protestante y la censura

Mucho menos seguida es la propuesta de que no es que fuera erasmista, sino que, sin intermediarios, había sido seducido directamente por las tesis de Lutero. Vamos, que era sin ambages un hereje, un protestante oculto. El estar basada en la interpretación de ciertos personajes y que muy pocos se atrevan a decirlo expresamente ha hecho que esta idea sea todavía una novedad.

Abramos el baúl y busquemos en su interior. No hubo censura para la primera edición de su colección de *Novelas ejemplares* (1613). Tanto es así que la licencia eclesiástica se dio en una semana y la civil en un mes. Presumamos que había tal confianza en el manco de Lepanto y tal permisividad y laxitud en las autoridades, que con un hojeo rápido bastó.

Sin embargo, ya fallecido, justo las siguientes ediciones que se hicieron en Sevilla a partir de 1624, tenían ciertos *cambios y errores*. Todo ello en cursiva, porque no eran tales. Entre las modificaciones había algunas relativas a la religión y son bastante curiosas, porque nos indican que la mentalidad de la época había cambiado y se dieron cuenta de que Cervantes colaba inocentemente ciertas cuestiones que podían pensarse heterodoxas.

La principal es la que aparece en la novela llamada *La señora Cornelia*. Estemos atentos para no perder detalle de cómo se puede hilar muy fino para aquel que quiera entender. La acción está situada en Ferrara (Italia). Aparecen varios personajes históricos reales, entre ellos el protagonista que es el duque de Ferrara, Alfonso d'Este, gran apoyo y mecenas de los poetas, que nunca tuvo hijos. Debido a esto, en cuanto murió, el ducado pasó a ser propiedad del papa de Roma. Cervantes cambia la historia en un giro de política-ficción y le da un hijo con la tal Cornelia, que es la que da nombre al cuento. Es decir, que se puede estar insinuando que no es bueno que el papa tenga tantas tierras. De momento no empezamos bien.

Pero eso no es todo. A pesar de que murió en 1597 y ya habían pasado unos años, los lectores ilustrados podían recordar lo que se contaba, con sus cambios históricos. El manco de Lepanto incluye a la madre del noble como muy cercana a él, aconsejándole que no se case con Cornelia, sino que lo haga con la hija del duque de Mantua. Es decir, es tratada como un personaje amoroso de su hijo, de forma amable.

El problema es que esto no pudo suceder, es otro invento un poco inoportuno, porque su progenitora había sido expulsada de su Corte por su marido y su hijo por hereje (1543). Ésta es otra realidad histórica tergiversada por Cervantes. Y había pocas dudas, porque fue procesada por la Inquisición, se negaba a asistir a misa católica y había dado asilo hasta al mismo Juan Calvino, líder del protestantismo.

Lo que no habían percibido los primeros censores, lo hicieron los editores por su cuenta diez años después (1624). ¿Qué pretendía nuestro biografiado con esto que hoy llamaríamos ucronía? ¿No sabía que era arriesgado poner de personaje a Renata de Francia, una hereje confesa? El problema es que además no es la única mención, había más en otros sitios.

Frances Luttikhuizen volvió a descubrir otro personaje discutible confesionalmente y se dio cuenta de que había un filón. La manipulación del texto por parte del editor refleja la época. Como próspero impresor, no le interesaba caer en las sospechas de la Inquisición. Se trata de la maltratada novela *Las dos doncellas* (1613), que pocos saben que existe, muchos menos se han leído y los que lo han hecho ha sido para criticarla por insulsa.

La trama es la siguiente: un extraño llega a una venta cerca de Sevilla y entonces entra el alguacil del pueblo y les pregunta por las noticias de la Corte, del enemigo turco y de un tal Transilvano. Hemos perdido la perspectiva al no conocer el contexto histórico; ni siquiera sabemos exactamente a quién se refería ¿Por qué las justicias preguntaban por él? ¿Era una trampa para pillar a desconocidos sospechosos de herejía? Pues parece que sí, por ahí van los tiros.

Probablemente, este Transilvano sea Juan Segismundo, primer príncipe de Transilvania, recién independizado de los turcos (1540-1571). El problema es que era un tolerante con la religión de su principado, quizás demasiado. Es lo que tiene vivir en una época convulsa y de cambios. Fue primero católico, luego luterano, después calvinista y murió siendo unitario. Completó el póker de ases y ganó la mano. Es otro personaje demasiado ambiguo como para ponerlo en una novela. Da que pensar. Ahora bien, de todos modos, es una mención anecdótica que pasó desapercibida y por sí misma no demuestra nada sobre la personalidad cervantina.

La lástima de esta autora es que no siguió por este camino. Nosotros sí lo hemos hecho, intentando identificar a otras personas reales, sobre todo en su última contribución, el ignorado *Persiles* (1617). Hemos encontrado que hay cien personajes históricos y entre ellos hay bastantes que pueden considerarse, como éstos, una categoría aparte: personajes de «frontera» en cuanto a sus actos y creencias religiosas. Los veremos más adelante.

Recientemente, se ha vuelto a la cuestión analizando la novela *La española inglesa* (1613), pero esta vez sobre el análisis del texto. Parece ser que la novela termina diciendo que «las adversidades son nuestro mayor provecho», lo que recordaría a la doctrina calvinista de la predestinación. Otra vez Calvino.

Más curioso aún es la protagonista de la narración, Isabela, sea mitad española y mitad inglesa, como dice el título. Para los lectores de la época, puede que esto signifique que es un personaje mitad católico y sospechoso de ser reformado. Según se cuenta al final, solamente iba al monasterio y no participaba en las fiestas. Según Walter Marx, esto podría ser inocente, pero también hacer pensar a un inquisidor de la época de que se trataba de criptoprotestante, es decir, una hereje oculta.

Renegado y morisco

Otro de los temas recurrentes en el hispanismo norteamericano es el Mediterráneo, la mezcla de cultura, los turcos y por supuesto la expulsión de los moriscos (1609). No son pocas las ocasiones en que con William Childers hemos compartido, no sólo mesa, sino hasta fichero en el archivo, cuando existían, buscando noticias sobre este particular.

¿Fue Cervantes un renegado? ¿Tuvo problemas con la Inquisición después de volver de Argel? Lo cierto es que no. Tenía el apoyo directo de fray Juan Gil, jefe de la expedición de los trinitarios libertadores de cautivos en Argel (1580), que declaró a su favor, y se sabía que había ayudado a renegados a volver a su fe, convenciéndolos. Su postura en la época entre los que le favorecían era incuestionablemente ortodoxa.

Normalmente, a los cautivos sospechosos, y mucho más a los que habían sido renegados y querían volver a su fe, se les hacía pasar por un escrutinio inquisitorial para comprobar sus verdaderas intenciones. No son pocos los que hacían el camino de ida, vuelta y otra vez de ida o eran poco sinceros y se habían acostumbrado al nuevo credo.

El renegado, que no es otra cosa que un apóstata sincero, y la mayor parte de las veces obligado por las circunstancias de las penurias de la esclavitud, es una figura clave en la narrativa cervantina, al igual que la del tema morisco. Siempre se citan como referentes su teatro y el cuento «El capitán cautivo» del *Quijote* como ejemplos.

¿Cuál es la opinión de Cervantes? Ahí tenemos otra vez al hombre contradictorio. Como estamos volcados absolutamente en el *Quijote*, nos fijamos en el morisco Ricote y su vuelta a España, el trato a los personajes de Rafala y Ricla en el *Persiles*, con su apoyo incontestable a los matrimonios mixtos e interconfesionales.

En la vida de Cervantes hay que tener en cuenta que los Ludeña de Quintanar de la Orden (Toledo), que vivían con él en Esquivias (Toledo) y estaban en su entorno, apoyaron sin fisuras la vuelta de los moriscos convertidos, que, bajo su paraguas, eran los santeros y ermitaños de la Ermita de Nuestra Señora de la Piedad del pueblo manchego. Incluso llegaron a enfrentarse con el duro conde de Salazar, que también aparece en el *Quijote*, encargado de la expulsión de estos para que se quedaran. Curiosamente, lo tenían a mano porque era el comendador de la llamada popularmente «Encomienda de los Lugares de la Mancha».

Juan Luna, *Combate Naval de Lepanto* (1887).

Pero también tenemos el otro extremo del péndulo, que viene y va. En *El coloquio de los perros* (1613), la última obra de su colección de novelas cortas, pone en boca de su perra Berganza, en el diálogo con el otro perro, Cipión, un discurso que no deja en un buen lugar al colectivo, y que no se suele tratar. Nos ponemos en situación; Berganza, como si de otro Lazarillo se tratara, ha tenido un amo morisco con el que ha pasado muchísima hambre. Este momento lo aprovecha Cervantes para lanzar esta frase sobre la tacañería morisca: «¡Cuántas y cuáles cosas te pudiera decir, Cipión amigo, de esta morisca canalla, si no temiera no poderlas dar fin en dos semanas! [...] Como mi amo era mezquino, como lo son todos los de su casta, sustentábame con pan de mijo y con algunas sobras de zahínas, común sustento suyo». Evidentemente, es un personaje que es un perro y se percibe el humor y la ironía latentes. ¿Pretende Cervantes solamente lanzar un chiste? ¿Era entonces positiva, negativa o simplemente realista la opinión de Miguel sobre estos moriscos?

Superstición, brujas y realismo mágico

El pensamiento común sobre Cervantes es que es el adalid del realismo. Queda claro, está el *Quijote* que se mofa de los libros de caballerías por fantasiosos. Mientras en esos libros los que reciben a los héroes son enanos con sus trompetas mágicas, cuando Alonso Quijano se va a convertir en caballero en una venta, el ruido viene de un porquero llamando con un silbato a los cerdos. No se hable más porque parece obvio.

Sin embargo, parece que en otra contradicción más, el alcalaíno no pierde oportunidad para incluir hechiceros, magos, viajes astrales, licantropía —sí, hombres lobo— y demás menciones mágicas en cuanto tiene ocasión. Aunque sepamos que es una época en que todo el mundo creía en estas supersticiones, es una marca inequívoca de su técnica literaria. Le gustaba muchísimo.

Tanto es así que Alejo Carpentier (1949), cuando dio el pistoletazo de salida al realismo mágico hispanoamericano contemporáneo con su obra *El reino de este mundo*, comentó que su antecedente era Cervantes y su *Persiles* (1617). Se refería en concreto al personaje de Rutilio, quien era llevado por los aires desde Italia a Noruega en una alfombra voladora y presenciaba la transformación de la hechicera en lobo. Le han seguido Vargas Llosa y Borges (1980), quienes dicen que «Cervantes amaba lo sobrenatural».

No son menciones inventadas, sino referencias a magos y hechiceras reales de su época. En la primera parte del *Quijote* (1605), hay tres menciones que suelen pasar desapercibidas. La primera es la princesa Micomicona, que es Dorotea disfrazada en su lucha contra el gigante Pandafilando. Se dice que su nombre es la cacofonía de un mono, pero se ignora que es un homenaje y la duplicación de un nombre de un hechicero real que existió en Madrid y en la Mancha de la época, llamado Juan Micón. Su especialidad, adivinar el pasado mirando a un espejo. En la misma primera parte, el personaje de Grisóstomo, el pastor enamorado de Marcela, también predice las cosechas y tiene algo de mago. Está basado en dos hechiceros manchegos y toledanos de la época.

En la segunda parte, el más famoso desde luego es el licenciado Eugenio Torralba, conquense, procesado también por la inquisición (1527). El episodio donde aparece es en el del caballo de madera Clavileño (*DQ* II, XLI), donde los duques se ríen de don Quijote y Sancho montándoles en él y diciéndoles que van a volar. Aunque se dice que está tomado de los libros de caballerías y cuentos tradicionales, lo cierto es que es una historia verdadera que corría en los mentideros de la época.

Cuando fue detenido, el doctor Torralba, como se le llama, declaró que veía a un ángel o espíritu llamado Zaquiel, que en una ocasión le llevó por los aires a ver el saqueo de Roma por las tropas imperiales y el apresamiento del mismo papa (1527). De ahí que al escritor le pareciera muy apropiado y se le viniera a la cabeza citar aquí este personaje por lo del vuelo por los aires.

En la narración llamada *El coloquio de los perros* (1613), su última novela corta, aparecen tres brujas muy conocidas: la Camacha, la Cañizares y la Montiela de Montilla (Córdoba). Por supuesto, todas historias reales, como siempre muy cercanas a su vida y familia cordobesas, por donde pudo conocerlas. Se les atribuía la posibilidad de parar el cielo, de hacer viajes astrales y de convertir en animales a las personas a voluntad. La primera se llamaba Leonor Rodríguez y fue condenada por la Inquisición en 1572. Se rehabilitó junto a su hijo y se dedicó a vender paños y arrendar casas. El pasaje que recoge el escritor describiendo a una de ellas es muy crudo, hasta podríamos decir que impropio del narrador que pensamos conocer:

«Ella era larga de más de siete pies; toda era anatomía de huesos, cubiertos con una piel negra, vellosa y curtida; con la barriga, que era de badana, se cubría las partes deshonestas y aun le colgaba hasta la mitad de los muslos. Las tetas semejaban dos vejigas de vaca secas y arrugadas».

En su novela póstuma, el *Persiles* (1617), aparecen continuamente los hechos sobrenaturales y las brujas. Por supuesto otra persona real, otra persona andaluza basada en una realidad de la época que era la tradición mágica de los moriscos. Nos referimos a Cenotia de Alhama, de Granada. En la ficción es una hechicera morisca, maga como se autodenomina, pero que en realidad hace enfermar a su amado con un filtro de amor.

Aquí el poeta hace un homenaje lejano al famoso transexual masculino de la época, Eleno de Céspedes, que tuvo más, si cabe, una vida de película. Bastardo, mulato, esclavo manumitido u horro —como se le llamaba entonces—, encarcelado por peleas. Llegó a ser soldado en las Alpujarras contra los moriscos, y se hizo cirujano como el padre de Cervantes. Primero, como fémina, se casó con un hombre, tuvo un hijo y después, ya como varón, tuvo otro matrimonio posterior con una mujer: ¿bigamia y travestismo en pleno siglo xvi? Fue reconocido en Toledo y acabó siendo procesado por la Inquisición (1587-1589) y ganó tanta fama que, para ocultar el escándalo, tuvo que ser expulsado a Puente del Arzobispo (Toledo), cerca de Talavera de la Reina, para evitar las colas de curiosos que se formaban. No necesitó escuchar su historia en Sevilla, porque el cirujano se fue a vivir a Yepes y a Toledo, ciudades donde habían residido los Cervantes y que estaban al lado de Esquivias, donde se casó Miguel.

Obviamente, existen muchos más ejemplos, desde el membrillo toledano que utilizan para enloquecer al licenciado Vidriera, a Fátima de su obra de teatro *El trato de Argel* (1582), la cueva de Soldino, Mauricio —el irlandés—, en el *Persiles*, *La cueva de Salamanca*, etc.

¿Creía en la magia judiciaria, en la hechicería o la brujería? Desde luego, si no creía, le interesaba mucho. Para Eva Lara, resultó un burlador-burlado, pues acabó «hechizado» y atrapado. Lo que empezó siendo un juego, acabó en una pasión. Esto le pasó con otros muchos aspectos de su biografía. Ahora bien, como dice Santiago Muñoz, dado que todo tiene el barniz de la ironía, no podemos saber lo que opinaba realmente de ella. Teniendo las amistades religiosas que tenía, sólo podía manifestar desconfianza y escepticismo.

IDEAS POLÍTICAS

Castellanista o papista

Una de las mayores sorpresas y uno de los mayores avances recientes es poder acercarse a las ideas políticas de una persona que vivió hace siglos. ¿Es esto posible? La primera cuestión que tenemos que conocer es que, lógicamente, en aquella época, los partidos políticos no tenían nada que ver con los actuales. Podríamos considerarlos más facciones cortesanas de influencia frente a los consejos de la monarquía y el rey.

En resumen, según Montero Reguera, a la vuelta del cautiverio de Argel, podemos hablar de dos partidos, «romanista» o «papista» y «castellanista» o «hispanista». Básicamente, el primero era contrarreformista, más en la línea del papa y de la internacionalización de la política española; el segundo, estaba más centrado en el cierre de fronteras en Castilla, defender sus intereses frente a las potencias extranjeras, incluido el Papa, y mantener los estatutos de sangre y, por tanto, los privilegios de la nobleza, y la Inquisición.

Dado que en este último estaban incluidos Mateo Vázquez, secretario de Felipe II, Gaspar Cervantes de Gaete y Juan de Ovando, todos personajes cercanos a Miguel de Cervantes en lo personal —a Mateo Vázquez le llegó a dedicar un poema—, pues parecería que al principio podríamos considerarlo hispanista. Podemos pensar que lo hizo por el interés que tenía en entrar en la Corte, hasta que cambiaron los peones que intervenían en la partida. Pero el apoyo a los estatutos de sangre y la Inquisición parece que casan poco con el escritor más maduro. Según José Montero Reguera, en este momento el poeta estaría adscrito al partido castellanista. Patricia Marín Cepeda dice que al papista.

Ahondando más en el tema, aunque parezca increíble, el pulso de la ideología política de Cervantes o de su opinión sobre los asuntos del reino, podríamos decirlo así, se puede seguir con bastante precisión, sobre todo su odio a Felipe II y a su política, como lo definía Américo Castro.

Hay que tener en cuenta que en 1571 participa en la batalla de Lepanto como soldado, en 1575 es hecho cautivo durante cinco años y medio y vuelve a España en 1580. Para su desgracia, Felipe II se acaba de proclamar rey de Portugal e inicia una campaña bélica para conquistar el reino y las islas Azores, donde se producirá la batalla de la isla Terceira, en la que participará su hermano Rodrigo de Cervantes. Es decir, que el tema de África, Berbería, los cautivos, pasa a un segundo plano. Y estando concentrados en otro lado, sus peticiones de mercedes también, entre ellas las de ir a América. Se siente despechado y desilusionado y eso se reflejará en su narrativa, además de forma inmediata.

Nada más empezar su carrera, en la primera novela de Cervantes llamada *La Galatea* (1585), que lleva preparando al menos tres años, el argumento, aunque enmascarado en una pelea entre pastores al lado del río Tajo, tiene una traslación directa hacia la situación política del momento: para liberar a la protagonista (Galatea), Elicio decide enfrentarse con su monarca y defender el río castellano. El ambiente bucólico no oculta sus referencias a la situación política del momento oculta entre supuestas hierbas y aguas cristalinas.

Miguel de Cervantes informará a la Corte que está preparando este libro, pensando en que será recompensado con algún cargo. Teniendo en cuenta este contenido, sabemos lo que vendría después. Su familiar y amigo cordobés, el poeta Juan Rufo, pedirá también ayuda a la Corte y le darán quinientos ducados por su poema *La Austríada*. Por supuesto, contenía mayores alabanzas de los mandamases del momento. Cervantes, que como él mismo reconocía, no sabía adular lo suficiente, no recibió más que desprecios.

Su inquina no cesará jamás y se manifestará incluso cuando éste ha muerto. La novela *La española inglesa*, que trata de dulce a la reina Isabel I de Inglaterra, no tendría sentido sin un nuevo rey, Felipe III, y la llamada «Pax Hispanica» (1598-1621). Hay dos puntos en dos de sus *Novelas ejemplares* que nunca se destacan y que son altamente ilustrativos de su dudosa intención satírica hacia su monarca.

El primero es el cambio del nombre de *El celoso extremeño* (1613). Resulta que de esta narración tenemos dos versiones, una que encontraron en un manuscrito copiado por un clérigo de la catedral de Sevilla (Porras de la Cámara, 1604), y la definitiva. En la primera, los protagonistas, marido viejo y mujer joven, se llamaban Filipo e Isabela. En la segunda, cambiaron a Felipo y Leonora. Américo Castro estuvo hábil y rápido: se dio cuenta de que el motivo del trueque es que los primeros nombres sonaban demasiado a los de los reyes Felipe II y su mujer Isabel de Valois.

Se ha añadido que, además, había más similitudes en la trama, como que había mucha diferencia de edad entre los esposos reales y ficticios, los catorce años de la joven, la residencia en casas separadas, la vida enclaustrada en la Corte, los llantos de sus madres cuando las ven partir, el adulterio. Conociendo a Cervantes, su constante ironía, y que la primera poesía que publicó (1569) fue dedicada precisamente a la reina en su trance de muerte, pues no nos extrañaría nada que tuviera una intención insidiosa. Como las casualidades suelen no serlo, pues deduzcamos de ello.

En segundo lugar, está nuestra interpretación de los personajes históricos. Martín de Riquer no tiene reparo en descubrir cómo los personajes, que aparecen descritos como héroes que ayudan a los viajeros de la novela *Las dos doncellas* en su paso por Valencia y Barcelona, son todos reales: Pedro de Vique, Sancho de Cardona, los Granollachs y Francisco de Lemos.

Primera edición de *La Galatea* (1585).

Sin la desidia por los estudios historiográficos, se hubiera podido realizar una sencilla identificación y se hubiera encontrado la clave que los relaciona a todos ellos: Pedro de Vique, gobernador de Cartagena de Indias, fue condenado a muerte en la plaza Mayor de Madrid por cobardía y haber perdido toda la flota de galeras contra el pirata Drake (1586); Sancho de Cardona, almirante y virrey de Valencia, fue procesado por la Inquisición por su apoyo a los moriscos y murió en prisión; el diputado Granollach fue detenido y tuvo que huir a Francia después del motín de Barcelona (1591).

¿Estos son los admirados caballeros de Cervantes? Es un escritor que a vista de todos señala con el dedo. No hay que perderle en ningún momento de vista. Como no vemos aquí por ninguna parte la ironía, tendremos que pensar que, si es drama, es una crítica feroz a Felipe II a través del ensalzamiento de tres enemigos de la monarquía condenados a muerte, nada menos.

¿Santo patrón laico? Libertario, anarquista y feminista

Pedro Herrera, dirigente de la FAI (Federación Anarquista Ibérica), se acercó en 1945 junto con otros anarquistas exiliados en Francia hacia la cueva donde estuvo preso Cervantes en Argel. Lo hacía para reclamar la «propiedad» de la imagen de Cervantes y como acto reivindicativo. Instalaron una placa al lado de las otras españolas anteriores que habían intentado apropiársela.

Otro de los libertarios que celebraron el acto, José María Puyol, publicó en conmemoración de este evento el libro *Don Quijote en Alcalá de Henares* (1947) y sentenció: «Sólo tuvo un amigo, el pueblo». La placa fue robada y sólo quedan fotografías borrosas.

La tradición de identificación del alcalaíno con lo libertario era larga, centenaria. Al menos se remontaba a 1905, cuando Anselmo Lorenzo, llamado el abuelo del anarquismo español, publicó unos artículos en el periódico *Libertad Obrera* donde dijo que, si naciera hoy, don Quijote sería anarquista. ¿Podemos interpretar también en este sentido las aventuras del loco manchego? Parece que sí, si como hemos visto hasta ahora, vemos sólo un lado de la moneda.

Un buen resumen es el de Federica Montseny (1988), muy apologista de un pacifismo cervantino que también apoyó Luis Larroque, así como su humanismo cristiano: «*Don Quijote de la Mancha*, obra fundamental de Cervantes, ha sido y es el espíritu de aventura, la lucha por la justicia y la exaltación de la personalidad del hombre [...]. Cervantes (pacifista por excelencia, enemigo de la fuerza) tuvo la inteligencia de colocar a su lado, como símbolo de prudencia y del buen sentido popular, la figura del inimitable Sancho Panza, que es el pueblo».

Pero todo esto va mucho más allá. Miguel Cabañas apunta a que don Quijote llega a ser un «santo patrón laico de los republicanos españoles errantes, pertrechados con la permanencia de su inspiración y sus ideales». Para todos estos políticos, su vida refleja a un antisistema de libro: Cervantes es un excluido social por su condición de converso, es un exiliado en Italia, un esclavo en Argel, feminista, homosexual, equipara a cristianos y musulmanes, no da su brazo a torcer ante los poderosos, critica la corruptela de la justicia, el advenimiento del dinero como única fuerza imparable y motor social. Por eso tiene que utilizar a un personaje loco para decir lo que piensa de verdad. Y así, don Quijote se convierte en el símbolo de la libertad.

COMPORTAMIENTO

Homosexual

Teniendo en cuenta el interés que existe por la figura de Cervantes, era imposible que no se planteara esta posibilidad. Pero lo que al principio simplemente era una duda, ha levantado un interés inusitado y reconocemos que se ha convertido en una tesis extraordinariamente compleja y diversa, con muchas aristas.

Un buen resumen de los argumentos a favor es el de Rosa Rossi: el soneto contra su dignidad, su condición de converso y, por tanto, un excluido social; las acusaciones de Juan Blanco de Paz, las dudas del reconocimiento de su hija Isabel de Saavedra y el abandono periódico de su esposa Catalina de Salazar.

Rebuscando en los orígenes, podemos entender que las dudas sobre la virilidad de Cervantes vienen de lejos. El famoso soneto y poema insultante que le dedicó el entorno de Lope de Vega ya contiene un verso que dice: «Hablaste buey, pero dijiste mu» (1605). Es decir, que sus enemigos ya le acusaban en su época de que era un marido engañado. A esto se ha sumado los que opinan que no pudo ser el padre de su hija Isabel, que lo sería el marido legítimo de su amante, Ana de Villafranca, y no él.

También en aquellos años tenemos la declaración de su muy enconado enemigo Juan Blanco de Paz, en el cautiverio de Argel (1578), quien incluso le amenazó con hacer una información que le desacreditara por completo. No llegó a cumplir la amenaza. Curiosamente, a este clérigo también le acusaron el resto de cautivos y religiosos de ser él converso y homosexual, regalándole un bote de manteca.

Pero de todas las dudas, el hecho principal que siempre ha levantado las sospechas son las fugas de Argel cuando era cautivo. Nada menos que cuatro y sin consecuencias, cuando otros fueron asesinados, empalados y torturados de las formas más horribles y sangrientas. Una de las explicaciones que más éxito ha tenido es que fue homosexual, y por tanto amante de su captor, o, curiosamente en el otro lado del péndulo, que fue amante de la hija, como aparece en el cuento «El capitán cautivo». Pero nada se ha podido demostrar, y como dice Canavaggio, es difícil que así suceda.

Curiosamente, hasta hace cincuenta años era un tema totalmente ignorado entre los especialistas. Pero después ha habido una explosión con argumentos de lo más variado y entonces se han empleado adjetivos de lo más dispares para definir la sexualidad cervantina: Daniel Eisenberg lo llama «homoamical» y Rosa Rossi lo llama «andrógino», que no puede ser considerado ni hombre ni mujer, y sostiene que al menos tuvo fantasías de este tipo. Desde luego la visión más radical es la de Fernando Arrabal, quien en su obra *Un esclavo llamado Cervantes* afirma que era notoriamente homosexual.

Sobre lo que sabemos, lo cierto es que los testigos Alonso Aragonés y otros dicen que no le dieron más palos porque «hubo buenos terceros». Es decir, que alguien habló por él y de algún modo estaba protegido. ¿Por los padres trinitarios cristianos, por los amos musulmanes como Agi Morato? No lo sabemos, pero es cierto que tenía ayuda exterior, sin más explicaciones extemporáneas.

Sin ánimo de echar más leña al fuego en la polémica, es cierto que existen personajes homosexuales en su obra, incluso transexuales, recogidos de una forma velada. También es cierto que son secundarios, y no se reconoce esta condición en la trama salvo cuando sabes de quién está hablando:

En el *Quijote* se da el travestismo de personajes masculinos y femeninos. Dorotea, en la primera parte, se viste de hombre y hasta le ofrecen al cura Pedro Pérez que se disfrace de mujer, aunque luego se echa para atrás. Pero esto es muy común en la comedia del Siglo de Oro.

La gitanilla (1613) está basada en la historia del personaje real de Fernando de Vera, corregidor de Murcia en 1595. Aunque no se diga nunca en el texto, los lectores de la época sabrían por la descripción que se trataba de él. Perdió el oficio por ser acusado entre otros cargos de pecado nefando, es decir, homosexualidad. Este es el momento en que su esposa aprovechó para secuestrar a su hija, Teresa de Figueroa, lo que dio lugar al argumento base de la novela.

Muñoz Degrain, Cervantes ante el Bey de Argel acusado de conjura (1879).

El *Persiles* (1617) está basado en una novela bizantina de aventuras llamada *Clareo y Florisea* (1552) de Alonso Núñez de Reinoso, que se tuvo que ir a Italia, se dice que por converso, pero también por homosexual. En esta misma obra, el comienzo de Periandro descrito como un joven apuesto con los cabellos dorados, así como diversos episodios, pueden remitir a esta temática, incluso al incesto entre los protagonistas, que se supone eran hermanos.

También aquí aparece el personaje de Cenotia, una hechicera de Alhama. Muchos autores dicen que está basada en Eleno de Céspedes, el cirujano transexual del Siglo de Oro, historia que Cervantes pudo conocer en Toledo y que aquí introduce veladamente, solamente con el nombre del secundario. En el teatro cervantino (por ejemplo, en *Los Baños de Argel*) se alude a las costumbres de los turcos con los mancebos y el peligro que estos corrían, cuanto más jóvenes eran, de ser seducidos y convertidos al islam.

Masoquista y con TEPT

Sobre la salud mental de Cervantes también se ha escrito, así como sobre sus parafilias. Obviamente aplicándole categorías psicológicas muy posteriores que ningún hombre del barroco se hubiera planteado. No sabían que existían.

Una de las más sorprendentes es la del Cervantes masoquista. En 1980 Louis Combet, un paremiólogo francés muy conocido, curiosamente especialista en refranes, se descolgó proponiendo una alteración psicológica que incluía masoquismo, fetichismo, *voyeurismo*, exhibicionismo, de travestismo y erotismo que puede encontrarse en el *Quijote*. Además, examina también la recepción de su figura por parte de nosotros, los curiosos, y habla de un fenómeno de «cervantolatría» o imagen fetichista del genio.

Sobre otros posibles traumas en el escritor, María Antonia Garcés alude al producido por el cautiverio y la cercanía frecuente de la muerte. Según esta opinión, la prueba de que existe en esta persona y la superación del mismo es el continuo recuerdo del mismo en su literatura. Los ejemplos son el cuento de «El capitán cautivo» de la primera parte del *Quijote* (1605), que se considera autobiográfica, así como el episodio de los falsos cautivos de la última novela del autor, el *Persiles* (1617).

Para ello, se acude a la metáfora del «hilo roto» que se incluye en el último prólogo que escribió: «Tiempo vendrá, quizá, donde, anudando este roto hilo, diga lo que a mí me falta y lo que se convenía». Equiparable a la experiencia del 11 de septiembre y a las alusiones al Trastorno de Estrés Postraumático (TEPT) que sufren los soldados que vuelven del campo de batalla. Un acontecimiento traumático, como es en este caso una esclavitud prolongada durante años, supone una ruptura del hilo de la vida que debe ser reparado.

Desde nuestro punto de vista, las alusiones al cautiverio y a la falta de libertad imbuyen gran cantidad de argumentos de su obra. El *Persiles*, su obra magna y crepuscular, comienza con su protagonista encerrado en una cueva y es sacado para ser sacrificado. Demasiado explícito como para no recordar la cueva de Argel, el cautiverio y el momento en que Miguel de Cervantes asomó la cabeza, fue encadenado y vio su fin (1578).

Un dato más sobre los traumas cervantinos. El cautiverio no lo es todo. Olvidamos que cuando Cervantes volvió de Argel no perdió un ápice de su ilusión y empuje. No parecía ni afectado ni traumatizado. El ajusticiamiento de sus jefes y compañeros por corrupción en El Puerto de Santa María (1592) no le afectó tampoco para seguir aceptando puestos de cobrador de impuestos para la administración. Sin embargo, la cárcel de Sevilla (1597) debió suponer un punto y aparte. Desde entonces le vemos bajar los brazos. Cuando hablamos de falta de libertad, debemos ver toda su biografía con perspectiva.

Portada del libro de Louis Combet.

Cervantes jugador

Entre los comportamientos más extraños, por lo de no tener pruebas, que se han atribuido al escritor por estudiosos acreditados está el de jugador contumaz. Es una idea que proviene de Luis Astrana Marín, de ahí la ha tomado Daniel Eisenberg, Krzysztof Sliwa y otras autoras como Paula González. Cualquier aspecto de su personalidad se escudriña y cualquier agujero desconocido de su biografía se rellena con las explicaciones más inverosímiles.

Las alarmas saltaron cuando el, en teoría, paupérrimo poeta, comenzó en 1589 a prestar dinero, una cantidad respetable de 1600 ducados. Pues claro, esto lo había ganado en una timba o, siendo benévolo, con sus negocios. En 1597 volvemos a tener otra disponibilidad de dinero desconocida. El banquero portugués Simón Freire de Lima se ha fugado y se ha quedado con todo el dinero de sus clientes, incluido el cervantino. Lo que le lleva a la cárcel. De pronto, se cierra el caso porque el manco de Lepanto envía el dinero a Pedro de Ludeña y a su hermana Magdalena. ¿De dónde ha salido? Vuelve a aparecer la solución del juego.

El cervantista manchego no se dejó amedrentar y se empeñó en demostrar que Cervantes jugaba, y puede que lo demostrara, siguiendo a Pascual de Gayangos. Al menos que conocía el juego demasiado bien. Aquí los que vinimos después tendremos que formarnos nuestra opinión. Todos los soldados, y éste lo era, tienen demasiados tiempos muertos.

La prueba que se aportó es un libro, *Fastiginia (Vida cotidiana en la Corte de Valladolid)* de Tomé Pinheiro da Veiga, en el que se habla de un tal Cervantes que asiste a la casa de juego de la mujer de Lope García de la Torre, banquero y hombre de negocios. Si sumamos apellido a negocios y Valladolid, parece que podemos, malévolamente o no, pensar que era él. La anécdota es extraordinariamente graciosa y feminista, porque cuando el marido le dice que pare de jugar, ella le dice que se calle, porque se está jugando su dinero, no el suyo:

> La mujer se acogió aquí a penitencia, donde está, y él anda muy confiado. Conocéis á Lope García de la Torre, que deja a su mujer, muy dama y hermosa, jugando los 200 y 300 cruzados hasta la mañana, y

él se va a acostar, y cuando la llama, responde: «Lope García, callad y dejadme. ¿No queréis, Lope García? Cervantes, dadme aquella palmatoria, veremos si le hago callar. Como jugare lo vuestro, reñid; mientras juego lo mío, callad». Y la verdad es que estas tales lo saben y disimulan, porque son las propiedades que más las rentan y las dotes de que viven.

Pero el que Cervantes conocía los juegos más habituales de su época está fuera de duda. Las referencias en su obra son constantes. Recordemos el recuerdo del *Quijote* y el entremés de *El rufián dichoso* al mismo personaje: Pierre Papín, el jugador, al que llamaban «el francés giboso». Se puede seguir cómo sabía perfectamente jugar a los siguientes juegos de manos: la primera, el reinado, el mazo, las pintas, las quínolas, el parar (el mismo que el monte). Y dónde más, por supuesto en *Rinconete y Cortadillo* con el rentoy (en las Ventillas de Toledo), la presa y pinta (en Vejer) y la veintiuna.

Expresiones como «dar barato», «envidar el resto», «doblar la parada», «tomar las manos», y muchas más, pueblan las hojas cervantinas, sobre todo en el *Rinconete*, donde hay todo un manual de cómo hacerse tahúr.

Canavaggio, *Jugadores de Cartas* (1595).

Los Cervantes esclavistas

¿Podría tener Miguel de Cervantes esclavos? Sabemos que tuvo una criada en Valladolid, que aparece en las actas de la muerte del caballero Ezpeleta a las puertas de su casa. Pero ¿esclavos? ¿Podría ser tan contradictoria la realidad de un hombre que pasó cinco años y medio de cautiverio? Evidentemente no, pero también se podría sostener con una lectura capciosa de los documentos. Lo que estamos haciendo es «ponernos la venda antes de la herida», es decir, que alguien advierta que existe este dato y lo divulgue como un gran descubrimiento.

El 26 de junio de 1589, el escritor, que se declara vecino de Esquivias, pero vive en Sevilla, le da un poder a Miguel de Santa María, vecino de Segovia, para que pueda cobrar y recibir todos los bienes, incluidos esclavos, y hasta gallinas: «Especialmente para que por mí y en mi nombre y como yo mismo pueda pedir y recibir y cobrar judicial y extrajudicialmente de todas y cualquier persona o personas que sean y con derecho deba y de sus bienes, todos los maravedís y ducados y joyas, ropas, mercaderías, esclavos, vinos, aceites y gallinas».

Evidentemente, es una frase hecha, una fórmula que se incluía en estas escrituras de forma habitual. Pero no es tan extraño. Miguel de Cervantes desaprobaría la esclavitud como tal, pero en su familia, en su entorno, en su sociedad, estaba rodeado de ella y no podía cambiar las normas.

Como ya sabíamos, su abuelo y su padre tenían esclavos en Alcalá de Henares, porque lo declara el catedrático de medicina Cristóbal de Vega. No es el único caso de su familia, porque los documentos prueban que también su abuela, Leonor Fernández de Torreblanca, vendió en 1557 un esclavo llamado Luis, de veintidós años, a Andrés Ortiz el Romo en Córdoba. Y recientemente Carmen Vaquero ha descubierto que Juan de Cervantes, el tío, no el abuelo, vendió una esclava llamada Catalina en Toledo (1536). Los Salazar, parientes de su mujer, también los tenían. Hasta su hija Isabel de Saavedra y su yerno Luis de Molina tenían una esclava. Con estos antecedentes hubiera sido hasta normal que Miguel hubiera sucumbido a la tentación, si no fuera por su realidad.

En su literatura, hasta Sancho Panza sueña con ser rey de Micomicón, y tener vasallos a los que poder esclavizar y vender:

«¿Habrá más que cargar con ellos y traerlos a España, donde los podré vender y adonde me los pagarán de contado, de cuyo dinero podré comprar algún título o algún oficio con que vivir descansado todos los días de mi vida?» (*DQ* I, XXIX).

Antonio de Sosa/Diego de Haedo, Topografía e Historia General de Argel (1608).

LOS PERSONAJES DE FRONTERA EN SU LITERATURA

La pasión de Cervantes por los personajes y argumentos en el límite es legendaria. Volvemos a retomar el pensamiento de Frances Luttikhuizen, con el que estamos plenamente de acuerdo. Repetimos que es una lástima que no siguiera por este camino:

> «Para algunos, Renée (Renata de Francia, esposa de Alfonso d'Este) era la admirada princesa hugonote, para otros una gran hereje. Esta intencionada alteración del texto (*y de la historia por parte del novelista*) me concienció de que las referencias a personajes y hechos históricos reales, por insignificantes que sean, tienen un valor significativo en el estudio del pensamiento de Cervantes».

¿Qué nos pueden contar los personajes sobre su autor? Mucho más de lo que se piensa. La crítica ha dejado de lado los personajes, las tramas y la geografía para centrarse en las fuentes literarias. Pero identificar de qué personajes se está hablando no sólo sirve para saber dónde está el Lugar de la Mancha o identificar una comarca sobre otra, los llamados «modelos vivos», sino para directamente muchas veces entender el argumento de la novela.

Entre todos ellos, los personajes en las fronteras ideológicas y religiosas son un verdadero reclamo para el alcalaíno. Sobre todo, se encuentran en las *Novelas ejemplares* (1613) y en el *Persiles* (1617). No todo es el *Quijote*. Son personas reales que podríamos considerar conversas, pero no sólo de catolicismo a protestantismo o de judaísmo a cristianismo, sino de paganismo a cristianismo, de judaísmo a paganismo y los conocidos renegados del cristianismo al islam y viceversa. Vamos, todas las versiones posibles. Tiene especial debilidad por los que pivotan de un bando a otro varias veces.

No se olvida tampoco de los que están en un contexto religioso adverso y tienen que luchar por sostener su fe dentro de él ocultándola. Como esto último se parece mucho a su situación en el cautiverio de Argel, nos puede indicar perfectamente que esto es autobiográfico y refleja su situación personal.

Para poner unos cuantos ejemplos. Primero tenemos a los santos, no tanto los oficiales como los populares. Es decir, que, si miramos solamente a este grupo, Cervantes sería un devoto católico. En el *Persiles*, en un resumen rápido, tendríamos al personaje de Transila, que respondería al de Eduvigis, una reina y santa popular húngara (1374-1399); a Rosamunda, que sería Rosamund Clifford (1150-1176), amante del rey Enrique II de Inglaterra, cuya tumba se convirtió en lugar de peregrinación y tuvo que ser retirada del monasterio por el escándalo que producía que se considerara *santa* a una mujer como ella.

Otro sería San Magnus de las Orcadas, reflejado en la historia de los esposos vírgenes, asesinado y mártir; Waltheof, último mártir anglosajón al que se le cortó la cabeza (1076) por enfrentarse al rey Guillermo el Conquistador; Sinibaldo, un santo peregrino medio francés, medio alemán, patrón de Núremberg, y varios más. Era desconocido un interés tan desusado del escritor por los santos mártires medievales, de todas las culturas y el esfuerzo que tuvo que hacer para conocerlos. Es obvio que tampoco sabemos dónde pudo obtener este conocimiento.

Personajes que pelean contra un ambiente hostil serían, por ejemplo, los recusantes católicos de la novela *La española inglesa*, quienes luchan contra el enemigo protestante inglés. También tendríamos a Mauricio, un conde mago de nación irlandesa, cuyo referente fue Gerald Fitzgerald, conde de Desmond, cabecilla de una rebelión contra Isabel I (1569) y católico acérrimo.

Cervantes es un hombre en el que el Mediterráneo, la mezcla de culturas, lo morisco y lo turco tienen un peso extraordinario tanto en su vida como en su obra. Por eso, cuando se trata el tema de los conversos y los renegados, volcamos nuestros esfuerzos y nuestra mirada a los judíos, los musulmanes y los cristianos que resisten en su fe: el morisco Ricote del *Quijote*, Rafala y Ricla en el *Persiles*, *La gran sultana doña Catalina de Oviedo* en el teatro, entre muchos otros. Craso error, porque es una visión muy parcial. Hay muchos más en otras confesiones.

En el libro II del *Persiles* aparece un rey que se llama Policarpo. A poco que estudias lo que está contando, resulta que de un modo alegórico se trata del rey Christian II de Dinamarca, cuñado del emperador Carlos V. Su expulsión del trono, su hijo y el intento de recuperación de Suecia (1521), con baño de sangre incluido, aparecen en la trama muy difuminados. Obviamente, es una figura polémica, puesto que estuvo basculando toda su vida entre el catolicismo y el protestantismo de su pueblo, como su mujer, la hermana del emperador. Entre los personajes de esta novela, son también sospechosos de estar saltando entre una religión y otra los *modelos* y referentes históricos del duque de Nemours y Ladislao, así como del denominado Rubertino (Roberto *el Diablo*, padre de Guillermo *el Conquistador*). No son pocos.

Cuando los peregrinos católicos con todo su fervor llegan a Roma, ¿visitan los santos lugares, van a ver al papa? No, son recibidos por una cortesana —también personaje real— y unos judíos. Uno de ellos lleva el nombre de Manasés, converso de judío a pagano, y otro, Zabulón, de la tribu de los Gentiles en Israel (Galilea). Es decir, que los nombres no son escogidos al azar, sino que hay una intencionalidad de que sean comprometidos en sus creencias religiosas. ¿Qué sentido tiene esta elección? ¿Qué nos quería contar aparte de su desacuerdo con la Roma de la época?

Por supuesto también incluye homenajes a poetas que conoce y que cree que lo merecen. Algunos de los nombres remiten a personajes que nos cuesta tragar y deglutir. ¿Por qué lo hace? Renato de Anjou, rey de Nápoles y Aragón; se cita a un tal Lampidio, muy rico, este remite a Benito Lampridio, un poeta y profesor, según Marcelino Menéndez Pelayo sospechoso de ser reformista (1540+).

Cervantes utiliza a Rutilio para representar a la nación italiana en la novela. Curiosa elección del nombre. El personaje de ficción huye de amores desesperados y acaba en un viaje astral con una hechicera. A poco que veamos el contexto de una novela de viajes y con un tema de trasfondo religioso, no queda más que admitir que es un homenaje a Rutilio Namaciano (420), un poeta también viajero y conocido por ser pagano y sobre todo anticristiano.

Una mezcla imposible de personajes clásicos, medievales, tortuosos todos… Cervantes, ¿qué nos has legado? Si tomamos un camino, lo vemos como fiel católico; si tomamos otro, demuestra excesivo interés en lo herético y anticristiano: ¿qué dirección tomamos ahora que se divide en dos? Es un autor complejo y que sigue siendo desconcertante.

Portada de las Novelas Ejemplares (1613).

El mito: *«santo o demonio»*

EL LEGADO DE CERVANTES

Es una constante. Cada vez que llega el 23 de abril y se celebra el Día del Libro, todos acuden a decir el mantra de que Miguel de Cervantes murió el mismo día que William Shakespeare. Todos sabemos que, como Inglaterra tenía el calendario juliano, en realidad Shakespeare murió el 3 de mayo. Lo que no se destaca de la relación entre ambos es que el inglés lo admiraba tanto que su última obra de teatro, desgraciadamente perdida, estuvo dedicada a Cardenio, el personaje de la primera parte del *Quijote*. Se llamó *Historia del loco Cardenio* (1613) y llegó a ser representada.

Cervantes ahora mismo es ya un mito, del que todos opinamos y del que es difícil ya separar la realidad de la fantasía. ¿Es un santo o un demonio? Podemos perder la perspectiva y caer en la «cervantolatría», como decía Combet, o convertirlo en un «santo literario», como decía el profesor Felipe Blas Pedraza. En estas páginas tenemos respuestas para todos los gustos y opiniones, y cada uno tendrá la suya. Es el lector con lo que entiende el que crea su propio relato a partir de la novela del autor.

¿Qué pensaría Cervantes de su legado? Se sorprendería, lo primero, por lo enorme, teniendo en cuenta el poco caso que le hicieron en vida sus correligionarios. Pero en el detalle, abriría los ojos porque resulta que es donde probablemente peor lo pasó, ya sea en Alcalá, Sevilla, Castro del Río, etc. Es donde hoy más caso le hacen. Lo dicho, nadie es profeta en su tierra.

Una vez que hemos hecho un repaso breve de su paso por esta vida, nos interesa saber qué paso con su legado en todos los sentidos.

El literario lo conocemos más, a él le ha dedicado sus esfuerzos Santiago Muñoz Machado. Desde el primer momento hubo versiones de sus obras, y realizadas por novelistas y dramaturgos realmente relevantes, tanto dentro como fuera de nuestras fronteras. Calderón de la Barca llegó a tener unos *Disparates de don Quijote* (1637), Molière representó una comedia titulada *Don Quijote y los encantamientos de Merlín* (1660). Pero en el último tercio del siglo XVII, al menos en España, su eco se fue apagando y diluyendo. No así en el extranjero, que siguió rescatando al personaje a principios del siglo XVIII.

Nos interesa en este momento mucho más saber qué pasó con su herencia, su hija y su nieta, su desconocida capellanía en ciernes, sus restos y cómo subliminalmente Cervantes está presente en nuestro día a día, aunque no seamos conscientes de ello.

Manzano, *Últimos momentos de Cervantes* (1856).

SU HIJA: LA MEMORIA DESTRUIDA

El último desajuste de la vida del escritor es su hija Isabel de Saavedra. Si hacemos caso a sus biógrafos, fue probablemente el último clavo de su ataúd emocional. Murió rica y en teoría su padre lo hizo muy pobre. Muchos se preguntan por qué no le ayudó, con lo que eso hubiera supuesto para su obra artística, y arremeten contra ella por insolidaria, despegada e incluso perturbada psicológicamente. Dicen que se llevaban muy mal, y lo extraen de la interpretación de diversos documentos. Uno de ellos, por ejemplo, fue el testamento de su tía, Magdalena de Sotomayor, en el que ni siquiera la menciona. Evidentemente, no sabemos cómo era su personalidad porque los documentos son fríos estados de cuentas.

En realidad, fue un clon de su padre y de su abuela Leonor de Cortinas, sobre todo en lo referente a los negocios. Se dedicaba a hacer préstamos, de hasta dos mil doscientos reales (1643), y alquilaba casas en Madrid. Se gastó seiscientos ducados en hacer una cueva en su casa madrileña, alquilada a un prócer de la monarquía. Entre los bienes que entregó a su último marido se encuentran catorce mil setecientos cincuenta y tres reales, retratos de santos, tapices, cuatro sortijas —una de rubí, otra con diamantes y otra con un topacio—, manillas de oro, un hábito de Alcántara de oro y una gargantilla del mismo metal. Si esto es lo que donó, podemos entender que algo se quedaría para sí misma, con lo que evidentemente era una mujer bastante pudiente.

En lo que no le epataba era en su educación. Hay documentos en que se dice que posee libros y en otros que no sabía firmar. Es obvio que era hija de un matrimonio de taberneros. Aunque siendo joven entró al servicio como criada, y casi a la curatela, de su tía Magdalena de Sotomayor, lo cierto es que carecía seguro de la educación esmerada que tuvo su progenitor. No sólo su mala relación, sino que esta condición es la que nos explica probablemente por qué, aun teniendo dinero, no hizo más por la difusión y conservación del legado de su padre, como sí hizo su mujer Catalina de Salazar, encargándose de editar su último libro.

La historia de cómo parece que el dinero pegó un salto desde el bisabuelo Juan de Cervantes a su bisnieta Isabel de Saavedra, sin tocar a los *desgraciados* Rodrigo y Miguel, tiene una explicación bastante curiosa, que tiene que ver con el tema de *Las Cervantas* y su comportamiento al límite. Lo decimos de una forma irónica, puesto que, como hemos dicho, no creemos que ningún miembro de la familia Cervantes entrara en lo que hoy entenderíamos por pobre.

Isabel de Saavedra aparece con veinte años en la casa de Valladolid, viviendo con su padre y teniendo amores con su *amigo*, el comerciante portugués Simón Méndez (1605). Después se casó con Diego Sanz del Águila y tuvo una hija en 1607 llamada Isabel Sanz del Águila y Saavedra, la única nieta de Cervantes y que murió joven (1609), aun en vida de su abuelo. Aquí también existe polémica y dudas, porque no se ha encontrado ningún documento de este señor. Algunos investigadores piensan que fue inventado para hacer que su hija fuese legítima.

Los hechos posteriores con su amante, y la muerte inmediata de su no marido, hacen presuponer que fue hija del capitán Juan de Urbina. Éste, que era secretario del príncipe Emanuel Filiberto, se compromete a pagar una abultada dote de dos mil ducados, digna de la alta nobleza. Pero parece ser que hay dos documentos, uno en el que, obviamente, es Miguel de Cervantes el que aparece como obligado al pago de este dinero y Urbina como fiador, mientras que hay otro oculto —que no ha aparecido— en el que declara quién es el verdadero propietario de los bienes, que no ha sido revelado.

Con este dinero consiguen convencer a Luis de Molina, vecino de Cuenca, cautivo en Argel como su futuro suegro hasta 1598, quien luego acabaría como escribano real. Llegó también a Valladolid con la Corte y acaba como negociante y agente de negocios de los banqueros genoveses Carlos y Antonio María Trata, a veces también arruinado. Pérez Pastor dice que ambas similitudes (cautiverio y negocios) movieron a Cervantes, primero, para conocerlo y, después, para escogerlo como pariente.

Aunque Astrana Marín opina que no, para nosotros no hay duda posible. Su yerno *definitivo* es otro clon de su suegro. Nosotros ya no necesitamos más pruebas para ver que nuestro escritor se movía en un ámbito nobiliario intermedio, a veces de medio pelo, rodeado de abogados, pero casi siempre de comerciantes, prestamistas y excautivos.

La cuestión es que cuando tiene que pagar, la hija de Urbina ha muerto. Él se siente liberado de hacerlo, y comienza un largo pleito entre Miguel de Cervantes, Juan de Urbina y el nuevo marido, Luis de Molina. Todo por una casa. Lo que más interesante nos parece es que el inmueble en cuestión, según declara Isabel de Saavedra en su testamento, estaba destinado en sus rentas a constituir una capellanía de su padre. Se nos escapó de las manos. Si se hubiera constituido en alguna parroquia, y lanzamos la idea, tendríamos el testamento y probablemente muchos más datos personales.

Siendo un matrimonio por interés, como casi todos, pues evidentemente las relaciones entre ellos no fueron buenas, ella no le cita apenas en su testamento, él a ella sí. Krzysztof Sliwa cuenta un detalle muy interesante sobre la personalidad de Isabel, que, a pesar de ser vapuleada en estos últimos tiempos, pide que liberen a su esclava García de las garras de su marido, porque le había contado que, si no, «tendría mal recaudo». Normalmente, estas palabras indican que era maltratada y que se haría daño a sí misma o a su dueño.

En un momento determinado aparecen tres cucharas de plata que Miguel de Cervantes había ganado en el premio literario por la canonización de san Jacinto en Zaragoza (1596). Como cuenta Alfredo Alvar, las guardó y se las dio como dote a su hija. Queremos pensar, ingenuamente, que quizás no se llevaron nunca tan mal como se dice.

Oliva y Rodrigo, *Cervantes en sus últimos días escribe la dedicatoria del Quijote al Conde de Lemos* (1883).

SUS RESTOS: LA BÚSQUEDA DE SU TUMBA

El 22 de abril de 1616, un tal Miguel de Cervantes fue amortajado con un sayal franciscano, embutido en un sencillo ataúd de madera, con una cruz entre las manos, el brazo izquierdo inhabilitado, la pierna medio al aire y a cara descubierta, según contó en su epitafio su sobrino Francisco de Urbina.

Es recogido y llevado casi en soledad por los frailes hasta su tumba, que estaba al lado de su casa. Nada parecido a las multitudes que despidieron a su otrora amigo y ahora mortal enemigo Lope de Vega en Madrid. Había sequía y la gente estaba con otras proccsiones y preocupaciones. No muy diferente de la actualidad. Pronto, su tumba, al igual que su obra, cayó en el olvido o podríamos decir que desinterés.

Hasta que, como cuenta José Manuel Lucía Megías, el biógrafo Fernández de Navarrete (1819) avisó de que los restos de Cervantes se habrían trasladado una vez que las religiosas trinitarias se cambiaron de convento en 1633. Se sabía que hasta entonces se habían enterrado solamente diecisiete personas (1612-1630), entre ellas Miguel de Cervantes y su esposa Catalina de Salazar.

En previsión de esa circunstancia, fueron con georradar directamente a la cripta (2014). Pero empezaron por los nichos, que no dieron resultado. Sólo un ataúd con unas letras, M. C., que resultaron ser de un niño. El estudio documental reveló que los antiguos restos se habían llevado a un lugar indeterminado, es decir, que eran un osario. Lo encontraron en una esquina del mismo espacio, todos acumulados.

Se hizo un documental, se declaró que se habían encontrado sus restos mezclados con los de otros dieciséis difuntos, y las esperanzas de Prado de que hubiera un esqueleto completo, con daños, la mano dañada, los arcabuzazos de Lepanto en el pecho, se desvanecieron. Pero claro, esto se hizo sobre la base de que lo encontrado no muestra discordancias con los relatos históricos y espaciales. Según la antropóloga García-Rubio, la verificación matemática, es decir, con el ADN, es imposible, puesto que no hay nada con que comparar los restos. Los descendientes no sabemos dónde están y su hermana también está en Alcalá de Henares en un osario mezclada con otras personas.

Como no podría ser de otro modo, hubo varias polémicas que salpicaron este momento, tres si contamos los miles de euros que costó la búsqueda. La primera es que, en la placa que se instaló en la nueva tumba, se podía leer el nombre de su última novela como *Persiles y Segismunda* en vez de *Persiles y Sigismunda*, como es el título correcto. Nadie lo observó a tiempo y obviamente alguien lo cambió porque consideró una equivocación el título que le habían enviado. La segunda es que el promotor del intento de descubrimiento de los huesos, Fernando de Prado, declaró a los medios de comunicación que, a pesar de haber sido suya la idea, había sido ninguneado de las presentaciones, desplazado por un nuevo historiador y que ni siquiera le habían informado del descubrimiento de los restos (2015).

Convento de las Trinitarias en Madrid.

ICONO POP

Mientras, Lope de Vega escribía comedias adaptadas a las masas y libros como *El peregrino en su patria*. ¿Qué peregrinaje es ése del que no sale de su pueblo? Su opositor hace el mismo libro y lo abre en Islandia, la isla de Thule, en plena Escandinavia. El esfuerzo de preparación que tuvo que hacer para esta novela en un momento en que el ignoto y frío norte era completamente desconocido es descomunal. Pero no sólo de lectura, sino de recopilación de leyendas y mitología nórdica.

Miguel de Cervantes era un visionario. Esta labor de recopilación de historias reales, leyendas, mitos, cuentos y folklore de los lugares por donde transitó, que leyó y la mayor parte oyó (Portugal, Extremadura, la Mancha, Italia, Aragón, Cataluña, Valencia, Andalucía), es algo extraordinario. Santos, brujas, nobles celosos y caballeros falsarios entran en la nómina de sus temas y personajes preferidos.

Es cierto que podemos pensar que eran chismes que recorrían todos los rincones de su época, y que, por tanto, si ya eran muy conocidos entonces, es normal que hayan llegado hasta fechas recientes convertidos en narraciones fabulosas. Él sólo se limitó a constatar una realidad.

Pero es que no es así. Hay muchas veces que los productores de canciones, películas y series actuales rescatan personajes de su historia, lo visualizan millones de personas, se convierten a su vez en iconos de modernidad. Y están citando tramas que Cervantes ya había tratado en sus obras hace cuatrocientos años. Y lo hacen ignorándolo por completo.

Estas imágenes me resultan mucho más curiosas que hablar de la recepción de las obras cervantinas, que ahora mismo preparan, por ejemplo, en el proyecto «Quijote Transnacional» (2023) de la Universidad de Salamanca, lo que desbordaría, y mucho, el objetivo de nuestro estudio.

Tampoco vamos a acceder a la figura de don Quijote y Sancho como panel de carretera, y más aún como inspiración de cualquier pareja de ficción, cómicos o no, en la que uno es alto, espigado y serio, y otro bajo, gracioso y glotón, como contrapunto de la seriedad del amo. Ahí tenemos a Sherlock Holmes y el doctor Watson, a don Diego de la Vega (el Zorro) y Bernardo y hasta a Batman y Robin. Entre los cómicos, Stan Laurel y Oliver Hardy (el Gordo y el Flaco), y todas sus derivaciones hasta hoy. No vamos a entrar ahora en que esta pareja ya estaba presente en el *Entremés de los romances* (1595?), aunque con el nombre de Bartolo y Simocho, de una obrita de teatro que dicen que fue la precursora del *Quijote*.

El influjo es tan profundo que cala en nuestro imaginario colectivo sin ser conscientes de ello muchas veces. La mención a Miguel de Cervantes sin advertirlo y sin conocerlo también tiene una larga tradición de despropósitos. Está a la vuelta de cada esquina. María Antonia Garcés cita al historiador John Morgan, quien en 1731 publica en Inglaterra un libro sobre la historia de Argel y, cuando llega a la descripción de las hazañas del genio, no lo conoce, no sabe que es el autor del *Quijote* y exclama: «Es una lástima, creo, que Haedo (el autor del libro) sea aquí tan conciso en lo que respecta a este emprendedor cautivo».

La sombra es tan alargada que en 2021 se hizo viral cuando Ben Garrison realizó una caricatura de Donald Trump como don Quijote portando una pancarta diciendo «libertad de expresión» y tirando una lanza-demanda contra las empresas tecnológicas. Antes y después esta representación tuvo tanto éxito que se le dibujó contra los molinos de viento y en múltiples formas. Asistí el año pasado a una conferencia exclusivamente de este tema con decenas de dibujos.

Ahí no queda la cosa. Cuando los *hackers* informáticos antigubernamentales autodenominados Anonymous tomaron como símbolo la careta de la película y cómic *V de Vendetta* (2005), puesto que refleja un futuro distópico con un gobierno totalitario al estilo de la novela *1984*, lo hacían refiriéndose al católico recusante Guy Fawkes. Éste fue famoso porque dirigió la conspiración de la pólvora, en la que intentó volar el parlamento de Inglaterra (1605).

Pues bien, Miguel de Cervantes en su novela *La española inglesa* incluye a dos personajes que llama Clotaldo y Ricaredo, de los más importantes del relato, que en realidad son recusantes. Pensamos que reflejan a Thomas Tresham y a su hijo Francisco. Éste último participó en el mismo complot de la pólvora que hemos visto. Nuestro genio se adelantó varios siglos.

Volvemos a la trama principal de la novela *La española inglesa* (1613). Ésta está basada en la historia de María Núñez, una portuguesa judeoconversa que aparece como fundadora de la primera comunidad judía de Amberes (Bélgica). Mientras que el complot de la pólvora fue muy sonado en su época, esta historia sevillana pasó desapercibida. ¿Por qué le interesó a Miguel de Cervantes cuando no había dado tiempo a que se asentara, pues era de unos pocos años antes? El caso es que hace muy poco en Holanda se hizo un musical dedicado a esta historia. Hasta incluso se cita a un capitán que corteja a la joven que se parece mucho al cervantino. Por supuesto desconocen esta filiación.

En la serie *Vikings* (2013-2020), aparece un personaje femenino básico en la ficción que se llama Lagertha, que aparece casi como una reina. Pues bien, está basado en varias mujeres reales o semilegendarias que vivieron en la Edad Media escandinava, entre ellas una llamada Alvilda. Esta, según el mito, fue una mujer que se vistió de pirata y con otras compañeras recorrió los mares asaltando los navíos. Cervantes incluye esta leyenda en su última novela, el *Persiles* (1617). En la serie actual están rememorando a un personaje cervantino sin saberlo.

Mota del Cuervo (Cuenca). Sierra de los molinos de viento.

En cuanto a la música, hay dos autores que se dedican a estudiar el impacto de Cervantes en los nuevos compositores, tanto de música clásica como de *rock*. Son Santiago López Navia y Christian Hagedorn, el primero en el *heavy metal* y el segundo en el *jazz*. Contrariamente a lo que podríamos pensar, hay multitud de referencias en estas músicas a don Quijote. De vez en cuando escucho la canción del grupo Asfalto dedicada a Rocinante (1987) en la que se canta y recita: «Don Quijote me abandonó, cambió su lanza por un tractor», o la de Dulcinea y los molinos de viento de Mago de Oz (es un disco completo).

Además, en las últimas décadas también vamos a ver cómo el icono pop se impone y va más allá incluso del deseo de los autores y de los oyentes. No, no voy a hablar de Julio Iglesias. El grupo británico Coldplay se descolgó con una portada llena de molinos eólicos modernos (2010), pero el contenido era de lo más clásico: así nos fuimos de la Mancha hacia las llanuras más altas, yo y Sancho Panza, buscando aventuras Rocinante en los reinos, hasta que los molinos de viento respondan (2018).

En el video del artista canadiense The Weeknd *Save your tears* (guarda tus lágrimas), que va por mil setecientos millones de reproducciones (no es broma), todos los extras aparecen ataviados con máscaras, que nos presentan con *flashes* muy rápidos. Una de ellas es don Quijote (2020).

Finalmente, Susana Cala, artista colombiana, muy poco conocida en España, no así su hermano que es cantante del grupo Morat, tiene una canción dedicada a don Quijote (2021): «Estoy buscando en esta historia, como en los cuentos de antes, a un don Quijote que se atreva a pelear con gigantes».

LOS TESTAMENTOS LITERARIOS

¿Cuál era el ánimo del escritor a la hora de morir? Veremos y presumimos que no muy bueno. Ni siquiera se conserva el testamento de Miguel de Cervantes, como para contestar a esta pregunta con cierto tino. Es difícil entender que no hiciera uno, cuando su mujer, Catalina de Salazar y Palacios, lo tiene; también su hermana Magdalena y su hija Isabel de Saavedra. Parece ser que, según comentan sus biógrafos, lo debió hacer en el escribano más cercano a su casa de Madrid, cuyos protocolos se han perdido.

Pero sí nos podemos acercar al pulso de su vejez porque disponemos de sus tres testamentos literarios. Nos referimos a sus últimas voluntades personales (*El coloquio de los perros*, 1613), familiares (el *Persiles*, 1617) y literarias (*Viaje del Parnaso*, 1615).

Reconozco que tengo cierta debilidad por *El coloquio de los perros*, última obra que aparece en su colección de *Novelas ejemplares*. El fogonazo de una historia que trata de dos perros que filosofan de lo divino y de lo humano entre sí ha difuminado que se trata de una profunda reflexión autobiográfica de muchos episodios de Miguel de Cervantes.

En realidad, es la primera colección de cuentos que Cervantes quería preparar, a imitación de Boccaccio, y aquí al menos encadena dieciséis. En principio parece que no tienen nada que ver unos con otros, pero en realidad pensamos que su hilo conductor es la teoría de las tres vidas o la adivinanza de la esfinge del mito de *Edipo rey*: «¿Qué animal es el que primero se arrastra, luego va a dos patas y después a tres?».

Efectivamente, nosotros. Esta amalgama de historias habla del nacimiento, juventud, madurez y muerte de cualquiera. La búsqueda y elaboración de las mismas para que tornen en un todo armónico debió ser muy compleja y debió llevar mucho tiempo de preparación y reflexión. El que el escenario donde se sitúa la acción y el diálogo sea un hospital de Valladolid para enfermos terminales, ¿nos parece una casualidad dado el contexto? Es decir que estaríamos hablando del final de cualquier vida, pero también en muchos casos de autobiografía. Por eso lo llamamos testamento vital, siempre más allá de los manidos temas del soldado y del cautiverio.

Por ejemplo, en el cuento del colegio de los jesuitas, puede traslucirse su propia educación; hay uno dedicado a la milicia, otro a un poeta y dramaturgo —pobre, desilusionado y despreciado— y el último es el relato de la «perrilla de falda», que repite dos veces, que es ese animal que da cariño continuamente, recibe halagos y un buen día, sin saber por qué, es molida a palos. ¿Nos suena a algo conocido?

Acostumbrados a leer el *Quijote*, con su ironía y humor negro, pero risa, al fin y al cabo, leer la dureza de algunos pasajes de esta novela nos hace pensar en otro escritor. Ya hablamos de cómo trataba el manco de Lepanto a las madres en sus narraciones, de cómo varias abandonaban y no conocían a sus hijos. Algo que decíamos que también era autobiográfico, de su propia vida con su hija Isabel de Saavedra. En este punto y momento es mucho más explícito. ¿Estaba decepcionado y frustrado con las amistades y su vida? Leámoslo. ¿Parece el mismo Cervantes?

«Que el hacer y decir mal lo heredamos de nuestros primeros padres y lo mamamos en la leche. Vese claro en que, apenas ha sacado el niño el brazo de las fajas, cuando levanta la mano con muestras de querer vengarse de quien, a su parecer, le ofende; y casi la primera palabra articulada que habla es llamar puta a su ama o a su madre».

Viaje del Parnaso (1615) es el segundo *testamento* de su literatura, aunque esta vez centrado en la poesía y en el viaje frustrado a Nápoles que no pudo hacer con su mecenas, el conde de Lemos. Como dice Teijeiro Fuentes, es un retrato descarnado en el que la frustración y la ira se trasluce al hablar de los poetas envidiosos, aduladores, soberbios y malos: «Por ello, nuestro autor no duda en descargar toda su ira en esta obra, unas veces con fina ironía, otras con indudable desdén, a veces con desoladora decepción, otras con rabia contenida».

El tercero es el *Persiles*, más mitológico y algo menos directo. Aquí la geografía, que pasa por Lisboa, Trujillo, Cáceres, Talavera, Toledo, Quintanar de la Orden (Toledo), Valencia, Barcelona…, no es más que un repaso a la trayectoria de su familia en general, de sus patrias, de sus libros y temas, de su abuelo Juan de Cervantes, que fue corregidor en muchas de esas villas y por supuesto de la suya propia. Es decir, es un repaso a todo lo que pensamos que fue y dejaba de ser. Tenemos su última voz. La vida pasando delante de sus ojos cuando ésta se apaga.

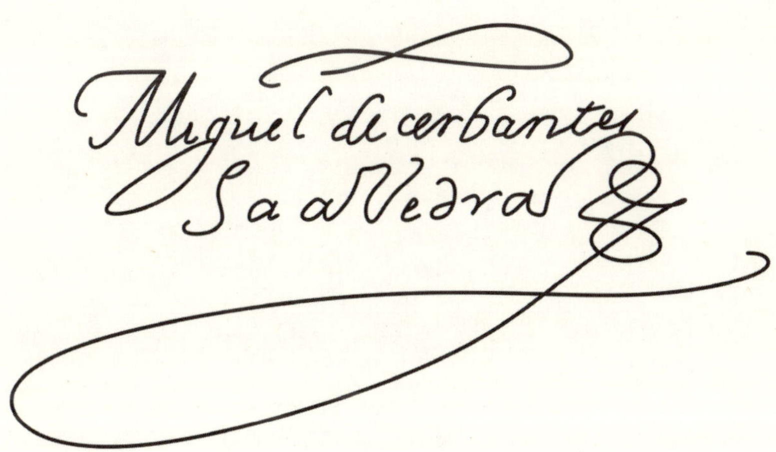

Firma de Miguel de Cervantes.

Bibliografía

ALADRO FONT, Jordi: «Cervantes y el bandolerismo catalán en el origen de la novela». *eHumanista: Cervantes*, n.º 2, 2013, pp. 316-339.

ALONSO CORTÉS, Narciso: «Tres amigos de Cervantes». *Boletín de la Real Academia Española, n.º 27*, 1947-1948, pp. 143-175.

ALVAR EZQUERRA, Alfredo: «Por qué me fascina dedicarme a Cervantes». *La España Del Quijote. XVII Jornadas de Historia en Llerena*; Llerena, Sociedad Extremeña de Historia, 2016, pp. 11-26.

ALVAR EZQUERRA, Alfredo: *Cervantes: Genio y libertad*. Madrid, Temas de Hoy, 2004.

ALVAR EZQUERRA, Alfredo: *Un maestro en tiempos de Felipe II. Juan López de Hoyos y la enseñanza humanista en el siglo XVI*, Madrid, La esfera de los libros, 2014.

ÁLVAREZ, José César (2005): *La disputada cuna de Cervantes*. Guadalajara, Bornova, 2006.

ÁLVAREZ DEL PALACIO, Eduardo: «La actividad físico-lúdica en el Siglo de Oro español». *Apunts, Educación física y deportes*, vol. 4, n.º 42, 1995, pp. 7-25.

ÁLVAREZ RAMOS, Eva: «Lugares comunes en el Quijote: Un punto de encuentro en la multiculturalidad». SAZ, Sara M. (ed.), *Actas del XL Congreso Internacional de la AEPE. 400 años de Don Quijote: pasado y perspectivas de futuro*. AEPE, 2006, pp. 133-146.

AMORÓS, Andrés: «¿Por qué El Quijote es la mejor España y el espejo del mundo?». *El Debate,* 12/09/2024.

ANTEQUERA, Ramón: *Juicio analítico del* Quijote: *Escrito en Argamasilla de Alba*. Madrid, Imprenta de Zacarias Soler, 1863.

ARANGO, Manuel Antonio: «Correlación social e histórica y "Lo real maravilloso" en *El reino de este mundo* de Alejo Carpentier». *Thesaurus*, tomo XXXIII, n.º 2, 1978, pp. 317-325.

ARMSTRONG-ROCHE, Michael: *Cervantes' epic novel: empire, religion, and the dream life of heroes in* Persiles. Toronto, University of Toronto Press, 2009.

ARRABAL, Fernando: *Un esclavo llamado Cervantes*. Madrid, España-Calpe, 1996.

ASTRANA MARÍN, Luis: *Vida ejemplar y heroica de Miguel de Cervantes Saavedra*. Madrid, Reus, 1948-1958.

BAQUERO ESCUDERO, Ana Luisa: «Las historias omitidas en el *Persiles*». *Monteagudo*, 3.ª época, n.º 8, 2003, pp.183-192.

BELLOSO MARTÍN, Carlos: «Cervantes, soldado en el Mediterráneo. Nuevos datos para su biografía (1571-1575)». *Revista de Historia Militar*, v. II, Extraordinario de 2016, pp. 77-106.

BLEIBERG, German: *El informe secreto de Mateo Alemán sobre el trabajo forzoso en las minas de Almadén*. Londres, Támesis Books, 1984.

BRANDÁRIZ, César: *Cervantes decodificado*. Martínez Roca, 2005.

CABELLO NÚÑEZ, José: «Miguel de Cervantes Saavedra, comisario real de abastos en la villa ducal de Osuna (1593)». *Anales Cervantinos*, vol. LII, 2020, pp. 21-34.

CABELLO NÚÑEZ, José: «Nuevos documentos inéditos sobre Miguel de Cervantes y su presencia en Carmona como comisario real de abastos». *Anales Cervantinos*, vol. LIV, 2022, pp. 11-30.

CALERO, Francisco: *El verdadero autor de los* Quijotes *de Cervantes y de Avellaneda*. Madrid, BAC, 2015.

CANAVAGGIO, Jean: *Cervantes, en busca del perfil perdido*. Madrid, Espasa-Calpe, 1992.

CANAVAGGIO, Jean: «Aproximación al proceso Ezpeleta». *Cervantes*, vol. 17, n.º 1, 1997, pp. 25-45.

CASTRO, Américo: *El pensamiento de Cervantes*, Madrid, Junta para Ampliación de Estudios, Centro de Estudios Históricos, 1925.

COMBET, Louis: *Cervantès ou Les incertitudes du désir: une approche psychostructurale de l'oeuvre de Cervantés*. Lyon, Presses Universitaires de Lyon, 1980.

DÁVILA OLIVEDA, Alfonso: *Miguel de Cervantes: Apuntes para una biografía*. Vol. 1, Madrid, Círculo Rojo, 2014.

DÁVILA OLIVEDA, Alfonso: «Miguel de Cervantes Saavedra, estudiante de la Universidad de Alcalá de Henares». *Patrimonio: Economía cultural y Educación para la Paz*, UNAM, México, vol. 2, nº 20, 2021, pp. 395-412.

DE DIEGO ROMERO, Sabino: *Catalina, fuente de inspiración de Cervantes*. Madrid, Punto Rojo, 2015.

DE LA TORRE Y DEL CERRO, José: *Cinco documentos cervantinos*. Diputación Provincial de Córdoba, Córdoba, 1955.

DÍAZ, Jesús. «Descubren un documento que revela que Cervantes visitó Pilas en agosto de 1593». ABC, 02/09/2024.

DÍAZ DE ALDA HEIKKILÄ, Carmen: «Al hilo del personaje de Clodio. Reflexiones sobre *Los trabajos de Persiles y Sigismunda*». *Hipogrifo*, vol. 7, n.º 1, 2019, pp. 73-84.

DOMÍNGUEZ RUBIO, Miguel Ángel: «Cervantes, soldado de infantería en el Tercio de Sicilia». *Revista de Historia Militar*; año 59, n.º Extra 1, 205, pp. 155-174.

DOTRAS BRAVO, Alexia. «Las falsificaciones de la historia: Cervantes entre Bragança y Sanabria». *Boletín de la Biblioteca de Menéndez Pelayo*. nº XCII, 2016, pp. 115-131.

EISENBERG, Daniel: «La supuesta homosexualidad de Cervantes». *Siglos dorados: Homenaje a Agustín Redondo*. CIVIL, Pierre (coord..), vol. 1, 2004, pp. 399-410.

EISENBERG, Daniel: «La actitud de Cervantes ante sus antepasados judaicos». *Cervantes y las religiones*, FINE, Ruth; LÓPEZ NAVÍA, Alfonso (ed.), Universidad Hebrea de Jerusalén, 2008, pp. 55-78.

ESCUDERO BUENDÍA, Francisco Javier: *Personas y personajes del Quijote*. Toledo, Almud, 2020.

ESCUDERO BUENDÍA, Francisco Javier: *Las otras vidas de don Quijote*. Barcelona, Penguin, 2022.

ESPINA, Álvaro: *Cerbantes: Cambista, marino, espía, cautivo*. Suma de Letras, 2022.

FINE, Ruth, LÓPEZ NAVIA, Santiago (eds.): *Cervantes y las religiones*. Madrid, Iberoamericana-Vervuert, 2008.

FINE, Ruth: «La presencia del Antiguo Testamento en el *Quijote*». *Volver a Cervantes. Actas del IV Congreso Internacional de la Asociación de Cervantistas*. BERNAT VISTARINI, A. (ed.), Palma, Universitat Illes Balears, 2001, pp. 479-490.

FLORES VARELA, Carlos: «El curioso caso de la falsificación cervantina». Archivo Histórico Provincial de Toledo, Facebook post, 30 de marzo de 2016.

FRANK, Bruno: *Un hombre llamado Cervantes*. Córdoba, Books4pocket, 2015.

GALDÓN SÁNCHEZ, Miguel Ángel: *Cervantes en Sevilla: documentos cervantinos en el Archivo Histórico Provincial de Sevilla*. Consejería de Cultura, Sevilla, 2005.

GARCÉS, María Antonia: *Cervantes en Argel: Historia de un cautivo*. Madrid, Gredos, 2005.

GARCÍA AGUILAR, Ignacio, GÓMEZ CANSECO, Luis, SÁEZ, Adrián J.: *El teatro de Miguel de Cervantes*. Madrid, Visor Libros, 2016.

GARCÍA LÓPEZ, Jorge: *Cervantes: la figura en el tapiz*. Barcelona, Ediciones de Pasado y Presente, 2015.

GARCÍA PAVÓN, Francisco: «La Mancha que vio Cervantes». *Cuadernos de Estudios Manchegos*, n.º 7, 1954, pp. 7-24.

GARRIDO ARDILA, Juan Antonio: «Escandinavia y el *Persiles*: de la Geografía a la Historia», Anales Cervantinos, 2016, vol. XLVIII, pp. 221-242.

GONZALO SÁNCHEZ-MOLERO, José Luis: «Mateo Vázquez de Leca, un secretario entre libros. I. El escritorio», *Hispania*, n.º 65, 3, 221, 2005, pp. 813-846.

GONZALO SÁNCHEZ-MOLERO, José Luis: La «Epístola a Mateo Vázquez»: *historia de una polémica literaria en torno a Cervantes*. Alcalá de Henares, Centro de Estudios Cervantinos, 2010.

GRACIA GARCÍA, Jordi: «*Viaje del Parnaso*: Un ensayo de interpretación». *Actas del I Coloquio Internacional de la Asociación de Cervantistas*, Barcelona, Anthropos, 1990, pp. 333-348.

GRACIA GARCÍA, Jordi: *Miguel de Cervantes: La conquista de la ironía*. Barcelona, Taurus, 2016.

HERNÁNDEZ ESTEVE, Esteban: «Cervantes, La Real Hacienda y la Historia de la Contabilidad». *AECA*, n.º 72, 2005, pp. 87-90.

HERNÁNDEZ, Mauro: «Ayuntamientos urbanos, trampolines sociales. Reflexiones sobre las oligarquías locales en la Castilla moderna». *Mélanges de la Casa de Velázquez*, n.º 34-2, 2004, pp. 91-114.

JOHNSON, B. Carrol: *Madness and Lust. A Psychoanalitical Approach to Don Quixote*. Berkeley. University of California Press, 1983.

LARA ALBEROLA, Eva. «La hechicera en la literatura española del siglo XVI. Panorámica general». *Lemir*, nº 14, 2010, pp. 35-52.

LIGERO MÓSTOLES, Ángel: «Autenticidad histórica de personajes citados en el *Quijote* y otras obras de Miguel de Cervantes», en CRIADO DE VAL, Manuel, *Cervantes: Su obra y su mundo, Actas del I Congreso Internacional sobre Cervantes*, Madrid, 1981, pp. 183-196.

LÓPEZ NAVIA, Santiago: «"Sinrazones que a la razón se facen": algunas aproximaciones esotéricas al *Quijote*». *Ortodoxia y heterodoxia en Cervantes*, Alcalá de Henares, Centro de Estudios Cervantinos, 2011, pp. 329-338.

LUCÍA MEGÍAS, José Manuel: «Los retratos de Miguel de Cervantes: La búsqueda del hombre al triunfo del mito». *Imago*, n.º 8, 2016, pp. 19-35.

LUCÍA MEGÍAS, José Manuel: *La juventud de Cervantes. Una vida en construcción: retazos de una biografía en el Siglo de Oro*. Parte I, Madrid, EDAF, 2016.

LUCÍA MEGÍAS, José Manuel: *La madurez de Cervantes. Una vida en la Corte*. Parte II, Madrid, EDAF, 2016.

LUCÍA MEGÍAS, José Manuel: *Soy Catalina de Salazar, mujer de Miguel de Cervantes*. Madrid, Huso, 2024.

LUCÍA MEGÍAS, José Manuel: «Leonor de Cortinas y el consejo de cruzada: Nuevos datos a partir de viejos documentos». *Hesperia*, vol. 26, n.º 1, 2023, pp. 49-70.

LUTTIKHUIZEN, Frances: «Cervantes y el Transilvano». *Peregrinamente peregrinos: Actas del V Congreso Internacional de la Asociación de Cervantistas*, Lisboa, Fundaçâo Calouste Gulbenkian, VILLAR LECUMBERRI, Alicia (coord.), vol. 2, 2004, pp. 1543-1558.

LUTTIKHUIZEN, Frances: «Apuntes sobre el nombre de pila de *El celoso extremeño*». *Actas del III Coloquio Internacional de la Asociación de Cervantistas*, Madrid, Ministerio de Asuntos Exteriores, Anthropos, 1993, pp. 519-526.

LUTTIKHUIZEN, Frances: «¿Fueron censuradas las *Novelas ejemplares*?» *Cervantes*, vol. 17, n.º 1, 1997, pp. 165-174.

MADRIGAL, SJ, Santiago. «Lo Religioso En El Quijote: El Cristianismo católico del Caballero Andante». *Estudios Eclesiásticos. Revista de investigación e información teológica y canónica* 91, nº 358, 2016, pp. 419-465.

MADROÑAL DURÁN, Abraham: «Entre Cervantes y Lope: Toledo, hacia 1604». *eHumanista/Cervantes*, n.º 1, 2012, pp. 300-332.

MAGANTO PAVÓN, Emilio: *La partida de bautismo de Miguel de Cervantes y sus detractores*. Alcalá de Henares, Universidad de Alcalá, 2015.

MAGANTO PAVÓN, Emilio: «El Acta Parroquial de la ceremonia de velaciones de Miguel de Cervantes y Catalina de Salazar. Contrayentes y participantes dentro de su contexto histórico». *eHumanista*, n.º 34, 2016, pp. 325-358.

MAGANTO PAVÓN, Emilio: «Un punto oscuro en la vida de Cervantes: su amante, Ana de Villafranca y la hija de ambos, Isabel de Saavedra». *Boletín de la Biblioteca de Menéndez Pelayo*, vol. XCII, 2016, pp. 243-266.

MAGANTO PAVÓN, Emilio: *El poeta Pedro Laínez (1538-1584). Actualización de su vida y obra en el contexto histórico y literario de Miguel de Cervantes*. Alcalá de Henares: Universidad, 2021.

MAGANTO PAVÓN, Emilio: «El frustrado sueño americano de Miguel de Cervantes». *Boletín de la Biblioteca de Menéndez Pelayo*, vol. XCIX-2, 2023, pp. 275-312.

MCGRATH, Michael J. *Don Quixote and Catholicism: Rereading Cervantine Spirituality*, West Lafayette, Purdue University Press, 2020.

MANCING, Howard: «Catalina de Salazar, personaje de ficción». *De mi patria y de mí mismo salgo: Actas del X Congreso Internacional de la Asociación de Cervantistas (Madrid, 3-7 de septiembre de 2018)*. MIGUELÁÑEZ, Daniel; VARGAS-TOLEDO, Aurelio (coord.), Universidad de Alcalá, 2002, pp. 919-934.

MARÍN CEPEDA, Patricia: *Cervantes y la corte de Felipe II. Escritores en el entorno de Ascanio Colonna (1560-1608)*, Madrid, Ediciones Polifemo, 2015.

MÁRQUEZ VILLANUEVA, Francisco: *Fuentes literarias cervantinas*. Madrid, Gredos, 1974.

MÁRQUEZ VILLANUEVA, Francisco: «Erasmo y Cervantes una vez más». *Cervantes*, 1984, n.º 4, 2, pp. 123-137.

MARX, Walter: «Las paradojas cristianas en el pensamiento de Cervantes: *La española inglesa*». *Ortodoxia y heterodoxia en Cervantes*. RIVERO IGLESIAS, Carmen (ed.), 2011, pp. 97-106.

MCGAHA, Michael: «Is There a Hidden Jewish Meaning in *Don Quixote*?». *Cervantes*, 24, 1, 2004, pp. 173-188.

MENDOZA MENDOZA, Antonio: *El regocijo de las musas*. Guadalajara, AACHÉ, 2016.

MENÉNDEZ PELAYO, Marcelino: *Cultura literaria de Miguel de Cervantes y elaboración del Quijote*. Obras completas, VI. Madrid, CSIC, 1941, pp. 323-356.

MONTERO REGUERA, José: «Epistolario de Miguel de Cervantes». *Castilla: Estudios de literatura*, 1992, n.º 17, pp. 81-102.

MONTERO REGUERA, José: «El andalucismo de Cervantes: Historia de un equívoco». *Hesperia*. Anuario de filología hispánica XIII-1 (2010), pp. 97-118.

MONTERO REGUERA; José: «Política y literatura en *La Galatea* de Miguel de Cervantes». *Romeral: estudios filológicos en homenaje a José Antonio Fernández Romero*; BÁEZ MONTERO, Inmaculada C. (ed.) *et al.*, 2002, pp. 329-342.

MUÑOZ MACHADO, Santiago: *Cervantes*. Crítica, 2022.

NIEVAS ROJAS, Adalid: «¿El manco de Lepanto en la jornada de Navarino (1572)? Pruebas y razones contra la credibilidad cervantina». *Anales Cervantinos*, n.º 54, 2022, pp. 403-412.

OSTERCH, Ludovik: «Más sobre la cultura de Cervantes». *Anales Cervantinos*, vol. 28, 1990, pp. 143-153.

PEDRAZA JIMÉNEZ, Felipe Blas: «El teatro mayor de Cervantes: comentarios a contrapelo», en José Ramón Fernández de Cano y Martín (ed.), *Actas del VIII Coloquio Internacional de la Asociación de Cervantistas*, El Toboso, Ayuntamiento de El Toboso, 1998, pp. 19-38.

PENCO VALENZUELA, Fernando: *Un país llamado Cervantes: el origen judeoconverso del escritor*, Almuzara, Córdoba, 2017.

PÉREZ MORENO, Rubén: «Don Quijote y el exilio: La representación del Hidalgo Caballero en la plástica del artista aragonés Eleuterio Blasco Ferrer». *Anales Cervantinos*, vol. XVI, 2014, pp. 225-236.

PÉREZ PASTOR, Cristóbal: *Documentos cervantinos hasta ahora inéditos.* Madrid, Establecimiento Tipográfico de Fortanet, 1897-1902.

PORRAS ARBOLEDAS, Pedro Andrés: «Un robo de ropa blanca en Villatobas y el personaje quijotesco de la princesa Micomicona». *Revista de la CECEL,* n.º 15, 2015.

PRIETO, Darío: «Fernando de Prado *borrado* del hallazgo de Cervantes». *EL MUNDO.* 11/05/2015.

REY HAZAS, Antonio: *Poética de la libertad y otras claves cervantinas.* Madrid, Eneida, 2005.

RIERA, Carme: «Cervantes, el *Quijote* y Barcelona. Hipótesis de una estancia barcelonesa de Cervantes en 1571». *Anales Cervantinos,* n.º 37, 2005, pp. 33-43.

RIQUER Y MORERA, Martín de: *Cervantes en Barcelona.* Barcelona, Sirmio, 1989.

RODICIO, Ángela: *Dulcinium: El amor perdido de Cervantes.* Almería, Editorial Confluencias, Colección Hispaniola, 2016.

RODRÍGUEZ MARÍN, Francisco: *La cárcel en que se engendró el* Quijote. Revista de Archivos Bibliotecas y Museos, 1916.

RODRÍGUEZ, Leandro: *Don Miguel, judío de Cervantes.* Santander, Ed. Cervantina, 1956.

ROSSI, Rosa: *Escuchar a Cervantes. Un ensayo biográfico.* Valladolid, Ámbito, 1988.

RUBIO MORANO, Manuel: «Blas de Cervantes Saavedra». *Cuadernos Cervantinos,* n.º 16, 2021, Alcázar de San Juan, Sociedad Cervantina de Alcázar de San Juan, pp. 21-30.

RUIZ RODRÍGUEZ, Ignacio: *Elena o Eleno de Céspedes: Un hombre atrapado en el cuerpo de una mujer, en la España de Felipe II.* Madrid, Dykinson, 2017.

SÁEZ, Adrián J.: «Vida del capitán Ruy Pérez de Viedma: La autobiografía soldadesca en don Quijote (1.39)». *Cervantes,* vol. 36, n.º 1, 2016, pp. 85-104.

SALAZAR RINCÓN, Javier: *El escritor y su entorno: Cervantes y la Corte de Valladolid en 1605.* Junta de Castilla y León, 2006.

SALAZAR RINCÓN, Javier: «Hidalgos contra oficiales. Trasfondo ideológico y social de la polémica entre Cervantes y Lope». *Anales Cervantinos,* vol. XLII, 2010, pp. 209-250.

SALAZAR RINCÓN, Javier: «Insulto y exclusión social. Algo más sobre la polémica entre Cervantes y Lope». *Bulletin Hispanique,* vol. 113, n.º 2, 2011, pp. 701-724.

SÁNCHEZ MARTÍN, Juan Luis: «Los capitanes del soldado Miguel de Cervantes». *Revista de Historia Militar II, Extraordinario de 2016,* pp. 173-232.

SÁNCHEZ SÁNCHEZ, Jesús: «Isabel, hija de Cervantes». *Congreso Nacional Cervantino «Querote»*,Cuenca, Universidad de Castilla-La Mancha, 2021, pp. 21-36.

SÁNCHEZ, Alberto: (1995) «Nuevas orientaciones en el planteamiento de la biografía de Cervantes». *Cervantes*. Alcalá de Henares, Centro de Estudios Cervantinos, pp. 19-40.

SÁNCHEZ-PÉREZ, María: «Cautivas y renegadas: un caso sucedido a finales del siglo xvi y su posible influencia en la redacción de la "Historia del cautivo" inserta en el *Quijote* de Cervantes». *Anales Cervantinos*, 54, 2022, pp. 231-247.

SANTOS DE LA MORENA, Blanca: *El pensamiento religioso de Cervantes: Revisión bibliográfica y estado de la cuestión.* Universidad Autónoma de Madrid, Máster en literaturas hispánicas, 2013.

SLIWA, Krzysztof: «Falsificaciones de documentos cervantinos». *Desviaciones lúdicas en la crítica cervantina, Actas del Primer Congreso Internacional de Locos Amenos*, Palma de Mallorca, Universidad Salamanca-Universitat de les Illes Balears, 2000, pp. 491-502.

SLIWA, Krzysztof: «Hija y nieta de Miguel de Cervantes Saavedra, Isabel de Cervantes y Saavedra e Isabel Sanz». *Actas del VIII Coloquio Internacional de la Asociación de Cervantistas*, El Toboso, Ayuntamiento de El Toboso, 1998, pp. 267-274.

SLIWA, Krzysztof: *Documentos cervantinos: Nueva recopilación, lista e índices.* Peter Lang, 2000.

SLIWA, Krzysztof: «Sobre Andrea de Cervantes». *Anales Cervantinos*, vol. XXXVII, 2005, pp. 225-238.

SLIWA, Krzysztof: «Leonor Fernández de Torreblanca, heredera de la insigne saga de los médicos y abuela paterna de Miguel de Cervantes». *Hesperia*, n.º 15, 2, 2012, pp. 73-99.

SLIWA, Krzysztof: «Miguel de Cervantes Saavedra quiso emigrar dos veces a América Latina». *eHumanista: Journal of Iberian Studies*, vol. 25, 2013, pp. 256-275.

SOLÁ CASTAÑO, Emilio: *Cervantes libertario, Cervantes antisistema o por qué los anarquistas aman a Cervantes*, Madrid, Fundación Anselmo Lorenzo, 2016.

SOLA CASTAÑO, Emilio; DE LA PEÑA, José F.: *Cervantes y la Berbería. Cervantes, mundo turcoberberisco y servicios secretos en la época de Felipe II.* Madrid, Fondo de Cultura Económica, 1995.

SORIA MESA, Enrique: «Juan Rufo, judeoconverso. El origen judío del autor de *La Austriada*». *Creneida*, n.º 6, 2018, pp. 8-45.

STOOPEN GALÁN, María: *Cervantes transgresor.* México, Universidad Autónoma de México, 2010.

SUÁREZ FIGAREDO, Enrique: «Los "sinónomos voluntarios": un reproche sin réplica posible». *Lemir*, n.º 10, 2006, pp. 1-22.

TEIJERO FUENTES, Miguel Ángel: «Cervantes y los mecenas: denle una segunda oportunidad y escribirá el *Quijote*». *Anales cervantinos*, vol. XLV, pp. 9-44, 2013.

TEIJEIRO FUENTES, Miguel Ángel: *Cervantes: camina e inventa (Un recorrido literario por la España cervantina)*. Sevilla, Renacimiento, 2014.

TORRE Y DEL CERRO, José de la: «Cinco documentos cervantinos». *Boletín de la Real Academia de Ciencias, Bellas Letras y Nobles Artes de Córdoba*, n.º 4, 1925, pp. 169-83.

TRAPIELLO, Andrés: *Las vidas de Miguel de Cervantes: Una biografía distinta*. Austral, 2015.

UNAMUNO, Miguel de: *Vida de don Quijote y Sancho*, Madrid, Cátedra, 1988.

VALLE GONZÁLEZ, Antonio: *La odonto-estomatología y el campo semántico de la boca en la vida y en la obra de Miguel de Cervantes. Aportaciones a la historia de la odontología de su época*, Tesis Doctoral, Madrid, URJC, 2010.

VAQUERO SERRANO, María del Carmen: «El licenciado Juan de Cervantes y sus hijos Juan y Rodrigo (Alcalá de Henares y Toledo, octubre de 1536)». *Lemir*, n.º 28, 2024, pp. 119-128.

VARGAS DÍAZ-TOLEDO, Aurelio: «Dos nuevos documentos de Antonio de Sosa que prueban ser autor de la *Topographia e Historia general de Argel*: el manuscrito Add. 28366 de la British Library». *Anales Cervantinos*, vol. LIII, 2021, pp. 15-52.

VARGAS DÍAZ-TOLEDO, Aurelio: *Cervantes y su entorno portugués*. Madrid, Guillermo Escolar, 2024.

VIELVA DIEGO, Héctor: «Cervantes en Estambul, ¿historia o ficción?». *Archivo de la Frontera, Galeatus*, 2016, pp. 1-8.

VILLALBA, Enrique: «Mujeres desgarradas en el tiempo y en la vida de Cervantes». *El mundo que vivió Cervantes*, 2005, pp. 229-246.

VILLALMANZO, Jesús: «Nuevos documentos sobre Miguel de Cervantes Saavedra hallados en el Archivo del Reino de Valencia (1580-1581)». *Anales Cervantinos*; vol. XLIX, 2017, pp. 355-389.